21世纪广播电视专业实用教材

RADIO PLANNING &PRODUCTION

广播节目策划与制作

董旸 编著

中国传媒大学出版社
·北京·

目 录

序

1906年圣诞节平安夜，美国电气工程师费森登在美国东北部海岸成功地进行了无线电广播试验，广播至今历经百年。这个百岁媒介经历了她的辉煌期、衰落期、振兴期，至今，进入了持续发展期。从战略发展看，网络传播时代媒介区隔化定位以及现代技术提供的媒介汇流平台，对当代广播媒介研究提供了诸多全新课题。在广播不景气的时代能够选择研究广播，需要视野和胸怀，因此，年轻学者能够潜心研究广播值得支持和鼓励。

本书是中国传媒大学青年教师董旸对广播媒介研究的新成果。全书具以下特点：

其一，操作性强。本书适合的阅读人群是广播实战人士以及有志从事广播实践的学子们。广播节目策划与制作的流程——调研、策划、制作、包装、案例分析等在本书中均有论述，从实践到理论较具新意。

其二，具拓展性。近年来，媒介节目制作的书籍不少，但单独、系统地进行广播实用性操作研究的书籍却较为鲜见。一定程度上，它是快速变革的广播学科的断层，同时也是值得开发的“富矿”。木书既尊重了已成定势的广播基本操作范式，同时也尽量拓展近年来广播实践创新的新理念，包括广播娱乐节目的涌现与表现范式、“播客”的涌现以及其节目制作方式等。

其三，具有前瞻性。广播人毕生的追求就是解放声音。这种解放不仅是节目制作水准的提升，同时也是观念的提升与超越。在多种媒介激烈竞争的格局中，广播不可固步自封，而应从战略高度把握市场机会和赢得受众，网络世界、卫星通讯技术等为未来广播发展提供了良好的契机，本书对以上信息如媒介汇流等领域也有所关注。

自己多年研究广播，深感媒介变迁迅速与不断探索的可贵，这也是我乐于支持与鼓励青年学者积极从事学术研究的动因。媒介科技的变幻需要具有鲜活思维与知识结构的人才去不断深入拓展、突破和超越。本书作者董旸是中国传媒大学在读博士生，同时也有从事广播节目教学和参与广播实践的经验与思考的积累。年轻学者将自己对媒介研究的感悟上升至理性，需要勇气也需要鼓励和鞭策。本书从理论的深度和高度来看还有拓展空间，相信作者会以更为开放和积极的状态不断学习、超越自我，也希望更多的年轻学者关注广播、研究广播。

曹　璐

2006 年 7 月 27 日于复兴门家中

绪论:广播生态图

1912年,“泰坦尼克号”遇冰山一角,永沉大海。面对自然的威力,即使逾万人齐声哀嚎,上帝也没有让奇迹出现。

2002年,由旅顺开往龙口的“辽旅渡7”客货滚装船在长岛县砣矶岛西北约10海里处遇险,今非昔比,船上一位先生用手机拨通了救援电话,一场灾难得以避免。

无线电通讯,在90年后,成为可以救人于水火之中的真实“上帝”。

如今,无线传输业已深入全球的各个角落。到2006年,全球电视机拥有量已达10亿台;在美国,平均每一人有两台收音机;到2009年,全球手机拥有量将达10亿台。而这一现实,是成百上千的科学家用他们的创造力以及对无线电事业的执着累积而成的……

第一节　永不知停歇的广播发明史

一、发明电报的画家莫尔斯

从“广播发明史”这条从古贯今的长线回溯下去,最终,我们不得不首先将目光集中在一位画家——莫尔斯身上。1831年,这位美国画家搭乘一艘邮轮从英格兰回国,途中,他听一位船友神侃电学的故事，由此便立志下船之后发明电报！临下船时，他还不无幽默地对船长说："如果日后有一天我真的发明了电报而震惊世界，请您记住，发明电报的想法是在这艘船上产生的！"

结果，在日后的七年里，莫尔斯为了做实验，屈就做了绘图员，在买不起电线时就去收购破铜烂铁，然后再亲手将它们融化，一寸一寸地铸成电线。

然而，当他拿着自己费尽千辛万苦发明的电报机请求国会予以资助时，却遭到了拒绝！七年来的努力只换来一个无人喝彩。还好，对于莫尔斯，这不是绝望的尽头。时隔五年，国会终于理解了发报机的重要性，于是拨款3万美元供莫尔斯研究之用。莫尔斯随后在华盛顿与波铁摩尔城之间架起了长达50英里的电线，在众人的围观下，莫尔斯发出了历史上的第一封电报："上帝之所创造"！

莫尔斯发明电报机的原理是使用一个电键，利用键的时开时关而使通行于电线内的电流时断时续，而附设于电路内的蜂鸣器则随着电流的接通而鸣、电流的中断而息，依蜂鸣器鸣声的长短和次数，分别代表不同的英文字母。

二、"千里之音"得以传输

当几千里几万里之遥的声音第一次传至人们的耳朵时，人们无法相信这不是上帝发出的声音！出生在英格兰的贝尔——电话机的发明者，创造出了这种天籁之音。

贝尔的父亲毕生从事盲人教育工作，对声学很有研究，也许因为受其父的熏陶,贝尔在波士顿大学任生理学教授时就对传递有声语言有着特别的钟爱。贝尔在做教师时自述自己的理想——如果能使导线里电流强度的变换,像空气受到声音的影响而改变其密度那样自然,就一定能在导线中传递语言。

贝尔的实验是用一条相当长的铜线安置在两间实验室里,在铜线的两端各有一片金属薄膜,并使此金属膜片能在导线附近的电磁场内震动。1875 年,贝尔在实验室内不慎将蓄电池踢倒,顿时蓄电池内的酸液横流,不曾想,在另一实验室工作的助手华特森却在金属导线的另一端听到了贝尔微弱的惊呼声。电话机的产生由此露出了曙光。第二年,是美国建国 100 周年,贝尔终于研制出了一部较为原始的电话机,并受到了世人的瞩目,贝尔也顺势成立了自己的电话公司,专门研制电话系统设备。

三、向往无线的无限传输

在贝尔发明电话的前三年,即 1873 年,英国数学家马斯威发表了著名的"电磁论",指出:振荡式的放电一定能够产生发射性的电波。自 1884 年起,德国科学家赫兹对该理论开始进行继续论证,并研制出了产生、发射以及接收无线电波的方法。

第一个将电波应用到无线电报上的科学家是意大利的马可尼,他在 1895 年发明了"天地线",1899 年 3 月,马可尼将电报从英国发至法国,1901 年则进一步完成了美英横越大西洋的电报发送。马克尼的无线电报举世震惊!

无线电广播的发明由此获得了重要的契机，科学家们发现了能稳定清晰地用无线电波传递声音的先决条件。1906年，美国的佛莱特博士发明了三极真空管，但由于此时的三极真空管内的气体并非真的真空，内有残存的气体，从而导致电波不够稳定。直到1913年水银真空管发明后，稳定性才增强了。

四、将声音还原为本真

无线电波每秒可走18.6万英里，但声音就慢得多，音波每秒只能走五分之一英里，两者的速度相差90万倍。聪明的科学家利用电波的速度，叫电波“背”上音波，从而使声音和电波的传输速度一样快。这种加上了音波的电波，称作“载波”，把音波附加在电波上而变成载波而发射出去的过程叫做“调幅”。

调幅广播（简称AM）利用天波和地波传输，因此射程较远。然而由于天波会受到空中静电的影响而产生杂音，于是1933年，美国的阿姆斯特朗教授发明了调频广播（简称FM），旨在去除调幅广播在空中无法避免的静电干扰。调频广播是利用载波频率的改变而传输音波，然而，因为调频广播采用直射波发射，因此在遇到高山或高楼时会受阻，射程较短，但是调频广播的音质好、频宽比调幅宽，声音还原性好，因此可以产生立体声的效果。

然而无论是调幅还是调频广播，在遇到较为恶劣的环境以及高速移动状态下都难免会使收听质量受损，于是20世纪

80 年代,德国开始研制用数字信号取代模拟信号的数字音频广播(DAB)技术。数字广播将信号全部转化成 0、1 编码发射,听众接受的过程就是数字收音机还原数字编码为声音或数据信号的过程,这种还原能够接近演播室效果。不仅如此,数字广播还具有优越的高速移动接收能力,我国台湾的一项试验表明,当在高速公路上车速达到 275 公里/小时,收音信号依然能保持不变!

五、声音如何覆盖全球

从莫尔斯发明电报、贝尔发明电话伊始,无线电广播就开始了其向前发展的漫漫征程,无数科学家以及政治家始终在探讨如何将广播之音传至千里万里之外。

短波广播的研究成功是解决全球广播的第一次胜利!科学家们首先证实了在地球大气层中有电子层的存在,它可以像镜子般把无线电折射回地球,而不至于沿着直线直上太空。由于这种折射回返的讯号,使得远方的电台可以互相通讯。这种对无线电波犹如镜子般作用的电子层称作电离层,而短波远距离广播和通讯之所以如此发达就是得益于电离层。从 1925 年开始,许多科学家便开始进行电离层的研究工作,短波的国际通讯有了很大的发展。直到目前,短波广播在一些国家和地区仍很盛行。

然而,自从 1957 年 10 月 4 日前苏联成功地发射第一颗人造卫星,人类交流的历史便开始进入了太空时代。1958 年 12 月 18 日,美国首先发射卫星成功地转播了美国前总统艾森豪威尔的圣诞祝词。通讯卫星的出现使得国际间建立全球覆盖系统的卫星广播成为可能。由此，越来越多的国家开始为本国建立区域性或本国的卫星系统，并以此为资本加入全球化的通信行列！

六、发展前景——媒体汇流

广播的技术演变是无止境的，而其终极境界必然是广播的视觉化、交互性以及内容的最大化！

网络时代以及数字时代的来临，让广播在电视、报纸、杂志等媒体的冲击下开始有了“另起一行”的新境界！数字音频广播(DAB)的研究始于20世纪80年代，并作为重点开发项目列入了尤里卡高技术开发计划①，于1988年1月1日开始实施。数字广播的一个显著特点就是可以实现多媒体广播，不论是语音、静态图片、动态影像或者一般的数据(文字)等任何格式的资料，最终都可以转化为一连串的“0”和“1”。因此，只要资料传输速度在系统限度之内，数字广播便可以提供任何形式的多媒体节目服务。这是与传统模拟广播技术只能提供单纯的语音节目最大的相异处之一。另外，由于数字广播是宽频的系统，广播电台可以在单一的频道内同时提供多个节目。因此只要接收机解码芯片速度够快，消费者便可以同时接收多个节目。比如，我们可以一边“收听”音乐，一边“收看”与该音乐有关的相关图片，或者

① 尤里卡计划是1985年由法国前总统密特朗提出并于当年正式实施的西欧一项大型跨国高新技术联合研究与开发计划。该计划的目标主要是提高欧洲企业的国际竞争能力，进一步开拓国际市场。

接收另外一个完全无关的节目。不仅如此,数字广播在传送音乐的同时,还可以传送歌词、预告等即时文字。

目前,网络广播方兴未艾,网络的无国界以及数字技术的发展让数字广播在家用计算机上搏得头筹。未来,数字广播接收机的普及将使我们享受到如下服务:我们不但可以在高速行驶的车辆中一边收听等同于CD音质的声音节目,而且还可以接收到有关节目的文字或图片资料;同时,亦可接收到实时的电视节目或公共及专业信息业务,如交通疏导、电子地图、电子报纸、交通时刻表、寻呼功能、股市行情、旅游报道、电子购物、天气预报、预警预报、Internet下载等等。总之,我们的"收音机"将趋近于可视可听的"万花筒"!

第二节　广播与新闻结盟

一、"上帝之所创造"的纯真境界

当莫尔斯发出世界上第一份电报"上帝之所创造"时,他一定没有想到自己的发明会给世界带来什么样的变化。因为通讯事业的强大,任何人都有可能利用这个喇叭将思想宣传出去,世界变小了——坐在收音机旁,就可以听见战争的隆隆炮火!然而,最初的科学家们的想法不过是传达一些纯真美好的声音给远方的普通人!

1906年圣诞节,发明广播外插式电路和高频率交流发电机的电机工程教授雷纳德·费森登从马萨诸塞州布兰特山演示的试播节目被纽约港船舶上的报务员收到。费森登播出了两段演讲、一段小提琴独奏，诵读了路加福音中的几段，放了德国作曲家享德尔唱片中的一首曲子。船上的报务员由此成为世界上第一批享受“综艺板块节目”的听众。1908 年，美国物理学家德·福雷斯特利用三级真空管放大无线电信号，在纽约利用发射器放留声机音乐。1910 年，他又在历史上首次播送了现场音乐，所播的是意大利著名歌剧男高音歌手恩利科·卡鲁索在纽约大都会歌剧院的现场演出，这也许是世界上最早的“直播节目”。

但自从 1914 年第一次世界大战爆发后，电台开始成为军事工具，一切内容以配合战争为主。直到 1918 年战争结束，大家再来认真审视无线广播的多元魅力时，广播才再度繁荣起来！

二、作为“武器”的广播

意大利新马克思主义者葛兰西认为，一个社会制度的真正力量并不是统治阶级的暴力或其国家机器的强制性权力，而是被统治者对于统治者的世界观的接受。德国法兰克福学派的代表人霍克海默与阿多诺曾经斩钉截铁地说：“广播系统是一种私人的企业，但是它已经代表了整个国家权力……”毫无疑问，诸如广播、电视等大众媒介是受国家权力控制的，它的功能即是在国家控制下发挥的功能，它的力量就是国家的力量。

广播媒体在创建伊始，就与政治权力建立起了一种天然的联系，国家首脑们往往利用广播的“贴近性”将自己的政治态度温婉而坚定地传达出去,美国总统罗斯福无疑是最善于利用广播为自己赢得公众支持的国家领导人之一。他于1933年起通过广播作了四次“炉边谈话”,罗斯福会用普通老百姓都听得懂的话语解释工业经济的复杂结构:“朋友们,我想告诉大家,过去这几天我们干了些什么,为什么要这样干,下一步又打算怎么干。首先,我要指出一个简单的事实:你们把钱存在银行,银行并不是把它锁在保险柜里了事,而是用来通过各种不同的信贷方式进行投资,譬如买公债,做押款。换句话说,银行让你们的钱发挥了作用,好使整个机器转动起来……”许多老百姓听着罗斯福的讲话感觉他好像就坐在自己身边面对面地谈心。“炉边谈话”为稳定美国“大萧条”时期以及战时的军心、民心起到了重要的作用。

广播的“武器性”源于它的“传递性”,无论哪个国家的领导机构都不会轻视这一点,国人亦不例外。1915年,北洋政府发布了《电信条例》,规定无线电器材属于军需用品,非经陆军部批准不许运入我国,未经中国政府批准,外国不许在我国私设电台。因此,1923年1月23日,当美国人奥斯邦在上海开办的第一座广播电台刚刚问世,北洋政府就下令取缔。然而,技术的进步与政府内部的宣传需求已确定了广播的存在价值,于是,《电信条例》顺势几经修改。终于,在1929年8月,国民党政府当局允许民间经营广播事业,不过,仍严厉推行新闻统治政策,禁止民营电台干预政治,将政治的武器牢牢地掌握在自己手里。

广播,可以传递政治信息,形成舆论监督环境,统一政治规范，塑造政治形象。从某种意义上来说，广播可以成为新的政治活动和政治力量出现的导火索和鼓动者。

三、广播与政治结缘

自从广播出现以后，它就与政治结下了不解之缘，它为政治服务，又因政治而变得令人瞩目。许多媒介从业者也在政治海浪之中磨练出了卓越的“水性”，甚至成为弄潮儿！以全球著名的哥伦比亚广播公司为例，其历史上具有划时代意义的三个里程碑人物无一不是在政治变迁中凸现出来的。

■爱德华·默罗

在 1937 年“慕尼黑危机”爆发之前，他还是默默无闻的一名小卒。当他被派往欧洲进行新闻报道工作之时，他并未想到战争会给予他发挥报道潜能的机会与考验。在希特勒侵占奥地利事件发生后，默罗匆匆赶往维也纳，于 1938 年 3 月 12 日临时安排了历史上的第一次新闻联播。维也纳、伦敦、柏林、巴黎和罗马都有哥伦比亚记者的身影，实现了多点式广播新闻的报道。

第二次世界大战开始后，默罗在 1940 年 8 月开始的“这里是伦敦”的广播新闻报道是最能渗入美国人思想的。默罗以平静而富有感染力的声音对“不列颠战役”进行生动描述，对炸弹飞崩、烈火燃烧的伦敦进行翔实的刻画。他的新闻报道大大促进了当时仍然保持中立的美国人领悟这场战争的性质。“二战”将近结束时，默罗再次坐在飞机上对 1943 年的柏林大空袭进行报道。所有这一切，使他成为 20 世纪 40 年代解释性广播新闻报道最出色的代表。

■克朗凯特[1]

克朗凯特是20世纪60年代哥伦比亚广播公司CBS新闻节目的重要人物，他在一系列有重大历史影响的新闻事件中——总统选举、越南战争、种族冲突、暗杀事件、水门事件及阿波罗号登月等等扮演着通告消息、揭示事实和解释事实的角色。克朗凯特在CBS新闻中的巨大作用，促使新闻播报者的名称从“播音员”转变为“主持人”。

克朗凯特作为新闻记者不盲听盲信的品质集中表现在越南战争期间。早在1956年，克朗凯特就曾坐在一架俯冲轰炸越南北部丛林的飞机上进行报道。60年代后期，美国在越南卷入更深，克朗凯特开始怀疑美国在这场战争中所承担义务的性质，并努力在新闻报道中引发全美国人民思考，以促使这场战争提前结束。

从1972年9月14日到选举日，哥伦比亚广播公司用于报道水门事件的播出时间比全国广播公司（NBC）和美国广播公司（ABC）多出一倍，克朗凯特出色地表现出了他的政治敏感性与新闻决策魄力。

■丹·拉瑟

丹·拉瑟是CBS电视新闻发展到主持人明星制时代最大的受益者。1963年，拉瑟作为CBS年轻然而异常勤奋的记者，在动乱的南方地区报道民权运动，他逐渐表现出自己一流的现场报道能力。在这场漫长而意义重大的民权运动报道中，拉瑟

---

① 克朗凯特和丹·拉瑟是世界电视新闻史的代表人物，在广播与电视共进的时代，电视新闻中亦体现出政治环境带来的促进作用。

的报道给千万个美国家庭带来了现场的斗争场面。1963年，在达拉斯的拉瑟取得了事业上的另一个巨大突破。肯尼迪总统遇刺案发生时，拉瑟作为报道记者就在事发现场。拉瑟给CBS总部提供了长达17分钟的总统遇刺事件的现场报道。几天之后，拉瑟升职为CBS驻白宫记者，随后，年轻的拉瑟被辗转派往CBS的伦敦分部和越南战场。

媒介是可供政府使用的权力工具，但这并不能"框"死人的活思和活用，诸多在新闻报道中出类拔萃的媒介工作者往往就是那些能够把握住机会、勤奋用功的有心人。

四、体制决定性质

媒介产品永远拒绝理想主义者和空想家脱离实际的热情。对于媒介来说，国家是它们的土壤，而国家体制往往决定了媒介的性质以及媒介产品的纷杂迥异。

目前，国内外主要有如下几种体制类型的电台、电视台：

■国有国营型——国家拥有并直接经营，资产为国家所有；政府把它作为国家事业单位直接进行领导和管理，经费大部分靠国家拨款，有的辅之以受众缴纳的视听费以及广告费。

■国有公营型——国家所有，但电台、电视台保持相对独立性，作为"特殊法人"存在，在社会各界参与下自主经营。

■社会公营型——或联合型，由社会各界联合经办；或是团体型的，由某个公众团体经办。它们一般都是独立的法人单位，以服务社会为宗旨，在法制范围内独立地进行业务活动和经营管理，国家依法在宏观上进行调控管理。

■私有私营型——私人独资、合资或组成股份公司经营的广播电视企业,在法制范围内自主经营,国家只是依照法律调控管理,通常以盈利为目的,实行商业化经营,按市场规律运作。

■公私合营型——国家和私人合资或合办的广播电视机构,但国家处于主导地位,其基本特点是既实行商业经营,又保持国家在机构内部的调控制约。

无论哪种体制类型,都植根于各国特定的社会制度,是在各国广电事业发展过程中逐步形成的,因而都有其存在的理由。我国的媒介体制目前仍属于国有国营型,这种类型的设定基本上与我国的社会主义初期状况相匹配。实行这种体制的长处是:国家可以实施统一管理,有计划地调配人力、物力、财力进行广电事业的建设。然而,无论哪种体制,都会遇到一个问题,即如何在保证国家对广播电视事业宏观调控的同时,保证媒介机构的经营活力。目前,我国媒介的经营素质日渐提高,市场化趋势愈加增强。如何在两者之间找到一个最佳的平衡点,是一个涉及到在体制变革中找准定位、持续发展的难题。

第三节　以受众为基础的“耳朵经济”

一、受众为“上帝”的年代

问问自己一天中有多少时间用来读报纸、看电视、听广播、上网冲浪,你就会知道属于广播的时间实在是少之又少。在媒介大市场里,广播一直试图利用声音这种单介质在纷繁复杂的信息潮流中搏出一条康庄大道来。然而,人们的注意力是有限的,“如何让人们注意我!”广播就像一个不被十分看好的适婚青年,既不敢搔首弄姿贻笑大方,又不肯永远默默无闻下去。

在这个属于“注意力经济”的年代,广播从业人员每天思考的课题都是如何在受众的有限注意力中争得越来越多的份额,受众成了真正的上帝。1997 年,美国的戈登哈勃(Michael H. Goldlhaber)最早提出了“注意力经济”的概念。他认为,在互联网时代,信息非但不是稀缺的资源,相反是过剩的。相对于过剩的信息,人们的注意力才是稀缺的资源。目前正在崛起的新经济,本质就是“注意力经济”,谁能真正吸引注意力,谁就能拥有经济价值。吸引注意力的能力越高,拥有的经济价值就越大。英特尔公司前总裁葛鲁夫 1996 年也曾提出过“争夺眼球”的观点,他认为整个世界将会展开争夺眼球的战役,谁能吸引更多的注意力,谁就能成为下个世纪的主宰。

相对于争夺“眼球”,广播其实在争夺人们的“耳朵”,争夺听觉信息影响力。

那么,如何争夺人们的“耳朵”呢?依据传统的营销理论,有以下两种策略:

其一,行为学派①强调如何能更有效地吸引消费者的注意力。如果把广播节目当作一个向听众推销的产品,那么行为学派强调的是:广播节目的策略应以听众的需求为依托,并研究如

① 传统的营销理论主要分为两个学派:行为学派和认知心理学派。

何使电台与听众之间形成稳固的联系。

其二,认知心理学派则认为,消费者对产品有一种"知道→明白→喜欢→行动→习惯"的认知过程。以广播节目为例,听众必经首先意识到该广播电台的存在(知道);然后让听众明白该广播节目的内容是什么(明白);之后再让听众对该节目产生好感(喜欢);如果该节目与听众的喜好正好匹配,听众就会继而付诸行动主动收听(行动);如果能让听众继续达到较高的满意程度,便会自动培养出再收听的习惯(习惯)。

总之,要吸引听众的注意力,就得先注意听众。正所谓"意欲取之,必先予之。"

二、未必博得每个人所爱

当今,国际上把受众发展分为四个阶段。

第一阶段为大众受众阶段。这个阶段,媒体扮演的是"大众情人"的角色,力图吸引所有的受众,因此电台节目类型基本上是五花八门,以满足各种不同层次的人群。第二阶段为分众受众时代。这个阶段,电台已经不希图讨好所有的听众,而是将受众的需要进行分类,以期满足一部分特定人群,并牢牢把握住这部分市场。第三阶段是适位受众时代。这个时期,电台更加"专一",从分众中进行二次细分。第四阶段即受众的一对一时代。这个时代的受众完全具有了掌控权——你给我的未必是我想要的,所以我向你索取我想要的,而网络电台以及未来的数据广播都具备这种功能。

上世纪 90 年代中后期,我国进入分众受众时代,受众的口味发生了很大变化，人们都在有选择地获取信息，因此，广播电台大都办起了系列台。然而，这个时期的系列台仍然是侧重于某类型的综合台，还不够专业化，这种现象基本上代表了目前我国电台设置的情况。2002 年中央电台推出的音乐之声揭开了从分众时代向适位受众时代过渡的序幕，音乐之声并不期许所有喜爱音乐的听众关注，只满足流行音乐发烧友，将受众的年龄段定位在 15 岁至 40 岁之间。这不是电台决策者的一相情愿，而是进行目标市场细分的有准备之战。

就市场营销的角度来讲，美国市场营销大师柯特勒指出，厂商对于市场有三种不同的营运方式，即大量行销、产品差异化行销和目标行销。进入分众时代以后，电台经营策略就应该转向目标行销阶段了。所谓“目标行销”，就是将市场区隔成若干群体，分别针对各目标市场开发适当的产品、制订适当的行销组合策略，目前的系列台、专业台采用的就是这种运营方式。

目标行销的主要步骤为市场区隔、目标区隔、目标市场与市场定位。在美国，自 1950 年代起，类型电台——以市场区隔为依据而发展出的有规则性的特性电台，便衍生出“专业化”与“窄播”的营运方式。这种转型的成功拯救了美国的广播事业。

类型电台的一般做法是：电台委托市场调查公司先进行分析，找出阅听人市场的饱和度，并规划出最大市场的阅听人定义，以电台一天总播出时间为基准，分成若干时段，在整体规划下，于不同的时段播出不同的节目内容。在这种情况之下，不但可区分出电台的特性,更可掌握市场,而且以一天为周期,在整体的包装下,让听众习惯节目的运行方式,进而将他们培养成忠实的听友,让他们最终对该电台情有独钟。

三、广播节目市场化脸谱

广播电台生产的是精神产品,而这种产品带有一种经济属性,因此广播节目必须与市场接轨,体现它的市场竞争力和流通能力。然而,从现实来看,广播节目要想展现这种能力,至少面临着以下三个屏障。

第一,与电视等其他媒体相比较,广播节目更具地域化的特征,各地方的听众对于有声语言、音乐文化以及意识形态的接受能力参差不齐,难以形成统一的行业标准;第二,当直播成为一种风气后,主持人的在发挥个性以及与听众进行互动时,对节目的质量难以控制,大多落入了“自产自销→自娱自乐→自生自灭”的“生命”轨迹;第三,广播节目的产销大多是低成本的运作,小作坊的经营风格难以促动广播这个大产业。那么,什么样的市场运营手段才能赶上媒介产业化的这个时代风潮呢?是单纯地鼓励全国性的节目交易,还是干脆制播分离,或参考中央电台音乐之声的做法,外请“广告部”,树立目标市场的科学经营观?

广播要发展,就要进入市场,采用符合或接近全球化发展的操作思路。徐光春同志在《2003年全国广播影视工作会议讲话》中指出了“广播发展年”要达到的目标,并在落实目标的具体工作中指出:要研究广播节目衍生品的市场开发,拓展视听产品市场占有份额,为扩大创收提供新途径;要选择试点尝试广播资本运作,摸索经验;要建立有中央台、地方台参加的信息、音乐等节目协作网,有效利用现有节目资源。

在国外,对于如何开发适应市场的新产品,如何推销并赢得最大的市场利润,已经形成了市场操作的规模化。在我国,广播市场仍有相当大的可操作市场空间。据统计,目前,国内广播和电视的收入之比是1∶10.5,但在美国、英国、德国、法国这样的发达国家,广播和电视的收入之比是1∶4!可见,在我国,广播产业的增长尚有巨大空间。这是个争夺注意力的时代,同时,又是个创造力制胜的时代,当然,更是个“发展才是硬道理”的时代!

第一章
广播节目策划系统

意大利著名经济学家维尔弗雷多·帕累托有两个非常著名的观点[①]，可以作为“为什么要策划”的信条：

第一，人分成两种类型：一种是“投机者”（speculator），另一种是“靠固定收入者”（rentier）。“投机者”注重机会，经常关注时势变化带来的新机遇。这种人喜欢创造，充满理想，善于将梦想变为现实。他们不像“靠固定收入者”那样在一条固定的生活轨道中重复地劳作，而是善于运用头脑操纵和管理这个世界。当前，广播媒介产业化、市场化的趋势渐具规模，媒介从业人员坐享其成、吃公家饭的情形已成为过去时，他们大多数正为如何占有市场、突破瓶颈而思索不已，一批批策划家、谋略家正应运而生。

第二，80/20规则。这是有关时间、生活、管理工作的最有用的概念之一。帕累托注意到，在他所生活的那个社会中，人自然地被分成为重要的少数（20%）和不重要的多数（80%）。他后来发现，实际上所有的经济活动都服从于这一规律。例如，有效的20%的努力所获得的成果在所有成果中占80%；做一档广播节目，策划阶段所做出的成绩不可小视，可占20%中的绝大部分比重。

在广播节目制作过程中，“策划”思想要贯穿始终，策划人的

---

① 参考〔美〕史蒂文·凯斯：《抢在时间前面的7条捷径》，中国青年出版社，2003年版，第24页。

大脑始终要以“节目”为中心思考其左右。没有这种意识，广播节目的制作者就将成为没有主体思想的行尸走肉。但策划并不等同于节目的创意，它可被视为一个系统。

第一节　系统的概念

我们生活的世界、宇宙就是一个大系统，它的整体是由多个事物组合而成的。系统就是通过规律化的交互作用或相互依赖的万物的结合，为达成共同目标所构成的整体。

既然是系统，便自有其特质。

首先，系统具有自己的内涵，有其自我组成。

其次，系统具有互动性，因此，系统理论又称作“输入、输出”理论。“输入”是指外界输入至系统内的活动，其目的在于实现社会功能，维护社会生存；“输出”是指系统对环境的输出，即原料输入后，经过处理，转换为成品，以便贡献给外在环境。

再者，系统具有共同目标，因此，一些具备了组成内涵以及互动元素的系统必须为着一个目标而努力。

最后，系统内的各个组成部分必须是相互关联的。

以广播节目循环系统为例：

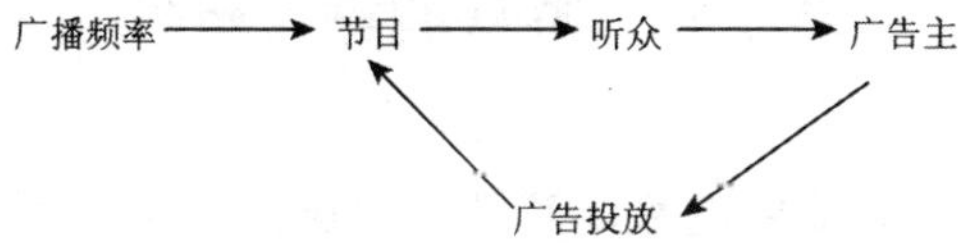

广播节目循环系统图

广播节目的生产是广播节目系统最重要的内涵，广播节目制作、播出以后，听众受益，广告主根据听众的反馈情况决定广告投放策略并回馈给该节目，节目通过资助继续得以完备进而向听众呈现更好的节目。由此，形成了一个有内涵、有互动、有共同目标、相互关联的循环系统。

基于系统的以上特质，在运用系统理论作为成事立事的方法时，要按照以下规则和步骤进行：

第一，研究、制定系统的总目标；

第二，为这一总目标设计出若干可行的方案；

第三，根据方案制作模型，以模拟系统的实际情况；

第四，根据模型的数据进行方案比较，筛选出最佳方案；

第五，确定系统结构的组成及其相互关系。

此系统方法[①]既适用于社会系统，也适合作为社会系统分支的传播系统。传播系统为了实现传递文化的功能，必须形成一定的文化产品，比如广播节目。在形成广播节目的过程中，又形成了以生产广播节目为目的的子系统，此子系统亦包含广播节目策划系统。系统理论的目的就是让人们秉持宽远的视野、运筹帷幄的心态以及规范有效的操作模式进行科学化运作。

第二节　听众调查与研究

对听众进行研究的最终目的是要解决广播节目“向谁说”、

① 此系统方法引自《辞海》，“系统方法”条目，上海辞书出版社，1989年版。

“说什么”，这个“谁”究竟“有多少”、“想听什么”的问题。简言之，就是要找到广播节目的目标听众群，并研究针对目标听众群如何有效地制作与播出广播节目。目标听众瞄得越准，广播节目的制作方向就越清晰，播出效果就越好。

听众调查与研究的内容主要包括听众构成研究、收听倾向研究、收听习惯研究、收听率研究等。

一、听众构成研究

研究听众的构成可以从物理构成和逻辑构成两个层面进行。

1. 物理构成

听众的物理构成，通常也叫做“人口构成”，它探讨的是按照听众的性别、职业、年龄、学历、区域、收入、家庭结构等人口学特征来区分的听众构成。

如据央视—索福瑞媒介研究有限公司针对全国网基础调查2004年数据(以下简称CSM2004年数据[①])显示，2004年：

■中国广播听众规模为421428000人，占全国10岁以上人口总数的37%；其中城市地区广播听众规模为145661000人，占全国城市10岁以上人口的57.5%；农村地区广播听众规模为275767000人，占全国农村10岁及以上人口的31.2%。

■广播听众的受教育水平相比全国10岁以上人口的受教育水平有显著提高，高中以上学历的比例达到了27.7%，而全

① 参考王兰柱主编：《2005中国广播收听年鉴》，中国传媒大学出版社，2005年版，第3页。

国10岁以上人口中高中以上学历者仅为19.2%。

■城乡听众的职业分布差异显著。在城市听众中，学生及无业人员占最大比例，达到41.7%；而在农村听众中，以农民为主的其他职业类别听众的比例最大，达43.4%。

■城乡听众以月收入1000元以下收入者为主。无论是城市听众还是农村听众，个人月收入在1000元以下者占绝大多数。在城市听众中，个人月收入在1000元以上者所占比例为20.3%，而在农村这一比例仅为10.6%。

2. 逻辑构成

听众的逻辑构成，是指按照听众收听某个广播频率（节目）的忠实程度划分出来的听众构成。一般来说，可以划分为：忠实听众、游离听众以及非听众和潜在听众。

■忠实听众。长期重复收听某频率节目的听众为忠实听众。忠实听众也可以称为重度听众或稳定听众。

■游离听众。通过随机搜索广播节目而听到某台节目的听众为游离听众。游离听众也可以称为轻度听众。

■非听众和潜在听众。因各种原因不听或听不到某台节目的听众称为非听众或潜在听众。

广播节目要想提高收听率，就必须聚集各种收听潜力。首先，要争取那些没有收听本频率的游离听众和非听众；其次，要留住那些正在收听的忠实听众和部分游离听众；再次，要鼓励忠实听众继续反复收听；最后还要向各类听众发出收听的邀请和约会。

二、听众收听倾向研究

广播听众的收听倾向，是指听众选择收听某频率（节目）的潜在原因。收听倾向的研究对分析何为非听众和潜在听众、何为忠实听众具有指导意义。广播听众的收听倾向会受听众人口构成的影响，即不同年龄、性别、学历、职业的听众收听倾向差异很大。

在实际数据调查中，听众的收听倾向可以通过对听众集中度[①]的计算来显示。

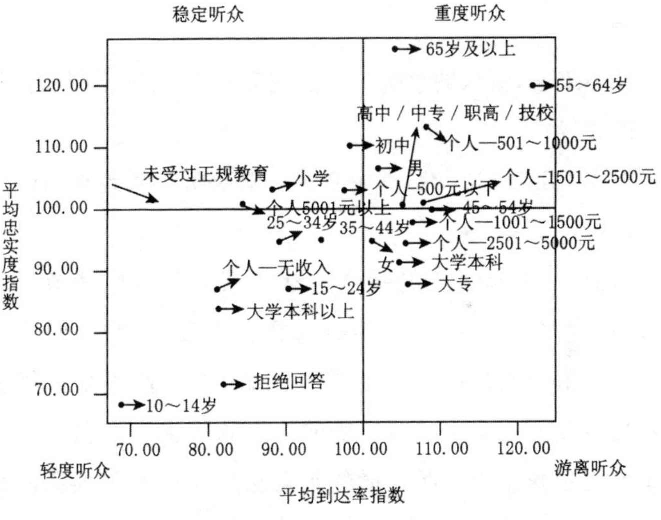

20城市各类听众收听倾向定位图（CSM数据[②]）

---

① 听众集中度＝听众占有率×听众广播接触率×100。有关听众占有率以及听众广播接触率的计算见本节第四部分“收听率研究”。

② 引自王兰柱主编：《2005中国广播收听年鉴》，中国传媒大学出版社，2005年版，第105页。

如上图显示：男性听众、年龄在45岁以上的听众、受过初/高中教育的听众、个人月收入在500～2500元的听众为重度收听人群。

三、听众收听习惯研究

广播听众的收听习惯是指听众长期形成的收听方式。收听习惯的研究通常包括收听的时间和地点等。收听习惯是一种收听行为，同时，收听习惯与收听倾向并不一定相吻和，比如，收听习惯会受到时间、地点等客观条件的限制，而收听倾向是一种主观愿望。

总体来看，听众的收听习惯依城市不同、时间不同而存在着很大的差异。

据在CSM2004年数据中有关听众收听广播地点与时间的调查显示：

习惯一：四分之三的听众通常在家里收听广播节目。不同城市听众各种广播收听地点选择存在较大差异，而不同的目标听众群收听广播的地点差异明显，如女性听众选择在家中及公共交通工具上收听广播的比例高于男性，而在公车、出租车或者私家车上收听广播的听众在男性中所占的比例相对较高。

习惯二：听众收听的时间平均每天为1小时，但不同城市人均收听时间有所不同，从40分钟到80分钟不等。

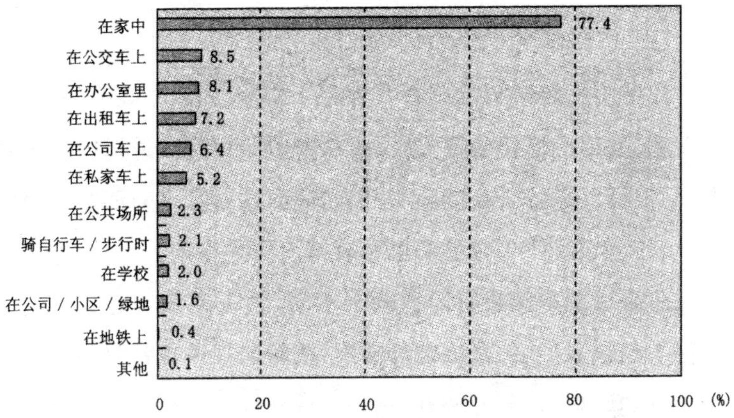

20 城市总体 16 岁以上听众各种广播收听地点的选择比例(%)

2004 年各城市听众人均每日收听广播时间

城市	人均收听时间(分钟)	城市	人均收听时间(分钟)
北京	64.1	济南	65.8
长春	59.4	南京	74.9
长沙	40.5	青岛	56.6
成都	48.6	上海	70.5
重庆	49.3	沈阳	74.6
大连	59.9	深圳	39.3
福州	63.7	天津	77.3
广州	52.5	武汉	39.6
杭州	61.7	西安	46.2
哈尔滨	63.4	郑州	59.8

其中，男性、年龄较大、中等教育程度、中低收入水平等目标听众人均每天收听广播的时间较长。

四、收听率研究

广播听众收听率的调查包含若干指标，如频率收听率、听众占有率、听众广播接触率、目标听众群收听率等。通过收听率数据，不但可以了解听众的收听行为，同时这些数据对调整节目编排、制作、包装、广告投放等都有直接的指导作用。

收听率调查和收听习惯调查不同：收听率调查是对实时收听行为的跟踪记录，是持续性研究；收听习惯调查是对收听行为的回顾式调查，是截面调查，是一次性研究。[①]

1. 调查方法

收听率研究有四种调查方法。

(1)日记法。研究机构常常在与其合作的听众家里留置日记本(收听记载本)，听众定时对收听情形记录在册，研究机构以此方法获得关于听众行为的数据资料。日记法的优点是成本低廉，可以获得听众的详细情况，比如年龄、性别、社会阶层；缺陷是只有当调查者正常如实地记录他们的收听情况时，数据才是可靠的。

(2)个人访谈。面对面访谈这种方法在几种调查方法中具有最大的灵活性，能让访谈者深入地了解节目选择方面的意见和其他质量方面的信息。典型的个人访谈有赖于从记忆中得出的信息，被调查者通常被要求回忆他们在最近24小时内的收听

① 引自王兰柱主编《2005中国广播收听年鉴》，中国传媒大学出版社，2005年版，第57页。

情况。其缺陷是需要大量的人力和物力。

(3)电话调查。由于电话访问可以从一个中心地点进行，这种方法要比面对面访问更快，花费更少。因此，除了在受到某些限制的情况外，电话调查可以用来替代面对面询问的方法。但是电话调查也有某些缺点：第一，很多人不大愿意回答一个从不了解的访问者透过电话提出的问题。如果访问者深入探问其家人的特点和对节目的爱好，这种不愿意的程度可能会表现得更加严重；第二，也是最严重的问题，研究机构并不是掌握了所有听众的电话，即使用随机取样的方法抽取某些电话号来进行访问，也不能够反映某些类型的家庭的情况，比如那些低收入的城市居民。因此，充其量说，电话调查只能测量到某些电话用户的收听情况的数据资料。

(4)测听器记载法。将测听器装在听众的收音机上，只要听众打开收音机，调查人员即可获知其收听频率、节目、时段以及时间的长短。这种方法可以高效率地获得数据，但是因其费用高昂，所以国内很少有人问津，即便使用，也最好配合日记法，这样才能掌握被调查者的个人数据。

2. 调查指标

(1)收听率。收听率是指某一个时间在某一地区收听该频率广播的人数与该地区可能收听广播的人数的比率，计算公式为：

$$\text{频率收听率}=\frac{\text{某一时间在某一地区范围内收听该频率节目的人数}}{\text{某一地区可能收听广播的人数}}\times 100\%$$

收听率实际上反映了一个地区的总人数(剔除不可能收

听广播的人数）中，收听某个频率或某个节目的听众所占的比例，据此来反映某个频率或某个节目在某一时刻的听众总量。在统计学中，符合上述概念的收听率也被称为“绝对收听率”。

（2）听众占有率。某频率（或某节目）的听众占有率是指某一个时间在某一地区范围内收听该频率节目的人数与该地区同一时间收听广播的人数的比率，或称“相对收听率”、“市场占有率”，计算公式为：

$$\text{听众占有率}=\frac{\text{某一时间在某一地区收听该频率节目的人数}}{\text{某一地区同一时间收听广播的人数}}\times 100\%$$

可见，听众占有率主要反映频率（或节目）在当地众多频率或节目中的竞争力，同时，也可以反映听众对该频率节目的“忠实度”。

（3）听众广播接触率。听众广播接触率是指某一个时间在某一地区范围内收听广播的人数与该地区可能收听广播的人数的比率。计算公式为：

$$\text{听众广播接触率}=\frac{\text{某一地区同一时间收听广播的人数}}{\text{某一地区可能收听广播的人数}}\times 100\%$$

应该说，广播接触率反映了某一地区某一时间中广播的潜在听众与当时收听广播的人数的关系，因而可以由此来衡量当时广播听众总规模的大小。

在实际的数据调查过程中，会对听众广播接触率的接触时长予以限定。一般来说，接触的时长为“至少收听 1 分钟”，也可以改变收听的最小分钟数或收听时间在整个时段中的最小百分比来自定义到达条件。

广播接触率、频率收听率和频率听众占有率的关系如下：

$$频率收听率=频率广播接触率\times频率听众占有率$$

(4)目标听众群收听率。目标听众群收听率是指某一个时间在某一地区收听该频率节目的人数与该节目在当地目标听众群总人数中的比率。计算公式如下：

$$目标听众群收听率=\frac{某一个时间在某一地区收听该频率节目的人数}{该频率节目在该地的目标听众群人数}\times100\%$$

目标听众群收听率针对不同栏目分析不同听众群体的收听行为和收听偏好，适用于频率栏目的定位分析。

第三节　广播节目的定位

广播节目的定位可以从竞争定位、市场定位、品牌定位三个方面着手，三方面各有侧重，但是相互关联、密不可分。

一、竞争定位

广播节目的竞争定位可以参考两种方式：市场份额法及SWOT法。

1. 市场份额法

市场份额是指特定时间段内收听某一频率或节目的人数占同一时段所有收听广播的人数的百分比。从市场份额中可以看出某一频率竞争力的强弱。

以CSM调查的2004年北京广播市场为例，北京广播收听市场主要有中央人民广播电台、北京人民广播电台和中国国际广播电台参与竞争。其中，如下图，北京人民广播电台具有绝对的优势，占据北京收听市场69%的份额；其次为中央人民广播电台，占据四分之一以上的份额，这两大台瓜分了北京广播市场95%以上的份额。

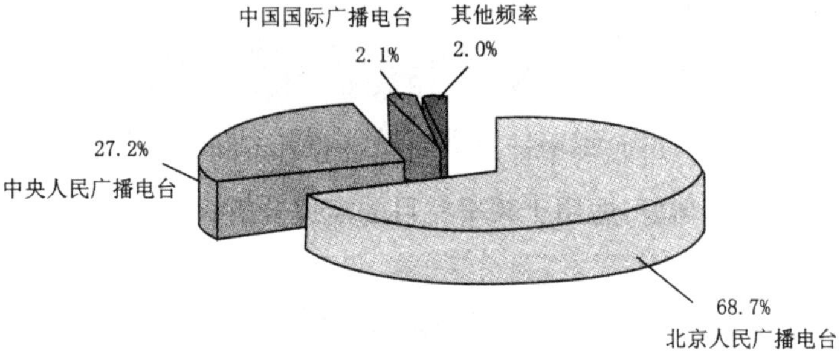

北京广播收听市场各电台市场份额①

2. SWOT 法

SWOT 即四个英文单词——优势(strengths)、劣势(weakness)、机会(opportunities)、威胁(threats)的首字母缩写。围绕这四个方面，节目对自己的现状进行客观的评估。

比如，对于交通频率的路况信息节目来讲：

我的优势在哪里？是本地区移动收听人群的数量还是路况信息的质量？

我的劣势在哪里？是与临近交通广播的同质化竞争？

我的机会又在哪里？是否可以进行有关交通信息的衍生产品的开发？

---

① 引自王兰柱主编：《2005 中国广播收听年鉴》，中国传媒大学出版社，2005年版，第 81 页。

我的威胁又在哪里？其他非交通广播是否会因播路况而抢走听众的注意力？

二、市场定位

广播节目针对市场的定位有其必要性和积极意义。首先，广播节目的制作成本低廉，因此形成了市场进入门槛低、竞争对手多、节目量大且泛滥的局面；其次，广播节目的同质化严重，节目缺少创新力与新鲜感，缺乏差异化的市场区隔。因此，对节目进行市场定位有利于广播节目进一步明确竞争定位，实现可持续性发展。

广播节目的市场定位要考虑两个关键词：集中度与差异化。

1. 集中度

市场定位的集中度要考虑两个方面的含义：传播集中度与市场集中度。

（1）传播集中度。传播集中度指在进行广播节目策划与制作之时，自始至终都要考虑到传播的方向——目标听众群。目标听众群的定位越准确，传播方向就越集中。

目标听众群的确定是广播节目走向市场、进行市场细分的最重要的战略步骤之一。然而，不能忽略的一点是：并非所有的细分市场都有市场价值，也并非所有有价值的目标听众群都有能力对之进行把握。因此，在对目标听众群进行选择时，既要对整个广播节目市场有所了解，同时也要对频率自身情况有所把握，理性权衡之后确定属于自己能力范畴的最有价值的目标听众群。

(2)市场集中度。一个频率(节目)的市场集中度高低可以通过听众占有率和听众广播节目接触率来衡量。两个指标值越高,说明该频率(节目)占有市场的集中度越高,越具有竞争实力。

如果市场集中度达到了相当高的水平,可以说明该频率(节目)的竞争阶段已经达到了垄断竞争阶段,比如交通频率的路况信息节目便有这种趋势。因此,频率(节目)在进行市场定位时要考虑自己和竞争对手之间现有市场集中度的现状,以便合理地制定节目竞争策略。

2. 差异化

在进行市场定位的过程中,一个最重要的环节就是显现该频率节目的特色。只有特色鲜明,节目才能够方便听众进行选择和产生兴趣。值得强调的是,差别化并不等于对目标听众群进行细分,而是结合目标听众群的需要对节目本身进行根本的差异化定位。对于一档广播节目而言,可以使差异化产生的变量有以下因素(见下表):

节目	主持人	在播包装①	离播包装
1. 内容策划	1. 声音表现	1. 片头设计	1. 节目活动
2. 音乐选择	2. 语言组织	2. 片花设计	2. 节目可视广告
3. 风格选择	3. 主持风格	3. 频率呼号设计	3. 节目纪念品
4. 编排策略	4. 个人魅力	4. 节目口号	4. 节目衍生品

① 关于在播包装和离播包装的内涵,见本章“广播节目的包装”部分。

三、品牌定位

品牌是通过一系列物质载体①来表现自己的无形资产，品牌具有明显的排他性，是一种无形资产，是产品参与市场竞争的有力工具。因此，当广播节目作为一种产品参与市场竞争时，品牌战略便变得尤为重要；而在品牌战略中，品牌定位是起点，也是最为关键的步骤之一。

品牌定位是指为自己的品牌在市场上树立一个明确的、不利于竞争对手品牌的、符合消费者需要的形象，其目的是在消费者心目中占领一个有利的位置。②

广播节目的品牌定位包括节目的竞争定位与市场定位，同时，为了方便听众对广播节目形成品牌认知，品牌形象定位又是品牌定位的重要一环。

广播节目的品牌形象定位有以下内涵：

1. 直接形象定位

(1)节目主持人。节目主持人贯穿于节目始终，是连接节目各个组成部分的桥梁。主持人通过语言组织、主持风格、声音特色等塑造自己的品牌形象。一般来说，综合性频率多强调节目主持人的个人风格，而类型化频率则强调全频率主持人的品牌形象要尽量统一。

---

① 物质载体可以分为直接载体和间接载体。对于广播来说，直接载体如广播节目，间接载体如收听率。

② 熊仕平编著：《品牌战略与产品推广策划》，中国经济出版社，2003 年版，第 39 页。

（2）节目内容。广播节目内容的品牌形象主要通过节目主题、节目音乐、板块结构、节目类型与风格等要素组合而成。其中，各要素的组织与传播要符合节目的竞争定位与市场定位，并形成统一的风格，这样才能树立起自己的品牌特色。

（3）听觉识别系统。频率（节目）的听觉识别系统 AI（Audio Identity），是由一系列听觉要素组合而成的，包括频率的呼号与名称、节目名称、频率（节目）宣传口号、频率（节目）的标识音乐、节目片头、片花等。听觉识别系统是形成频率（节目）整体品牌形象的直接的、可感知的要素之一。

（4）行为识别系统。频率（节目）除了节目之外，还有一部分可直接被感知的形象元素，即代表节目（频率）的行为，如：广播节目利用其他媒体做广告；节目举行听友联谊会；节目出版书籍、光盘等衍生品等。这些行为的实施和过程也会直接作用于最终的频率（节目）品牌形象定位。

2. 间接形象定位

频率（节目）的间接形象定位主要指频率（节目）的理念识别范畴。理念识别是一种内在驱动力，是一种精神力量，它主要包含以下部分：

（1）节目远景。指广播节目所要达到的远景目标，这个目标不一定能在短期内实现，或许永远也无法实现，但这个目标却是广播节目存在的理由及最高理想，是节目工作人员的指南针。

（2）节目使命。是可以实现的短期目标，可以制定切实可行的时间表，使命时间表的确定可以推动节目整体向上发展，使命的确定是有科学依据的。

(3)节目价值。是对广播节目价值观的描述,是节目所要强调的一组关键性理念。要达到什么?要摒弃什么?极端一点说,它是衡量节目优劣的标准。

(4)节目个性。是节目独特的编排、主持风格、音乐选择等方面的综合概括。

频率(节目)在策划过程中对以上理念进行概括和梳理,有助于在节目制作和传播过程中加强品牌形象的定位,用无形的思想作用于有形的节目和行动。

第四节　节目的策划与编排

研究机构获得听众调查数据后,所要进行的最后一个步骤就是慎重地处理和计算原始数据。通常,研究机构会首先审查包含在日志和访谈记录表中的数据的准确性,然后将信息编码输入计算机处理。一旦数据进入研究用的计算机,研究人员就可以依据数据信息从不同角度来分析听众的收听行为模式。目前,越来越多的频率依靠听众调查来评估节目质量,进行节目改版,审核节目定位的准确性,以便制定科学的节目编制策略。这对商家准确地瞄准目标听众投放广告也大有裨益。

一、节目策划的基本原则

节目策划要秉持以下四项基本原则:

1. 适宜原则

基于听众群体的不同特征与收听习惯,设置不同形态与主题的节目。

2. 习惯形成

每天在同一时间播出同一节目，促使听众形成比较固定的收听习惯，逐渐成为忠实听众。

3. 控制听众流动

运用各种节目编排策略，稳固听众的收听欲望。

4. 广泛诉求

基于听众有多方面的诉求，设计各种不同类型和内容的节目。

可以看出，以上四项原则全部以听众为中心，因此，在对听众进行调查的过程中，听众构成与收听率等数据可以充当策划过程中的参考指标。同时，通过指标数据的提示，可以对节目的定位进行调整，对节目进行策略性的编排。

二、广播节目的编排策略

1. 竞争编排策略

(1)针锋相对策略。面对竞争对手，不选择差异化的“逃避”，而是在同一时段安排同类型节目，以争夺同一收听群体。

(2)反向策略。“三十六计走为上”，不与竞争对手针锋相对，而是避开锋芒。即节目设置与竞争对手背道而驰，以此来吸引与竞争对手诉求不同的听众群。

2. 控制听众流动策略[①]

(1)带状策略。将同一节目安排在每天或相隔数天的同一时间播出,目的在于培养听众的收听习惯。

(2)区段策略(板块策略)。将风格相近或目标听众群相近的节目编排在一起,形成区段,以稳固听众群在此时间段收听广播的习惯。

(3)导入策略。利用人们不愿意频繁转换频率的倾向,借助高收听率节目带动随后的普通节目。

(4)吊床策略。在推出新的广播节目或者安排收听率较低的节目时,将两个收听率较高的节目安排在其前后,利用前后节目的沿袭和牵引效应,带动中间节目收听率的提高。

(5)帐篷策略。将一个收听率较高的节目插在两个收听状况相对较弱的节目之间,利用强势节目的牵引和沿袭效应带动前后两个节目的收听。以 2004 年某城市新闻频率的节目编排为例,该频率在早间高峰时段成功地应用了导入策略和帐篷策略,借助中央人民广播电台一套中国之声的品牌节目《新闻与报纸摘要》培育出了自己的品牌节目《XX 新闻》,并带动随后的《焦点透视》、《新闻大视野》等节目获得了较高的收听率,维持了一个连续的早间收听高峰。

---

① 参考王兰柱主编:《2005 中国广播收听年鉴》,中国传媒大学出版社,2005 年版,第 124 页。

第五节　广播节目的包装

在进行听众调查、节目定位、节目策划与编排之后，录制节目的工作就按既定的策略顺理成章地进行了。而在进行之前、之中以及之后，广播节目的包装也是广播节目策划系统实施的重要一环。

广播节目的包装过程分三个部分：总体设计、在播包装的实施、离播包装的实施。

一、总体设计

广播节目包装的总体设计包括三个方面的内容。

1. 设计准备

广播节目的包装设计是为了突显特色，增强竞争实力，扩大知名度，为此，在设计之前必须明确四个事实：

■广播节目的包装范式——包装范式包括包装的内容、表现手段、不同类型节目的主导包装设计等等；

■听众对包装设计的喜好——通过听众调查择取成功包装实例进行研究，分析目标听众群对包装的喜好；

■广播节目的定位——明确广播节目的定位，并作为包装实施过程中的理念规范；

■竞争者的包装设计——锁定竞争对手的包装实例，研究制胜策略。

2. 明确设计原则

■听众为上——在进行包装设计的过程中，始终要以听众的意愿为中心；

■统一性——包装过程中涉及到的各个环节、要素都要统一于一个设计理念；

■简单明了——保持设计形式的简单化，而求得明了的设计风格；

■独特主张——在各种口号泛滥、伪设计产品泛滥的今天，设计的独特性与思想内涵的独特主张特别能够引起人们的注意。

3. 撰写设计理念

设计理念的撰写可长可短，它的目的是为了给包装设计实施提供一个明确的方向。

设计理念的撰写应是节目策划与制作团体大脑激荡的结果，它要综合节目的各种现状进行通盘考虑。因此，在设计理念形成文字之前，节目组成员以及频率主管领导应多次碰头，充分讨论。

设计理念的撰写大致可以分为以下内容：

(1)设计目的。通过这次节目，包装所要达到的目的和效果。这个目的必须是可信的、可达成的、可了解的、可评估的，同时也应与广播频率的预算相吻合。

(2)盘点节目生存现状。描述广播节目与听众之间的现有关系、经济效益与社会效益现状。

(3)分析目标听众群。明确包装设计是给谁看的？通过包装设计是否能够稳固忠实听众,争取游离和潜在听众?

(4)分析竞争对手。明确竞争对手节目的包装范式,其优缺点是什么?

(5)分析听众利益点。收听这个节目,听众可以得到的比较独特的收益是什么?

(6)设计风格参考。找出一些比较接近这个广播节目的个性图片、实物甚至人物进行对比或者进行拟人化的参考。

(7)注意事项。如包装设计的日程表、总体经费预算等。

二、在播包装的实施

广播节目的在播包装是指广播节目宣传组合中不包括节目内容本身的音频宣传部分。这种音频宣传是节目利用自己的频率资源展示品牌形象的行为。

广播节目的在播包装也包括三个部分。

1. 节目名称

广播节目名称可以直观地传达广播节目的定位和特点。节目名称的创意手法主要可以从以下几个方面入手:

(1)时间。利用节目播出的时间来命名,这有助于听众形成收听习惯,如《午间半小时》(中国之声节目)。

(2)节目诉求。利用节目的诉求点或听众的利益点作为节目名称,如《一路畅通》(北京交通广播节目)。

(3)主持人的名字。将主持人的名字与节目内容相结合,这有助于建立主持人的个人风格与节目的独特性,如《阿布说网》(国际在线多语种网络电台节目)。

(4)节目内容。将节目的内容直接告知听众,简单明了,方便听众识别,如《广播剧场》(北京文艺广播节目)。

(5)形象比喻。将节目的播出效果与诉求点用听众熟知的事物来比喻,以收到形象化、趣味十足的效果,如《清晨麻辣烫》(辽宁交通广播节目)。

(6)谐音联想。用谐音俗语或成语引起听众注意,如《E谈到底》(国际在线多语种网络电台节目)。

2. 节目宣传口号

节目宣传口号是一句针对听众的、站在听众立场上考虑的短语。口号应该上口好记、易于传诵,应该把听众因为收听该节目会得到的利益一语道破。节目的口号往往结合节目的呼号或片头来使用。

节目宣传口号应该追求听众端的反应,这些反应会产生以下效果:

(1)趣味效应。听众听到这个口号时觉得好听、有意思,愿意开始关注该节目。也就是说,口号要有听众兴趣点,能快速抓住听众。比如,达人文化公司制作的《超级逗翻天》节目的宣传口号之一"麻辣烫"巧用味觉词汇产生"联觉"效果,强调节目"说着过瘾听着上瘾"的节目诉求。

(2)明白效应。听众能够迅速明白广播频率所要传递的信息。因此,在频率包装过程中应将广播频率的核心理念用一句容易理解的话加以概括,让人一听就懂。如天津交通广播的《夜访百家》节目宣传口号"感悟别样人生,丰富精神家园",明确告知听众该节目的理念——专注于人文关怀,丰富听众的人生阅历和精神世界。

(3)期待效应。节目口号应该一定程度地激起听众进一步收听频率内容的愿望，从而完成听众与频率之间的细节沟通。如北京交通广播《一路畅通》节目的口号是“大家帮助大家”，使听众感受到节目的目的是解决听众的难题，而且全民动员，颇有贴近性。

3. 节目片头、片花

节目的片头、片花即是节目的ID，制作广播节目片头、片花的目的就是要提醒听众正在收听的是什么节目，以此加深听众对该节目的识别，从而建立品牌形象。优秀的片头、片花设计往往可以通过简洁的方式宣告该节目的与众不同之处，帮助节目迅速脱颖而出。

节目的片头、片花通常由标识音乐、人声和效果声三种元素组合而成。

(1)标识音乐。标识音乐是指在节目的片头、片花中代表节目风格的音乐，标识音乐的作用有三：

其一，配合人声建构节目的风格，如中央人民广播电台中国之声的片头，标识音乐是一段具有民族风格的大气磅礴的简单形式，同时配以洪亮的男中音，从而体现出该频率端庄、正统的风格。

其二，连接人声起到桥梁的作用，犹如逗、句号，使片头、片花具有节奏感。如《娱乐随身听》的片头，带有民族风格的古筝乐曲和民乐为连接人声起到了很好的嫁接作用：

【古筝音乐、风声、鸟声】人声：人在江湖飘，开心有绝招。

【鼓声、刀剑声】人声：笑笑解千愁【古筝音乐】天天乐逍遥。

【轻松民乐】人声：娱乐随身听，笑笑江湖行，笑笑江湖。

其三，音乐和人声配合成为主题音乐。如中央人民广播电台三套音乐之声“我要我的音乐”版主题音乐，就是将节目口号“我要我的音乐”作为唱词融入不同风格的音乐中，制作成为曲风不同的片头、片花，设置在不同时段播出。

(2)人声。广播节目片头、片花中的人声有三种类型：

其一，演播故事情节、节目理念的叙述者，代表普通听众叙述心声，此类型的人声可称为演播人声。

其二，宣讲节目口号和节目名称。负责此项任务的人声通常可以作为标识人声贯穿不同版本的节目片头、片花。如天津娱乐广播 FM87.8 的《闲聊 878》节目片头，轻松的音乐作为背景音，人声道出节目理念与口号“闲是一种态度，聊是一种兴致；闲是一种姿势，聊是一种风格。闲聊 878，与您聊天下。正确的时间将正确的事件传递给正确的你”。

其中，节目口号“正确的时间将正确的事件传递给正确的你”由标识人声道出，其他节目理念叙述则由另一演播人声道出。

其三，利用身份真实的名人、普通人声穿插或者贯穿于节目的片头、片花。此类型人声可称为客观人声。如《资讯 878》中的节目片头，利用客观人声的穿插体现新闻类节目的价值——真实感。

【标识人声】资讯 878，新闻新视角！

【客观人声】××在××对面买了一套房子，价值 3000 万。

【标识人声】我聊我观点！

【客观人声】其实我觉得《爱我还是爱他》这首歌曲是在讲一种真实的人格分裂和挣扎。

【标识人声】资讯878，带你用第三只眼看新闻！

(3)效果声。效果声在节目的片头、片花制作中具有如下效果：渲染效果；充当桥梁。

以广播节目《午后鸳鸯茶》的片头制作为例，效果声就强烈地渲染了一种恐怖悬疑的气氛，并用效果音将各种情节元素结合在了一起：

【恐怖音乐，脚步声】【演播人声】这里仿佛是地狱的第19层。【狗叫】

【恐怖音乐】【演播人声】手里握的是半张达芬奇密码，因为紧张有点口渴。

【划火柴声音】【演播人声】点上蜡烛，屋里顿时光明一片。桌子上放着一杯冒着热气的鸳鸯茶。

【茶杯摔碎声音】【女人的惊叫声】【脚步声】

【标识人声】《午后鸳鸯茶》，每天两集惊悚悬疑小说，真相藏在暗处。

【恐怖音乐】

三、离播包装的实施

离播包装是广播节目离开广播媒体利用其他媒体宣传自己的包装形态。离播包装包含两部分内容：利用其他媒介宣传，如在电视、报纸、杂志、网站、户外广告甚至信笺、名片、促销礼品上进行形象宣传和设计；走出直播间，举办各类型活动，与听众面对面。

通过在播包装，广播节目可以稳定忠实听众，争取游离听众；通过离播包装，广播节目可以再一次争取游离听众，并让非听众群了解节目。

1. 媒介宣传[①]

广播节目在利用频率之外的媒介进行宣传的时候，时刻都要注意：听觉以外的元素要与节目的品牌信息保持一致。

(1)平面媒介。平面媒介的使用，关键在于是否按照实际的需要进行组合。有时可以使用若干种平面媒介，根据这些平面媒介的时效性以及读者的阅读习惯等要素，来确定平面媒介的设计和使用。

(2)户外媒介。广播节目经常使用的户外媒介主要包括交通广告以及户外广告。

户外广告主要指在城市的交通要道两边、主要建筑物的楼顶或商业区的门前、路边等户外场所设置的发布广告的信息媒介，主要形式有招贴、海报、路牌、霓虹灯、电子屏幕、旗帜、大型充气模型等。它们的主要优点是面积大、主题鲜明、形象突出、容易吸引行人的注意，并容易记忆。此外，户外广告多是不经意间给听众视觉刺激，不具有强迫性，信息容易被认知和接受，且户外的广告发布的时间一般较长，对区域性听众能造成印象的累计效果。但户外媒介也有自身的局限，一是受场地的限制，听众的数量有限；二是户外广告的内容比较简单，传达的信息量有

---

① 参考罗军、范冬阳：《电视频道品牌营销与整体包装》，中国广播电视出版社，2003 年版，第 150 页。

限，多是电台频率的形象广告，即时的促销作用差。

交通广告指利用交通工具（火车、汽车、地铁、轮船、飞行器等）作为发布广告信息的媒介，主要形式有车身广告、车厢内广告、座椅套广告、车票广告等。交通广告与户外广告最大的区别在于交通广告是流动性的广告媒介，传播范围比户外广告灵活和广阔得多，而且乘坐交通工具的人口流动性较大，容易提高到达次数。此外，交通工具越来越具有阶层性，所以广播节目可以依照自己的目标听众选择适当的交通工具作为广告媒介。

(3)电子媒介。电子媒介包括网站、多媒体光盘等，它们也是广播节目离播宣传较为重要的部分。现在的广播媒介一般都有自己的网站，在服务于听众和广告商的同时，这些网站也传递着有关广播节目的各类信息。同时，广播节目也可以对节目本身进行衍生产品的开发，如出书、出 CD 节目等。

(4)其他。如何利用一些特殊的、非传统的媒介来发布广播节目信息，是每个节目经营者需要思考的问题，而这些非传统媒介的发现与组合，与想象力有关。可供广播选择的这些媒介包括：杯子、笔、帽子、T 恤、鼠标垫、胸章、台历、手表、磁带盒、各种票证、手提袋、书、开瓶器、伞、毛巾、名片盒、腰带等，其中有的是纯粹的礼品，有的是生活用品。

2. 活动策划

走出直播间进行离播宣传，活动策划是首选。原因有二：一是活动策划可以拉近节目与听众的距离，争取收听率；二是策划活动可以带来广告商的赞助，取得社会效益与经济效益的双丰收。

广播频率（节目）的活动策划主要分以下几种：

(1)听友联谊会。听友联谊会最重要的目的就是进一步拉近节目与听众的距离,在现实空间与听众交流思想,征求他们对节目的建议和意见。听众联谊会的举行近年来也越来越追求创意并尽量考虑听众的利益点。比如,交通广播通常会召集目标听众群——司机、车迷、热心听众成立车友俱乐部。车友俱乐部通过举办自驾车旅游、各种技能比赛等巩固目标听众群,并通过对活动的宣传对游离听众、潜在听众、非听众造成宣传攻势,使其对频率或节目产生印象,进一步向固定听众靠拢。

(2)比赛活动。广播频率(节目)策划赛事活动有两个原则:其一,向节目类型靠拢;其二,向目标听众群靠拢。唯有如此,活动的传播方向才会集中,对节目的宣传力量才会集中。因此,不同类型的频率或节目应该根据目标听众群的类型搞不同类型的活动,如交通广播组织出租车司机举办司机驾车技能大赛;文艺广播或音乐广播组织听众进行歌手大赛等。

(3)演艺活动。举办演艺活动的最大优势在于通过明星效应带动听众对频率(节目)的认知。此外,演艺活动也是创收的好渠道。目前,一些广播电台开始经营自己的第三产业,其中演艺活动的举办最为可行。这是因为,一方面,电台在制作节目的过程中与一些明星经纪公司建立了良好的关系,明星的出场问题得以解决;另一方面,固有听众群以及广播媒体特有的宣传便利可以让演艺活动的“票房”得到保证。

(4)服务活动。广播节目的服务活动是广播节目服务属性的外化延伸。通过服务活动,电台一方面可以塑造频率(节目)的公益形象;一方面也可以起到扩大频率(节目)知名度的作用。

服务活动的策划要讲求机遇，而机遇的把握就是时刻以听众为中心考虑听众之所需，如“非典”时期，电台免费向听众发放《非典预防手册》，心理咨询类节目举办心理讲座活动等。

(5)商业活动。商业活动最重要的获益点就是将“看不见的广播广告”变成可视化。这是维持广告客户并争取更多广告来源的明智之举。当然，为广告客户举办商业活动难以像电视台的收视率那么高，但是，对于某些具有地域特色、低投入的广告商品来说，“广播广告＋商业活动”的模式是最适合不过的了。

第六节　广播节目营销策划

广播节目的营销策划得益于近年来广播节目交易市场的日渐活跃，而广播电台所面临的竞争压力以及市场对大量节目源的需求则是催生节目交易市场形成的内因。

1. 广播节目的营销链

目前，以广播节目为购买点，形成了由广播节目提供者、中介、购买者三位一体的广播节目市场循环模式(见下图)。

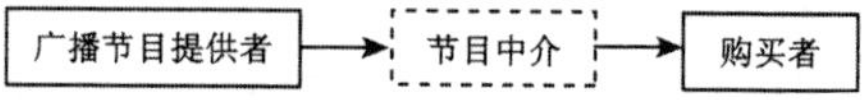

对三者进行细分，可以分析出整个广播节目交易市场的系统构架。

(1)广播节目提供者。广播节目除了电台可以自制外，外制也是一种主流购买渠道。节目制作公司、网站、独立制作人都可以自行制作广播节目卖给电台或参加交易。

(2)节目中介。为了加速广播、影视的产业化、市场化进程，国家广播电影电视总局及各级协会、电台相继举办了多种类型的节目交易会、展销会，为优秀节目提供冲破地域界限的平台，如一年一度的中国国际广播影视博览会、北京广播电视周、全国广播节目交易会等。其中，尤以中国广播电视协会主办的全国广播节目交易会对广播节目交易市场的支持力度最大。

除此之外，节目制作公司也成了促进广播节目交易的生力军。节目制作公司既扮演制作者的角色，也扮演中介者的角色，对于它们来说，市场是关键，而广播节目则是媒介市场中正在被看好的一块蛋糕。

再者，网络媒介的崛起让广播节目的价值有了第二次开发的机会。网站作为又一个贩卖广播节目的中介，从制作者(单位)手中取得买卖许可，以广播节目 CD、盒式带或网络付费下载的方式赚取利润。

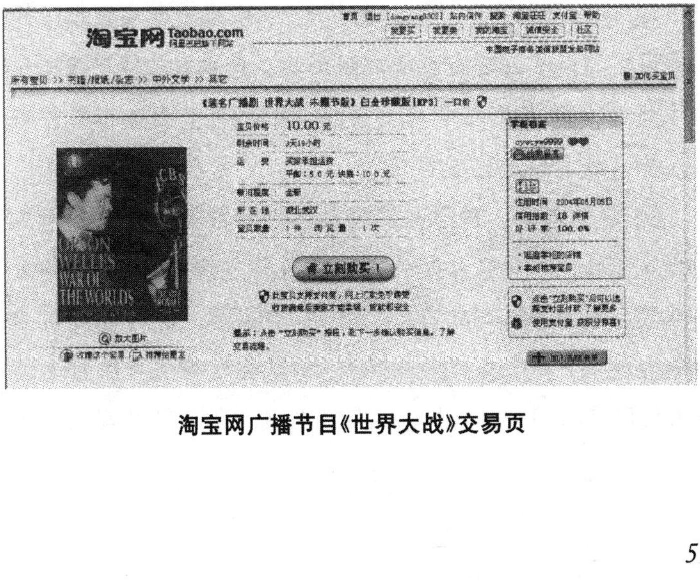

淘宝网广播节目《世界大战》交易页

（3）购买者。广播节目的购买者分三类：电台、个人以及节目中介。三者各有其目的：电台是为了缓解制作和竞争压力，使电台员工产生危机意识；个人是为了珍藏或欣赏；节目中介则为了从前两者之间赚取差价。

2. 广播节目的营销方式

（1）现金交易。现金交易即购买者通过支付现金方式购买广播节目。总的来说，广播节目的价格偏低，广播电台购买只需20～100元/集，个人通过网络购买会更加便宜。因此，广播节目制作者若想通过现金交易方式获得收益，必须通过大量销售才行。

（2）贴片。指当节目提供者给予广播电台节目时，广播电台不通过现金的方式交易而是通过“提供广告时间”的方式达成交易。这种交易行为的产生源于广播电台不能大量购买节目而采取的一种折衷办法。

（3）包时段。通过外包时段的方式，广播电台将某时段的节目制作权与经营权转交给节目制作者。此种方式使广播电台免除了经营风险，也节省了人力资源，但是，在节目制作的控制上却丧失了绝大部分的发言权。

（4）联合制作。联合是广播电台与节目制作公司之间的一种商业合作。广播电台提供时间段甚至主持人，节目制作公司提供节目策划思路与内容，并承担广告经营。这种合作的方式使电台免除了一个关键性的问题，即电台因购买节目而难以驾驭节目风格的问题，同时，节目制作公司也保全了经营同一品牌广播节目的机会。

(5)衍生品开发。广播节目通过广播媒体播放产生的商业价值十分有限,其最主要的收益来源就是广告。而将广播节目记录下来重新包装,广播节目就有了进一步开发的商业价值。被再次包装的广播节目称为广播节目衍生品。目前,市场上出现的广播节目衍生品主要有节目音像制品(如有声读物)、音频节目文字印刷品(如书籍、杂志)、网络下载付费音频节目等。

(6)跨行业合作。目前,广播节目跨行业合作伙伴的最佳选择就是电信行业。原因有二:其一,广播直播节目与听众互动通常需要通过电信的短信业务,电台与电信合作便会产生经济效益;其二,电信无线增值①业务需要大量内容,广播电台本身就是生产音频内容的机构。因此,经过对广播节目的二次开发,广播电台可以成为无线增值业务的内容提供商。

第七节　广播节目的评估

此阶段既是一个广播节目策划系统的收尾阶段,也是另一个广播节目策划系统的起始阶段。节目评估是媒体自身或者委托有关机构,按照一定的原则、标准和程序,运用科学的方法,对节目质量及其产生的社会效益和经济效益所进行的评定和估算。②

---

①　无限增值业务就是一些移动电话内容服务提供商(有专门的也有各个互联网站)为移动公司提供内容支持和服务,如彩铃、彩信等。

②　引自宋友权:《广播电视节目评估工作的运作及发展趋势》,《中国广播电视学刊》,2003年第5期。

一、节目评估指标体系

广播节目评估指标体系是一个多元、分层次的系统。如下图：

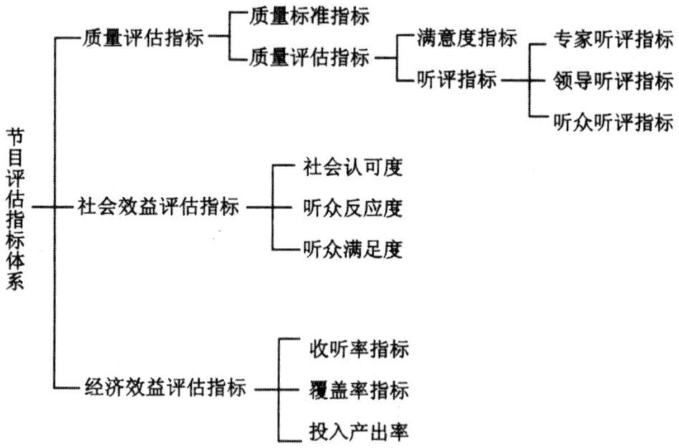

节目评估指标体系图①

节目质量评估指标不仅要涵盖节目本身的质量标准，同时也要兼顾节目的社会效益与经济效益。节目的质量不仅要符合既定的标准，而且听众对该节目的满意程度也很重要，在此之上，领导、专家以及听众代表也有一定的发言权。

社会效益评估指标关注的人群仍是听众。听众对该节目的普遍认可程度、在收听广播节目之后心理和行为发生的反射状况以及对节目内容、形式等各方面的需求满足度都将体现广播

① 引自周步恒：《衡量广播媒体实力之杠杆——论节目评估体系》，中国广播网。

节目社会价值的大小。

经济效益评估指标是媒介市场化的今天最敏感和不可回避的一面。然而,除了收听率可以直观地体现节目是否达标之外,经济效益评估指标中节目覆盖率的大小往往是与经济收入成正比的,投入产出率将体现节目经营者的经营素养和能力。

二、节目评估方法与程序

对节目的评估,有三种方法可供选择:媒介的自我评价、相关专家的评价以及专业机构的评价。一般来说,三种方式缺一不可。媒介的自评机制是总结经验、防微杜渐;专家的分析较为全面、逻辑;而专业机构是用数字来说话,较为准确。一般来说,广播节目评估程序可分为以下几个步骤:

- ■准备——成立评估机构,组建评估队伍,结合本频率的实际情况以及广播节目质量评估体系确定评估方法、评估对象、评估指标、评估模型和评估程序;
- ■评估——将获取的各种指标数据以及相关资料进行数据分析或情况整理,得出评估结果;
- ■分析——根据评估指标数据之间的关系,对评估结果进行深入分析,形成结论性评估报告;
- ■应用——根据结论性评估报告对节目人员进行奖惩,对广播节目制作与经营的相关环节提出建设性的意见和建议。

广播节目的评估体系是一个需要大量实践和经验并不断检验的行业规范。目前,由于各级电台针对评估工作上的力度与财力并不均衡，因此，并不规范。

2003 年，中国广播电视学会启动了关于“中国广播电视节目质量标准评估体系”课题研究，这项由国家广电总局审批立项的科研项目，预计 2007 年拿出行业标准。该行业标准的出台不仅有利于单个台的发展，对全行业的评估以及跨台之间的交流和合作都有着十分重要的指导意义。

第二章

广播节目类型及策划书的撰写

第一节 广播节目类型

目前，我国广播电视法尚未建立，广播电视管理条例中也没有相关广播节目类型的限定。因此，为了对广播节目的类型有一个清晰的认识，可依据目前广播电台节目的表现方式、播出性质以及制作方式，进行多角度的划分。

一、按节目表现方式

1. 广播新闻节目

指用声音表达内容、供听众收听的新闻广播形式。包括两大类：一类单纯用有声语言报道新闻事实，表达思想感情，多数是一般新闻体裁如消息、通讯、新闻评论等适应广播特点的产物；一类同时应用有声语言和其他音响表现内容，如录音新闻、录音通讯、现场报道和以音响为论据的广播评论等。[①]

2. 广播谈话节目

指以谈话的方式阐述对新闻事件或社会问题看法的广播评论形式，它以一定程度的交流感为特点，写作上要求坚持平等待

---

① 引自《广播电视简明辞典》，中国传媒大学出版社，1999 年版，第 62 页。

人、平易近人、亲切感人的说理态度，坚持顺应听众思路、针对听众疑问展开论述，坚持调动设问、比喻等表达手段启发听众联想，使说理过程带有类似于日常交谈的思想和情感交流。[①]

3. 广播戏剧节目

指依靠现代电声技术录制传送，以有声语言和音响效果、音乐等手段表现内容，诉诸听众听觉的一种广播形式。典型的广播剧，在剧本方面采用戏剧文学的艺术技巧塑造人物、描绘场景、结构情节、揭示主题；在表演方面用声音塑造形象、表现环境、展示剧情，创造出以声传情的听觉形象，诱发听众的联想，从而产生闻其声如见其人、如临其境的艺术效果。[②]

4. 广播娱乐节目

指以娱人取乐为目的，迎合大众趣味的、借由声音形式表达的节目形态。广播娱乐节目既可以是单一内容的广播节目，如以讲笑话为主要内容；也可以是综合性的广播节目，夹杂有综艺、博彩、竞技、游戏等内容的节目。

5. 广播音乐节目

指以播放和介绍音乐为主要内容的节目形式。依据内容设置的不同，广播音乐节目主要分为欣赏性音乐节目、综合性音乐节目以及专题音乐节目。

6. 广播对象性节目

指有明确指向的，为特定的、较为固定的受众群体开办的广

---

① 引自《广播电视简明辞典》，中国传媒大学出版社，1999 年版，第 86 页。

② 引自《广播电视简明辞典》，中国传媒大学出版社，1999 年版，第 96 页。

播节目。从广义上说，广播电台播出的节目都有收听对象，都可以算是对象性节目。但从狭义上讲，则是依照年龄、职业、性别或特殊条件等因素而划分的节目，如儿童节目、妇女节目、老年节目等。

7. 广播广告节目

指商品经营者或者服务提供者承担费用，通过一定广播媒介直接或者间接地介绍自己所销的商品或者所提供的服务的商业广告。除此之外，还有的广告主是以非营利为目的来做广告，我们将此类广告称作非营利性广告或公益广告。

8. 广播信息服务类节目

从广义上来说，所有的广播节目都是为听众服务的，所有的节目都在传递着某种信息，因此，广播节目的播出就形同一种信息服务。从狭义上说，则指通过传递各类信息或解决实际问题的形态来满足听众需要的节目形式。

9. 网络广播节目

网络广播有两种含义："网络化的广播"以及"广播的网络化"。"广播的网络化"是指将传统的广播节目与网络技术简单地嫁接；而"网络化广播"则是指依据网络媒体的特质为其度身定制的广播节目。

二、按播出性质分类

广播节目的表现方式随着社会的多元化以及文化的变迁不断地演进，因此，我们在此只能罗列一般而不能述其整体。然而，广播节目类型的划分仍有一般规律可循，即根据广播节目的播出性质来看其本质和特点。依此，广播节目的类型可分为以下几类：

1. 新闻性节目

指以传播新闻、报道真人真事为主要内容的节目总称，其特点为：传播客观存在的事物，以供大家知晓。

2. 教育性节目

教育性节目主要分为两大类：教学类节目和知识性节目，其特点为：传播知识或者观念，以增进听众的智慧。

3. 文艺性节目

文艺性节目主要根据艺术本身的分类情况确定节目种类，如音乐节目、戏剧节目等，其特点为：娱怀取乐，给听众带来愉悦和快乐。

4. 服务性节目

服务性节目主要可以分为三类：为听众家庭生活提供固定信息的常规服务节目，如天气预报；为个人或者经济生活服务的节目，如《证券信息》；为听众排忧解难的节目，如《汽车修理》。

5. 商业性节目

商业性节目主要分为硬性或软性广告类节目，其特点为：以商业诉求为主要节目宗旨。

一种广播节目形态可以凸显几种播出性质，比如，一些以谋求经济和社会双重利益为目的的教育类节目就必须兼顾娱乐性，以收到寓教于乐的播出效果。

三、按节目形态分类

1. 新闻报道

即每天都安排在固定时间的新闻报导，又叫直述新闻或纯新闻节目。

2. 新闻评论

即对新闻事件进行评论。

3. 新闻分析

对新闻事件的前因后果与过程进行细致的剖析。

4. 新闻专访

即为报道新闻而将访问节目作为独立单元者。

5. 新闻座谈会

同时邀请数位专家学者或者相关人员，就某一新闻专题举行座谈会。

6. 新闻专题（新闻特写）

属于深度报道，有条理、深入地报道一定的新闻主题。

7. 新闻实况转播

即对新闻内容进行现场实况转播。

四、按制作方式分类

广播节目的生产过程是立体的，不仅需要诉诸于文本，更要诉诸于市场以及团队合作。因此，广播节目的制作方式是极为重要的一环，而根据制作方式的不同，广播节目的类型也可以有以下的划分方式。

制作方式①	定义	优点	缺点
内制内包	由电台编制内的节目制作人员制播节目，广告业务由电台业务部承揽。	电台有绝对控制权，对节目的品质亦能掌握。	机制传统难以产生新思维与新创意。
内制外包	由电台编制内的节目制作人员制播节目，广告业务由广告公司负责承揽。	电台可以既坐收广告费之利，同时又掌控节目理念。	由于节目水平不一，广告公司压力大。
外制内包	由电台委托制作公司或者个人制播节目，广告由电台的广告部承揽。	节目制作内容多元化，引入外部竞争，整体制作水准有望提高。	节目风格难以确立。
外制外包	将电台的广播时段以签约的方式买断给制作公司。	电台不必负担广告业务风险，坐收时段费。	经营理念难以贯彻，节目风格难以确立。

第二节 广播节目策划书的撰写

广播节目策划书的撰写是实施广播节目策划系统的书面形式，能够体现广播节目制作者的创意能力和综合分析能力。完备的广播节目策划书可以使节目的制播过程有条不紊甚至事半

① 制作方式的分类参考，庄克仁：《广播节目企划与制作》，五南图书出版公司，2004年版，第46页。

功倍。

广播节目策划书的内容一般包括以下几项：

一、节目构想

节目的构想往往是由节目制作人的突发灵感而得来的。但灵感不是“灵光一闪”那么简单，往往要经过对事物的调研、观察、分析、整理之后才能得出结论。有人说，现在社会不再是注意力经济社会，而是创造力经济社会，因而创意本身就是一种巨大的财富。广播节目的创意过程要遵循以下原则：

■符合时代潮流；

■符合目标听众群的需要；

■符合电台的节目需要和整体风格；

■经费来源有保障；

■有独创性。

二、节目名称

为节目取名称，需遵循以下原则：

■与节目内容相符；

■简洁、响亮；

■易懂；

■具有时代感。

三、节目对象

目前，广播电台越来越向专业化靠拢，目标听众群的年龄层、职业、知识背景、所在区域、生活状态等情况对节目策划尤为重要。

四、节目类别

节目属于哪种播出性质？哪种播出方式？

五、节目宗旨

即制作节目的目的，而目的的核心点在于服务听众，即能给听众带来什么。

六、节目长度

根据节目类型所播放的时段，节目长度不等。

七、播出频率

即选择在哪种类型的频率播出。每个频率的节目风格和宗旨都有相异之处，因此，节目策划要与播出频率的整体构架相吻合。

八、播出时段

广播节目的播出要讲究内容和时段的完美结合，好的节目也应该在合适的时间段播出，才能收到较高的收听率。

九、预期效果

节目播出后，听众的反应会如何？对其他电台同类型节目是否有竞争力？产出是否能够与投入成正比？

十、经费预算

包括播出时段费、主持费、制作费、资料费等等。

十一、制作团队简介

制作团队的人员构成是衡量和预测节目制作水平的关键所在;同时,在有意购买节目的情况下,节目制作公司的实力亦是预计节目播出效果的佐证。

十二、主持人简介

主持人是节目的灵魂,节目的节奏和气氛都需要主持人来把握,主持人的主持风格与节目的风格息息相关。

十三、节目内容(单元流程)

详细说明节目内各部分的进程时间以及程序。

附Ⅰ

策划书实例Ⅰ

节目名称:《神州夜航》[1]

节目类型:直播互动谈话节目

节目长度:120 分钟

播出时段:中央人民广播电台新闻综合频率中国之声,周一至周五

[1] 策划书由《神州夜航》节目组万梅提供。

22:30～00:30

节目构想：

2006年1月全新改版的《神州夜航》节目是在整合中央人民广播电台新闻综合频率中国之声原有的两个强档夜话节目《情感世界》和《神州夜航》的基础上重新打造的一档大时段夜间互动谈话节目。节目口号是“让新闻成为认识生活的标本”。《神州夜航》以大中学生、年轻的社会从业人员、都市自由职业者、进城务工人群等为主要收听对象，这些人恰恰是社会中生存困惑较多和承受压力较大的一群。因此利用午夜这个情绪最为放松、最容易产生交流欲望、最容易引发思绪的时段，打造一个午夜互动交流平台，着重从道德、伦理、心理、情感等方面解读新闻事件，分析、梳理现象背后的社会问题，提供细致、周到、专业、实用的生存技巧辅导，应当能够很好地起到舒解生存压力、引导听众用积极健康的心态感悟人生的作用。它应该是每天生活的最后品味，是每日情绪的最后整理，是一副荡在夜空下的情感秋千。

节目特色：

《神州夜航》节目追求以独特的眼光打量生活，以个性的思考梳理人生，以成熟的心境品味细节，以轻松的话语沟通心灵。节目一反传统夜话节目的轻曼飘忽，着力推出成熟、具有独特生活经历和生命感悟的男女主持人，以主持人十足的个性管带节目总体风格。三位主持人除了具有成熟、知性、真诚、切近心灵的共同风格外，男主持人睿智、深刻、富有激情而又不失理性，两位女主持人善解人意、善于沟通、亲切随和、温柔体贴，各有风格，各具魅力。节目特色主题词：人本、个性、成熟、时尚。

时段分析：

节目播出的时段是深夜22:30～00:30。深夜是思考者的时间，也是寂寞者的时间。白天越是繁忙，夜晚的梳理就越是必须；白天越是喧闹，夜晚的孤寂就越是深刻。深夜也是沟通心灵的时间——在放松的情绪中人与人才有可能真正交流起来。因此，夜间谈话节目的交互性显得格外重要。同时，无论是梳理思绪，还是抚慰情感，夜间时段的节目对于压力人群都应该具有更强的吸引力。因此《神州夜航》将受众定位在企事业员工、学生、自由职业者、进城务工人员以及其他正在孤独奋斗、寻找生活真谛的人们。

预期效果：

在目标听众中最大限度地实现节目诉求，培养并逐步扩大稳定的听众群，使中国之声深夜时段的收听率进一步提升，使节目主持人的知名度和美誉度进一步提高，使《神州夜航》节目成为广播界的一个名牌节目。在此基础上，与相关刊物建立资源互惠、广告交换等合作，与出版社合作进行节目后期开发。

经费预算：

正式工作人员工资、绩效，兼职（或外聘）人员劳务费。因为是深夜直播，需要考虑编播人员的夜餐费、夜班补助费、交通费以及嘉宾稿费。

制作团队及介绍：

监制一名（兼任主持人），主持人三名，编辑、导播三人，编务二人。

每日节目选题策划由节目编辑提出，提供相应素材、提纲，并向编务提出相关歌曲、音乐资料清单。提纲经节目负责人初审完善后，编辑会同当期节目主持人共同形成文案，分工完成节目前期的采访或与嘉宾的沟通。直播中主持人在导播现场配合下主导实现节目策划。

主持人及简介：

向菲，女，2001 年来中央人民广播电台工作之前先后在《福建信息咨询报》、福建人民广播电台经济台工作。2001 年起先后担任《都市森林》《人物春秋》节目的编辑、主持人。她采录的特别节目《见义勇为勇士与大学生面对面》获得了“2001 年度中国广播奖综合类一等奖”、“第十届全国社会治安综合治理好新闻一等奖”。2005 年 1 月，中国之声午夜谈话节目

《神州夜航》开播，向菲出任主持人，并负责节目日常管理。其主持风格亲切、温柔、大方。在2005年2月到9月仅仅半年多的时间里，向菲成功地劝说三名身负命案的犯罪嫌疑人向警方投案自首，引起了媒体的广泛关注。向菲本人在2005年先后荣获公安部“金盾新闻特别奖”、“全国优秀新闻工作者”以及《法制日报》评选的“年度十大法制新闻人物”等荣誉。

青音，女，2000年来中央人民广播电台工作之前曾经担任河南经济广播电台主持人。2000年4月，中央人民广播电台第一套节目第一个心理夜话节目《星星夜谈》(《情感世界》节目的前身)开播，青音出任主持人。她以女性特有的细腻、敏感和自身独到的对生活的体察与热爱，和众多全国知名的心理专家和社会学者一起为听众悉心梳理人生道路上遇到的各种心理困扰和情感难题。六年来，她的节目在全国乃至东南亚地区有着广泛的收听群。“铁杆听迷们”迷恋她的声音，更被她节目中所传递的人生智慧和人文关怀所深深打动。2006年1月，她主持的《情感世界》节目与《神州夜航》节目合并，青音开始主持新版的《神州夜航》节目。

林白，男，在2001年1月出任中央人民广播电台第一套节目《午间一小时·海外来风》主持人之前，曾先后在北京人民广播电台交通频率、文艺频率、新闻频率，中国国际广播电台主持节目。2004年至2005年，在中央人民广播电台都市之声主持《大话新闻》和《路况2005》节目。2005年8月加盟《神州夜航》主持人团队。相对于同龄人而言，较为丰富的人生阅历和持之以恒的阅读爱好带给林白敏锐、独到的观察问题的视角和分析问题的能力，因此，他的主持风格以直率、深刻、犀利而不失幽默见长。许多听众反映，听他主持的节目可以引发很多人生思考，从中可以获得不少启迪。林白热心于探索广播节目和网络结合的多种途径，1997年1月，在北京人民广播电台创办了中国第一个网络广播节目《网络人生》，此事件入选当年北京广播电视界十大新闻；2000年7月在中国国际广播电台创办深受听众和网友欢迎的《网络调频·NETFM》；而2004年5月由林白主持的中央人民广播电台都市之声《大话新闻》开始以传统广播和网络视频同步播出为常态播出形式，这无疑又成为广播联姻网络历史上又一件标志性事件。

节目内容(单元流程)：

《神州夜航》节目2006年栏目设置

星期 时间	星期一	星期二	星期三	星期四	星期五	
22:30～24:00	冷暖人间	心海航帆	夜空守望者	人生即选择	情感世界	注：其中每日23:35～23:40为《气象生活》栏目
24:00～24:10	整点新闻	整点新闻	整点新闻	整点新闻	整点新闻	
24:10～24:30	心语心弦	心灵加油站	心语心弦	心语心弦	心语心弦	

1.《冷暖人间》

板块充分发挥夜间谈话节目日益凸显的沟通、干预功能，主持人在解读、探讨和分析新闻事件或故事的过程中，搭建事件、故事中最重要两方之间的沟通桥梁。《神州夜航》有广泛的听众群，节目在关注忙碌的都市人群的同时，不应该忽略另外一部分听众，这就是游走于城市各个角落、生活状态并不太好的人，他们的故事能够更加生动地再现奋斗、沟通、成功等历程，给人以启示。栏目拟从边缘人群入手，讲述关于亲情、爱情、友情的故事，展示社会中每一个普通个体散发出的人性光芒。栏目注重心与心的沟通，因此主持人在节目中的作用就是让故事中原本陌生或者有隔阂的人能够通过参与节目，互相倾听对方的心声，消融双方心灵的坚冰。节目中将邀请或连线一些专家、学者，用客观、理性的语言和独到的见解提升节目的权威性。节目避免枯燥说教，力求以情感人，寓理于情。

2.《心海航帆》

以梳理当代人的心理困惑为着眼点，从焦点新闻事件、新闻话题和相关新闻链接切入，连线和采访新闻当事人、亲历者和有关部门，同时开放短信平台让听众参与讨论，电话连线心理专家或社会学者一同分析新闻事件相关者背后的心理动因，提出更专业、更积极的建议，使听众能够从中享受生命过程的精彩，领略心灵成长的滋味。该栏目突出节目的心理学特色和人文关怀色彩。

3.《夜空守望者》

紧跟社会热点，体现新闻性、时效性和社会性，以社会热点问题或热点新闻事件为切入点，关注事件及现象背后“人”的因素，深入分析人情、心态，拷问社会道德和群体意识，引导社会成员更加理性和积极地看待问题，倡导无论经历怎样的坎坷，都要始终胸怀梦想，守望希望。栏目强调主持人个性化风格，睿智、深刻、富有激情而不失理性。栏目特别注重听众的即时参与和互动，充分发挥短信、声讯平台、网络留言板、电子邮件等的交互优势，变有限的直播室空间为无限的交流空间。

4.《人生即选择》

该栏目所选取的故事都是生活中真实发生的故事而非虚构，利用“讲故事，做好人生选择题”的形式，体现“走好人生路，关键就几步，不同的选择不同的路”的栏目理念。通过栏目，培养和提高听众在人生十字路口的思辨能力，用通俗易懂及参与性较强的方式调整人们在生活中可能出现的价值观偏差，力求引导听众树立正确的价值观、人生观。该栏目有着较强的形式感：其一，提前录制小广播剧形式，在故事关键处设置十字路口，由听众参与选择，主持人加以总结后，继续故事的发展，经历一至三个十字路口后，展现重重选择后的最终结果；其二，采取听众连线或直播间采访的形式。故事的讲述以主持人旁白与现场主人公采访相结合的方式，依然在关键处设置十字路口，听众参与选择，最终请当事人亲自讲述经历重重选择后的感悟和启示。

5.《情感世界》

这一专栏将针对人们普遍关心的当下热点情感话题或新近发生的具有典型意义的情感故事，邀请婚姻恋爱问题专家或社会学者与主持人和听众共同讨论，在轻松愉悦的氛围中收集过往心情，分享爱与感动，交流对待情感的态度，学习处理情感问题的技巧，使听众从中体会更丰富的情感内涵。

6.《心灵加油站》

将听众来信和短信中比较突出的心理问题做一收集，请心理专家解疑释惑。主持人跟心理和社会问题专家一起与听众互动，普及心理健康知识，一同寻找生活的技巧，发现生存的智慧。每周二在《心海航帆》栏目之后播出。

7.《心语心弦》

主持人播读听众自己写来的描述自身情感和人生故事的散文或者听众给节目推荐的、他们最想在节目里听到的好文章，散文后配以适当的音乐和歌曲（歌曲也可以是听众点播的），在舒缓和放松的心境中感悟人生悲喜，借此机会发现更多的节目线索，拓展节目的互动性。或带领听众欣赏优美的文学佳作，配以曼妙的音乐和歌曲（歌曲也可以是听众点播的），在周末为听众缓解一周的压力，使他们放松心情，满足听觉上和精神上的审美需要，创造"耳朵的享受"。

附Ⅱ

策划书实例Ⅱ

节目名称：《娱乐二人转》[1]

节目类型：娱乐脱口秀节目

节目长度：60分钟

---

① 策划书由《娱乐二人转》节目组大兵提供。

播出时段：沈阳人民广播电台娱乐广播

周一至周五 12:00～13:00

节目构想：

2005年5月30号开播的《娱乐二人转》节目是在欢乐调频1045全新打造的一档大时段午间娱乐搞笑脱口秀表演节目。节目口号是“娱乐二人转，小心你喷饭”。《娱乐二人转》以广大中学生、年轻的社会从业人员、都市自由职业者、进城务工入群等为主要收听对象。他们是社会群体中上午时段较为繁忙，短暂午休之后又将面对整整一下午工作的那部分人群。因此，欢乐调频决定利用午休这个情绪较为放松、最需要进行情绪调整的时段，为大家打造一个放松身心的平台。

节目特色：

该节目的特色之一是将听众提供的大量短信、笑话等幽默素材，以表演的形式进行故事重现。这不仅使主持人在主持节目的过程中变得有血有肉，也使节目更加贴近生活，拉近了与听众之间的距离。在节目进行的过程中，主持人一反传统娱乐节目单纯注重音效配合的做法，着力推出乡音浓重的脱口秀表演主持的全新节目主持形式，使主持人十足的个性管带节目的总体风格。不仅如此，由于近两年越来越多的人开始关注二人转，喜欢二人转，在节目中，主持人还特意将剪辑后的“绿色二人转”穿插播出，既弘扬了东北民间文化，同时也满足了广大听众的口味。

时段分析：

节目播出的时段是每天中午的12:00～13:00，正好是在工作岗位忙碌了一上午的人们好好休息一下、放松心情的时候。上午的工作越是繁忙，午休的时间就越必须真正地放松，以面对即将到来的一下午的工作。因此，午间娱乐搞笑节目的轻松、欢快就显得尤为重要。同时，午间时段娱乐搞笑类的节目对于压力人群而言，应该具有更强的吸引力。因此《娱乐二人转》将受众定位在企事业员工、学生、自由职业者、进城务工人员以及其他忙碌于生活、同时更热爱生活的人们。

预期效果:

通过向目标听众最大限度地展现《娱乐二人转》轻松幽默的风格,培养并逐步扩大稳定的听众群,不仅使欢乐调频午间时段节目的收听率、美誉度获得巨大的提升,使节目主持人大兵进一步被大家所接受,同时也使《娱乐二人转》节目成为广播界的一个名牌节目。

经费预算:

正式工作人员工资、绩效。

制作团队及介绍:

监制一名,主持人一人,编辑、导播二人。

每周六、日节目进行的热线讨论话题,由节目编辑协助提出,提供多个相应素材、话题,并推荐相关歌曲、音乐资料清单,经节目负责人初审通过后,编辑会同当期节目主持人共同完成节目的前期准备工作,直播中主持人在直播间导播的现场配合下主导实现节目策划。

主持人及简介:

大兵,男,2005年4月进入沈阳人民广播电台娱乐台。主持《娱乐二人转》之前,曾担任娱乐台《娱乐车友会》节目的编辑和主持人。他与同事共同主持的《娱乐车友会》在开播短短一个月的时间里,就在广大车友爱好者当中引起了强烈反响。2005年5月,欢乐调频午间娱乐搞笑脱口秀节目《娱乐二人转》开播,大兵出任主持人,并负责节目的日常管理。亲切、诙谐的主持风格加上自己不懈的坚持与努力,在2005年10月央视—索福瑞媒介研究有限公司(CSM)等收听率调查数据的排名中,大兵主持的《娱乐二人转》排在了娱乐台各档自办节目的前列。同年12月中旬再次进行的收听率调查中,《娱乐二人转》比10月份的收听率指数翻了3番,取得了欢乐调频的第一名、辽沈地区午间同时段节目的收听率第一名!

节目内容(单元流程)：

在每周一到周五播出的《娱乐二人转》节目中，不仅播出幽默短信、奇闻趣事、经典笑话，同时为了彰显节目的“二人转”风格，应广大听众的要求，节目中还会不定期播出主持人特意剪辑后的“绿色二人转”。土腔土调的语言、土香土色的艺术在水乳交融的同时，不仅使广大听众得到了极大的心理满足，更使“二人转”这一东北地区特有的民间艺术形式得到了大力的推广。

2006年改版的《娱乐二人转》节目为了更好地让听众感受到节目来源于大家的生活，还特别推出了《小兵见闻》这一全新的板块栏目。在这个全新的板块中，小兵以非常生活化的人物特征向节目提供奇闻趣事的来源，使人仿佛置身其中、身临其境。和主持人大兵一样，《小兵见闻》的主角“小兵”也是一个地地道道的东北人。这个好奇心强、心直口快的人物形象，不仅使《娱乐二人转》的节目内容得到了丰富，更使这个特色鲜明的“小人物”的形象在大家的心目中很快树立起来了。

同时，为了更好地营造《娱乐二人转》的广播氛围，让听众融入到节目当中，主持人还在节目开通短信平台与听众进行互动之余，在每周六、周日节目的下半段开通了节目热线，与大家进行更为直接的互动交流。在周末开通热线之前，主持人通常会设立一个既有趣闻性又有可谈性的话题与大家共同侃谈。

第三章
广播新闻节目的策划与制作

信息社会，新闻是流动的血脉。如何获得新闻？又如何制作新闻？时代的变迁给予这些问题不断“扩大的答案”。比如，我们在感叹广播新闻因无影而满足不了信息可视化的标准时，网络广播却弥补了这个缺陷；再比如，新闻采写的程式化门槛因大众的手机、MP3 等便携设备而降低，听众也可以成为广播记者，为广播媒介提供有价值的基层素材。

因此，面对广播新闻，我们在谨守规则的同时应该有所突破；在了解广播新闻发展的大环境的前提下，找到其之于其他媒体的优势。现在看来，广播新闻仍然有它独特的优势。首先，电波的迅捷可以让广播新闻成为“速跑”冠军，这也是许多广播新闻从业者最为得意的事情。新闻之新，发布的速度尤为重要。其次，广播新闻的采写与播报都会因完成者的个人表现而异彩纷呈，是一项颇具挑战而有创造力的工作。再者，广播新闻相对于其他媒体来说，更像是“水状物”而不是“块状物”，它充盈在广播节目的各个部分，新闻可群集亦可单件，可长可短，不可缺少同时也自由灵活。

无论是哪一种新闻节目形态，都要遵循一定的工作流程，经过较为细致的准备、筹划、采访、修正、剪辑、串接等程序。

第一节　工作流程

一、新闻的采集

基本上，新闻的采集只需要两个“设备”——大脑和录音设备。会思维的大脑可以帮助理清和区分有价值和无价值的信息；录音设备则是将思维具像化的重要工具。

广播新闻节目的基本元素是一条条的新闻报道，因而，新闻节目的制作就要从单条新闻的采集说起。一般来说，电台新闻部门的记者人数比报纸、电视要少，一名记者同时要负责好几条新闻路线[①]，而新闻部门负责人则会视人力资源状况及实际需要，派任分组，进行采访。

总的说来，广播新闻的采集工作需要记住三个字：搜、备、采。

1. 搜——搜集新闻线索

新闻线索是新闻采访活动的向导，它是可能成为新闻的某种事实所传播的信息，也可以说是已经或者将要发生的新闻事实所发出的信号。新闻记者必须掌握新闻线索才能够决定取舍要报道的新闻事实。通常，记者的新闻线索主要来源于：

■已预告的有关会议，有关方面提供的通知、简报、文件等；

① 电台的新闻路线一般可分为：时政、环保、教育、财经、交通、建设、文化、社会、科技……等类。

■新闻编辑部内部开会讨论安排的报道任务；

■记者自身的观察和积累；

■听众通过热线电话提供的线索；

■从其他新闻媒体的报道中寻找的线索。

其中，热线电话堪称最为贴近本地居民的沟通渠道。目前，几乎每家电台都设置了新闻热线，很多是24小时全天候的，听众可以随时通过电话提供身边的新闻线索。此外，在科技、通讯发达的今天，网络也已成为广播电视记者寻找新闻线索的常用途径。当然，记者本身也必须不断积累，培养新闻敏感，自己发现好的新闻线索，成为“全天候记者”，找寻新闻报道的“第一现场”。

在实践中，经常会发现新闻线索往往显得简单、松散、可信度差，需要记者对其进行取舍，因此，记者的调查、研究能力就显得非常重要。而且，记者必须依据一定的标准对其进行评定和分析，这个标准就是新闻价值。

100多年前，美国《纽约太阳报》的编辑部主任约翰·博加特对部里的记者说：“狗咬人不是新闻，因为这是经常发生的；如果有个人咬了狗，那才是新闻。”这是美国新闻学者关于新闻价值的名言。虽然语句中包含了夸张的成分，但是从中可以看出新闻价值体现的基本特点是影响和趣味。目前，较为科学的新闻价值要素为：时新性、重要性、接近性[①]、显著性和趣味性。英国人安德鲁·博伊德在《广播电视新闻教程》一书中更直接地指

① 接近性，是指新闻事实在地理位置和心理距离上都与受众接近，两者越接近，新闻价值越大。

出了新闻就是以下一些方面的事实，具体包括“紧急事件、犯罪、地方和中央政府、建筑规划与发展、地方议会和国会的争斗、受压制群体、工业、健康、常人趣事、人物专访、体育、季节性新闻、地方特色、天气、交通状况、动物”①。我们所认同的新闻价值，除吸收了以上精华部分外，还要注意其对社会的积极导向，即“以正确的舆论引导人”。

对新闻线索进行评价之后，新闻部门拟定采访计划，将采访任务分配至记者个人。决定好采访日程之后，接着便是联络相关人员，安排采访时间及地点。

需要注意的是，如果在拟定采访计划的过程中，发现需要相关工作人员或单位支持，例如现场采访所需的人员、设备、交通工具等等，要先行提报，由新闻部协调处理。

2. 备——采访前的准备工作

广播记者与采访对象联络好之后，在采访前，记者还需要进行一系列的准备。主要包括：

(1)知识的积累。广播记者要注意平时的积累，特别是要积累多方面的知识，熟悉新闻广播的多样表达方式。另外，随着全球化进程的不断推进，广播记者也必须掌握至少一门外语，以备对应外国采访对象。

(2)撰写采访提纲。采访提纲的内容包括采访的目的、要求、步骤、方法、时间、对象、采访问题等。

---

① 引自〔英〕安德鲁·博伊德：《广播电视新闻教程》，新华出版社，2000 年版，第 5～8 页。

(3)多熟悉采访对象的相关情况。比如采访对象历史的、现实的和环境的相关资料，包括采访对象的性格特征、爱好志趣等。

(4)准备与采访对象有关的专业知识，诸如采访对象的行业性知识等等。

(5)制定切实可行的采访计划，主要包括时间、地点、内容等方面的安排。采访计划的拟定可根据记者个人习惯安排，不必事无巨细全部写清楚，但提问的内容要有逻辑性。

(6)做好一定的心理和物质准备。心理准备主要是指记者要充分估计到采访过程中可能会出现的问题，想好对策；物质准备通常是指采访所需要的硬件设备，比如采访机、电池等等，在正式采访前一定要检查好。

在新闻实践中，通常在制作新闻专题等深入报道时，需要有这种周密的准备。很多动态性、突发性报道不需这么详细或者可能没有时间进行准备，那么就主要靠记者本身的积累了。

3. 采——采访

广播新闻的采写可以通过现场采访或电话采访的形式。电话采访对广播记者来说具有方便性与迅捷性，但其音响临场感以及记者的临场感知显然不如现场采访优越。

记者在进行采访的过程中，需要注意以下问题：

(1)善于观察。记者要善于观察新闻事件发生的现场以及被采访对象的活动现场，借以获取第一手资料。在现场采访过程中，记者要注意那些能够体现新闻事件的具体生动的细节，感受、体验现场的环境和气氛。如被采访者的外表特征、情绪变化以及事件发生的生动情节、变动的态势等等。

(2)善于提问。记者提出的问题要言简意赅，在新闻写作的基本元素(谁、什么、什么时候、哪里、为什么和怎么)的要求下，提那些能够得到答案的问题。注意："谁"的问题要求回答人名，"什么"要求一段描述，"什么时候"确定事件发生的时间，"哪里"询问地点，"为什么"要求说明或解释，"怎么"询问意见或说明等。

在采访中，尽量不提那种被采访者只用"是"或者"不是"就能回答的问题，不提范围过大的问题，不提具有引导性的问题。比如"你喜欢运动吗？""你觉得网络对青少年有哪些影响？""我认为这起事故应该由校方负责，你觉得呢？"

采访者在整个采访过程中，要谨记采访的目的和任务，要让被采访者说出"心里话"，记者本人不能自问自答。

(3)注意创造良好的采访氛围。记者在采访过程中要把握采访控制权，注重对采访对象的倾听和引导。

在采访开始阶段，记者可以问一些贴近性问题，拉近与被采访者之间的距离。在采访中，记者的语用措辞要运用得体，同时也可以不断通过说服、情绪激励等方式，使采访对象保持积极的状态，进一步增强双方的认同感。记者在其中要善于倾听，把握好节奏，采访内容的转化要注意问题的相应过渡，力求自然流畅。此外，记者还必须委婉地提示采访对象，避免跑题，要留意采访对象想要结束采访的提示。在采访结束时，记者最好找一个有特点的问题结束采访，使被采访者给人留下深刻的印象。

对于很多突发性的新闻事件，记者需要立刻到达新闻现场进行采访。在这种现场采访中，广播记者一方面要具备良好的口头表达能力，比如对现场环境、气氛的白描等；另一方面要调动各种感觉进行通感式报道，将自己现场的感觉变化同步告诉听众。

(4)录音工作。在现场录音采访中，因为录音采制的机会一般只有一次，不能补录或者提前录，所以记者需要注意录音效果的问题。比如，有时在采访现场，房间会出现回音，为避免回音，最好打开门窗录音，或者将谈话人请到房间一角录音，而不是站在房间的中心。此外，录音的采制还需要注意音响的真实、自然与典型，伪造的音响、做作的语音以及不相关的音响都是录音报道中不应有的“杂音”。

二、各种广播新闻体裁的写作

新闻写作，即是通过叙述事实发表意见。因此，新闻的撰写要做到用事实说话。而在广播稿中，事实是具有典型性的，是通过音响来表达的，需要记者拥有切实可信的背景材料。广播新闻的写作要尽量表达六要素，即何时、何地、何人、何时、何故和如何。

广播新闻依据体裁的不同，主要分为消息、专题、现场报道、连续报道与系列报道几种，其特点和采写要点各有不同：

1. 消息

广播消息的特点是：迅速、简捷、易懂。迅速是指广播媒介要尽量发挥其反应快速的特点，追求新闻时效；简捷是指新闻稿件的写作必须简明扼要；易懂是指广播新闻的写作要利于声音的传播，“为耳朵而写”。

(1)导语。导语是新闻开始的第一句话或者第一段话，是新闻的重要组成部分。导语写作的好坏影响到整条新闻的质量，广播新闻的导语写作有如下一些要求：

- 导语前一般要加呼语，比如，“现在请听记者的录音报道”；
- 导语要尽量使用简洁的语句突出一个重要的新闻事实；
- 导语的写作基调要与新闻主体相一致，并突出新闻的时效性；
- 导语写作在句法上尽量多用单句。

常见的广播新闻导语形式有概括式、结论式、描述式、提问式等。

(2)主体。广播新闻主体是新闻的主要事实，在写作时要注意：

- 新闻主体要讲清导语中讲到或者引出的新闻事实；
- 选择更为典型的事实材料并按照逻辑或时间顺序进行排列，层次分明；
- 在新闻主体的写作中，可以适当地使用动词和形容词来描述细节，使报道显得更为生动和形象。

有西方学者归纳了 WHAT 公式，指出了导语与新闻主体的写作要领，即导语之后是解释，然后是更为具体的内容以及对结尾的整理。

WHAT公式：

W(What)：发生了什么？开场白简明扼要地介绍这个事件；

H(How)：它是怎么发生的，解释直接的背景环境；

A(Amplify)：充实开场白，按主次顺序使要点更丰满；

T(Tie-up)：整理结尾，添加背景资料。

(3)呈现方式。消息写作最常用的格式有螺旋式结构和倒金字塔结构。

螺旋式结构是在新闻开篇将最重要的新闻事实告知听众，主体部分的新闻事实则按照时间顺序或者逻辑顺序来组织材料。这种结构因为导语与主体部分同等重要，整个形状像螺丝钉，故而称为“螺旋式结构”。螺旋式结构的特点在于导语提出的问题在新闻主体中得到回答，材料的排列较为符合听众的收听习惯，因而，这种结构在广播新闻中最为常用。

倒金字塔式结构是指将最重要的说明主题的新闻材料放在开头，其他材料依据其重要程度依次排列。倒金字塔结构的广播新闻在导语中将最重要的事实交代清楚之后，后面还有次导语，次导语之后还有一段补充文字，再往下是背景材料，然后才是新闻的主体。倒金字塔格式的特点在于可以迅速及时地将新鲜重要的新闻告知听众。由于其是按照逻辑结构顺序排列，所以有助于节省笔墨，而且方便编辑修改。

2. 专题

广播新闻专题是指运用语言、音响和音乐深入、具体、详尽地报道具有新闻价值的事件、人物等的新闻体裁。

广播新闻专题的特点较为鲜明：首先，广播新闻专题注重主题开掘的深度，讲求揭示事物的本质与内在规律，强调为什么(Why)和如何(How)两个要素；其次，广播新闻专题善于用声音形象说话，通过声音满足听众对事物认知的需要；再者，广播新闻表达的方式较为灵活，描写、抒情、议论、音乐、音效等都可以作为表现的手段。

广播新闻专题的结构多样，可依据新闻题材与特点灵活采用。

(1)纵式结构。纵式结构是指按照新闻事件发生、发展的时间顺序来架构新闻材料的一种方式。此种结构适用于一个中心事件，也适用于若干新闻事件的接续串连。

(2)横式结构。横式结构适用于场面宏大、缺乏中心事件的新闻事实。横式结构通常通过两种方法来表现：同时异空以及多侧面拼接。同时异空即用同一时间串连不同空间发生的事实；多侧面拼接则在一个主题的统领下连接不同的可以反映该主题的不同侧面。

(3)递进式结构。递进式结构就像剥笋一样，向着追寻新闻事实本质的目标一步步前进，透过现象看本质。

广播新闻专题因为结构复杂、表现手段多样，因此要特别注意逻辑上的准确。此“逻辑”不仅是写作思路上的逻辑，也包括音响、音乐运用上的逻辑。同时，如果内容繁多，篇章结构复杂，关联语句等过渡手段的恰当表达也是加强广播新闻专题逻辑性的必要手段。

3. 现场报道

广播现场报道是指记者在采访现场通过话筒采访新闻事件有关人员，解说现场情况，直接交代、播报新闻事实的报道方式。

现场报道的特点是音响效果丰富，即时采访成为可能，因此感染力和真实感较强。然而，记者不能仅仅满足于进行简单的介绍和传达音响效果，还必须完善对现场报道的驾驭能力。因此，对于现场报道来说，记者的一张嘴就好似一枝笔，口头表达能力直接影响到其“写作”的效果。总的来说，现场报道记者至少要具备以下两种素质：

(1)口语表达能力。当记者处在现场时，所看到的、所听到的、所想到的都要通过记者的口头表达传达给听众。因此，记者的口头表达是否清晰、到位，能不能一语中的，是否能够传达出深刻内涵，都是衡量记者口语表达能力的标尺。

(2)心理素质。现场报道需要记者具备良好的心理调节能力。因为在新闻事件现场，一切都是动态的，事件的发展是动态的，人物的情绪是波动的。因此，当遇到突发事件时，记者要有良好的反应能力和应急能力，达到处变不惊的状态。

4. 连续报道和系列报道

连续报道是对正在发生或将持续发生的事件在一段时间内跟踪报道。因此，连续报道在写作上要做到两点：第一，报道的顺序要看新闻事件本身的发展进程，要尊重这种连续性而不能随意篡改；第二，连续报道的魅力在于每一篇报道都有其关注价值和新闻点，而这些新闻点应是递进式的结构，让新闻事实逐步在报道中明了,深入本质。

系列报道与连续报道的不同之处在于主题相同,但新闻事实有所不同。围绕着同一个新闻主题从不同侧面、不同角度做多次的、成组的报道。系列报道的写作要领在于"个别与整体"的协调统一。在采写系列报道的过程中,既要注重每条新闻的质量,同时,也应和整体系列报道相融合、相呼应,以呈现信息多元、视角宽阔的立体效果。

三、广播新闻的编辑

广播新闻编辑有着设计师和把关人的双重角色。一方面,编辑要根据新闻栏目的总体设想提出策划建议及报道重点,并组织实施对重点的报道;另一方面,编辑要负责将众多新闻信息整合编排形成新闻节目。具体来说,广播新闻编辑的主要工作职责如下:

1. 策划

广播新闻编辑的策划职能依各电台组织分工不同而有所不同。对于承担策划职能的编辑,在此方面要做到以下几点:

- 对新闻栏目的风格、定位、报道思想有深刻的理解,并形成编辑原则,使之始终贯穿于策划、审稿、稿件选择以及节目编排之中;
- 关注时事及其热点,保持新闻敏感度,能够识别一定时期的报道热点和重点;
- 根据具体情况,确定报道时机,制定报道策略并有效地组织实施;

■熟练掌握报道技巧，对重大新闻事件或采取连续报道，或采取多时空的连线报道，但要注重信息的不断归纳和更新，提高对新闻势态发展的预见性。

2. 审稿

审稿是对广播新闻稿件进行取舍、修改以及排序的过程。在审稿过程中，编辑要掌握以下要点：

第一，在对广播新闻节目进行编排之前，首先要对新闻稿件进行筛选。如何取舍，有两个标准：其一，新闻是否真实，是否有价值；其二，新闻报道是否秉持客观的传播态度而不是持有偏见。

第二，编辑对新闻稿件的修改也要基于两个标准：其一，新闻稿件本身出现问题，比如，事实出错，报道思想偏差；其二，稿件本身并无问题，但为了与栏目整体的风格、定位相统一，需要进行相应的修改。

第三，为了使随后的新闻编排变得有序，编辑在审稿阶段就要对新闻稿件进行归类。归类时既要考虑到新闻价值的等级，也要依某种分类规则对新闻进行区隔，如国内新闻、国际新闻、娱乐新闻、体育新闻等。

3. 新闻栏目编排

广播新闻栏目的编排是新闻节目播出前的最后编辑环节，它根据广播新闻台的定位和风格，将独立的若干稿件组合为一个有机的整体。其主要工作内容包括：

第一，头条新闻先声夺人，并体现出新闻栏目的新闻价值观，因此头条新闻的选择要慎重，新闻事实的重要性、政策性、导向性都是要考虑的重点。

第二，可以将同类或者具有对比性的新闻编排在一起；也可配合新闻配发评论、编后语或新闻背景；亦可在新闻栏目中对某重大新闻事件做连续性报道。

第三，在新闻编排过程中，为了达到预告和吸引听众的效果，往往要撰写新闻提要。新闻提要就是用最短的时间将最重要和新鲜的内容概括地讲出来。新闻提要不同于新闻导言，不能简单地由新闻导言改写而成。新闻导言是选择最重要的重点加以表达，而新闻提要则是尽量用最简短的方式将全部新闻的重点集合起来加以表达。

四、广播新闻节目的播报

新闻节目需要新闻播报员，不同的语境有不同的表达规范。在广播新闻节目中，新闻主持人要具备以下素质：

1. 庄重而不失变化

新闻播报不同于其他类型的节目，要求主持人具备权威感和信任感，因此，主持人在播报过程中切忌任意发挥、信口开河。庄重感是新闻主持人所应有的风格，然而，广播新闻节目也有不同的节目内容，如令人欢快的、引人悲伤的。因此，广播新闻的播报要善于在庄重中寻求变化。

2. 权威感

新闻事实的客观性决定了主持人必须建立起权威感。权威感来自于新闻主持人对新闻的熟悉程度和理解深度。只有当新闻主持人对新闻的背景、来龙去脉都有了透彻的了解，才会自然而然地在新闻播报中强调重点、抒发情感，从而建立起自信，建立起权威感。

3. 时间操控力

如果广播新闻需要直播，那么新闻播报人就需要严格掌握播报的时间，从开始到结束，不差毫厘。因此，播报的熟练程度、节奏、时间长度、轻重缓急都在考虑范畴之内。

4. 灵活应变

新闻事件多变化，尤其是在直播过程中，会出现各种意想不到的状况，诸如新闻讯息中断、遗漏稿件、放错磁带等等。因此，主持人要有镇静而机敏的风范，做出恰当的反应，不可贻笑大方。

5. 思想性

对于广播新闻主持人来讲，无论是单纯的播报还是夹杂议论的播报，都应将自己的思想参杂其中。前者的思想可以体现播报技能，后者的思想则可体现评论的技能，寥寥数语即可展示主持人对新闻的驾驭能力与表达风格。

第二节　关键点

一、板块式新闻与滚轮式新闻

1. 板块式新闻

板块式新闻是指在某些特定的时间段安排播放新闻。如下图：

时段	节目
09:00	利德健康之声
09:30	一程山水一程歌(一至六)锦绣中华(日)
10:00	新闻
10:10	小喇叭
10:25	自强之声(一)/桑榆情(二至日)
10:45	经济辞典(一至六)/音乐(日)
11:00	新闻
11:10	民族大家庭(一至五)/广播星空(六、日至11:30)
11:25	收听指南与天气预报(一至五)
11:30	世界报道
11:45	体育节目

中央人民广播电台中国之声 2003 年 12 月 28 日
改版前板块式新闻模式①

板块式新闻具有如下特点：

■适用于新闻综合频率，专业化不够突出，即节目内容采取“新闻+其他节目类型”的模式；

■整点播报贯穿全天，但相隔时间较长，半小时或半小时以上播报一次；

■新闻内容侧重于新闻节目而不是新闻信息，即讲求新闻内容的多样化和深度而不是信息的大容量与快捷。

目前，板块式新闻仍然是中国大多数新闻频率采用的新闻编排模式，因为在绝大部分地区，听众对节目内容多元化的要求胜于对新闻信息播出量的要求，大多数听众对新闻信息的获得是其他节目类型的“顺带”品，而不是有目的的获求。

---

① 资料来源：中国广播网。

2. 滚轮式新闻

滚轮式新闻是指在全天的固定时间段滚动循环播放新闻。

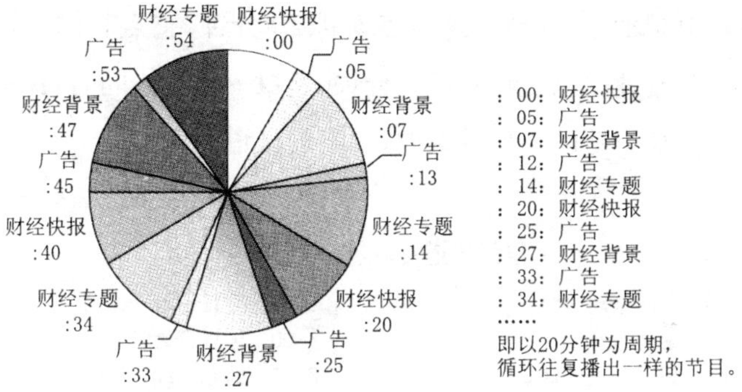

2003 年年底，中央人民广播电台经济之声滚轮式新闻模式图

（周一至周五主要时区节目滚动示意图）[①]

滚轮式新闻具有如下特点：

■适用于较为专业的新闻频率，新闻信息含量大且细分程度高；

■新闻信息播报速度快，呈滚动播出状。

目前，滚轮式新闻模式在中国还只是初露端倪，在短时间内还很难普及，原因是此种新闻模式对听众的要求较高，要求听众具有主动收听新闻资讯的渴望，并对新闻的专业性持有肯定的态度，新闻对于听众来说是必需品而非“顺带品”。但在我国，除了个别发达地区外，能够支撑此种新闻模式的听众群很难形成。

因此，为了适应从非专业化的新闻频率向专业化新闻频率

---

① 资料来源：中国广播网。

过渡的趋势,"版块+滚轮"的新闻模式便应运而生。即在保持新闻内容多样化的同时,尽可能在固定时间段加快、加速新闻信息的播出量。如在中央人民广播电台中国之声2005年的播放时间表中显示:周一至五逢整点安排10分钟《整点新闻》,逢半点安排5分钟《半点新闻》和5分钟《气象·生活》,同时,保留其他新闻以及非新闻类节目类型,以早间报道为例:

早间报道:(6:00～9:30)①

6:05	收听指南	7:40	今日论坛
6:10	国防时空	8:00	体育直播间
6:30	新闻和报纸摘要	8:15	财经在线(早间版)
7:00	新闻纵横	8:35	早报早读
7:20	世界报道(早间版)	9:00	新闻和报纸摘要(重播)

二、广播新闻评论的风格

广播新闻评论就是对新闻事件或者公众普遍关注的社会问题与话题发表议论、做出分析、讲明道理的节目形式。

广播新闻评论的必要性在于与普通的广播新闻播报相比,它更具有解决功能、表态功能、深化功能、引导功能与协调功能。除了新闻本身的价值,新闻评论的社会价值因其诸多功能而变得更为巨大。

既是评论,就要说理,就要有论点、论据和论证。而论点、论据和论证用什么方式表达出来,则要依托一定的风格。总的来说,广播新闻评论的风格有正统和非正统之分。

① 资料来源:中国广播网。

1. 正统风格

正统的广播评论风格要求广播新闻评论的写作及播报秉持鲜明的政策性、指导性及权威性，在语言风格上做到严谨、认真、端庄，屏除嬉笑怒骂。

在众多广播新闻评论类型中，倾向于运用正统风格的，大致有“本台评论”、“本台短评”、“编后话”等。因为以上广播新闻评论类型均为不署名新闻评论，代表着广播电台或编辑部的立场，责任重大，不可兼容个人色彩。因此，在进行评论时要按照思想、政治、伦理的角度严谨地阐明对事物的看法，强调说理，议论由理而生，体现客观、公正之风范。

2. 非正统风格

所谓广播新闻评论的非正统之说，并非指可以完全张扬个性色彩，大发离经叛道的议论，而是在一定新闻评论类型的包容下，用多样化的表达方式就新闻事件发表客观、公正的评论。

此种新闻评论类型可以是署名的新闻述评、谈话类新闻评论、舆论监督节目等。

非正统的表现形式则可以包括：

(1)娱乐性。在说明新闻基本事实的基础上，强调新闻的情节性、趣味性，以求增加新闻本身的吸引力。新闻评论一方面生发议论，一方面则有解析新闻矛盾，起到“戏剧旁白”的作用。这便是将广播新闻评论节目故事化的做法，目的是让“硬性新闻软着陆”。广播节目竭力从严肃的政治、经济新闻中挖掘出娱乐价值，让评论不再秉持政策性、指导性以及权威性而是倾向于娱乐性。

(2)平民性。选取社会新闻、人物事件等作为新闻评论的对象,强调新闻内容的贴近性,用听众喜欢的平民风格播报新闻评论,比如“说新闻”;亦可借用老百姓的思维解析新闻事件,言辞具有地域特色或者人物风格,非说教而是寓教于乐。

(3)艺术性。在进行新闻评论的过程中,可以运用广播所具有的艺术手段,如音乐、音响等艺术效果烘托新闻事件以及新闻评论,目的是让新闻事实因音乐、音响的烘托而更具听觉冲击力,从而使听众伴随着艺术效果受到情绪上的感染。

然而,非正统风格的广播新闻评论虽然日益成为“时尚”,但从业人员仍要避免为了娱乐大众而导致新闻评论丧失客观性,违背真实,或者形式大于内容,失去新闻的价值。

附　个案分析

《清晨麻辣烫》[①]

片头:【音乐】桐蒿、香菜、鲜磨、豆皮儿,添一道麻辣调料;新闻、时事、过程、背景,加一点儿辛辣点评。【开锅声】《清晨麻辣烫》! 红梅、战军热情主持!【喇叭声】 红梅:各位好,战军红梅又来了。 战军:早上好,欢迎收听《清晨麻辣烫》。	片头用麻辣烫的特色比喻此档新闻的辛辣特色,立意鲜明。
红梅:昨天是正月十五,很多地方都在搞元宵灯会。 战军:这本来是个好事,传统佳节, 大伙儿	简明介绍新闻时事。

① 辽宁交通广播节目,7:30～8:30 播出,红梅、战军主持,1998 年开播,本书择选案例播出于 2004 年 2 月 6 日。

一起出来看灯。可是今天早晨我们了解到的最新消息,北京密云的元宵灯会出事了!

红梅:人踩人,出人命了。昨天晚上,北京市密云县举办元宵节灯会,因拥挤发生了踩踏事故,37 人死亡,15 人受伤。现场尸体多数是女性和小孩。

战军:据现场群众反映,当时,潮白河西岸的居民区内有人燃放烟花,不少游人误认为是在放礼花,就想过河看,河东岸的大量游人拥上云虹桥。

红梅:这云虹桥不大,还很陡,上面挤满了人。

战军:晚上 7 点 45 分左右,云虹桥西侧下坡处一游人跌倒,他身后的游人向前拥挤,结果造成了 37 人死亡,15 人受伤。

【间隔音乐】

间隔音乐后开始评论。站在事件观察者的角度首先提出问题。

红梅:你说就在这喜庆的时刻,发生了这么大的事,我们忍不住就想问一问,怎么会有那么多人挤上了一个小桥呢! 管理者哪儿去了!

战军:谁该对这血淋淋的事实负起责任来?

【间隔音乐】

红梅:过节时大家都高兴。

用一个新闻事件作为“引子”,指出当日新闻话题:安全。

战军:但要紧的是高兴时别忘了安全。

红梅:元宵节观灯,你尤其得注意安全!

战军:出门坐车,你也得注意安全!

红梅:今天《清晨麻辣烫》的主题就是安全。

战军:稍后我们将说说威胁生命的黑车和超载。

片花:【音乐】街头麻辣烫,川味儿名吃,味麻、性辣、烫口、爽心;《清晨麻辣烫》,另类新闻,独到、幽默、深刻、贴心。【音乐】每天早七点,97·5火爆热卖,《清晨麻辣烫》!【音乐】麻辣烫来喽【音乐】

片花形象生动地再次明节目之志!

短信征集新闻线索,“麻记”出动。

红梅:春节刚刚过去,春运还是“现在进行时”,咱们《清晨麻辣烫》接到热心听众发来的短信,说我省新民市有很多黑车在非法营运,同时超载现象也非常突出。

战军：为了探个究竟，昨天，我们的记者雨虹首先来到了新民客运站。一到这儿啊，记者有些糊涂了，有点不知身在何处，因为这里很多车挂着外地的牌照。

红梅：哪儿的都有，什么吉林省的、内蒙古自治区的，还有我省阜新的、抚顺的、铁岭的、鞍山的……

战军：在客运站门口有一辆挂着吉林牌照的夏利车，车号吉 C11740，车顶上还装着出租车专用的顶灯。

红梅：司机正在等活，记者和他聊了起来……

【采访录音：

记者：黑车多不多？

司机：多。

司机：车也都是线里头的内部人，都有撑腰的，别人不让跑，都这样。】

战军：交谈当中，这位司机也毫不隐讳地告诉记者，他的车也是一辆从外地买回来的报废车，

红梅：他干的也是非法运营。

【采访录音：

司机：现在外地牌子多，原先我的车也是新民牌子的。

记者：为什么挂外地牌子？

司机：费用便宜。】

战军：他还告诉记者，在新民几乎没有一辆出租车是手续齐备的，几乎所有的出租车都是私有自用的黑车。

红梅：但是他强调，这么干也是迫不得已。

【采访录音：

司机：出租手续没人给你办手续啊，就算我买了辆新车，也办不了。新民没有一辆正经（有手续）的出租车，最早的那批也都改私有自用了，也没人管，手续都交全了，人家没交的也照样跑，逮着的话交点钱也就那么地了，谁办手续干啥？都不交了，交钱的话一天 30 多块钱！

用口语话的方式叙述记者对新闻事件的第一印象。

采访录音真实、大胆，体现广播采访的优势。主持人适时插话，提点听众收听重点。

记者：你这个车被逮着过吗？

司机：我没被逮着过，瞅着点呗，他们的车号都知道，看见他们来了就跑呗。】

战军：这位司机还给记者讲了一个笑话。这是前几天他亲眼所见的，一辆黑车拉了一车孩子被相关部门抓住了——

【采访录音：

司机：他那个车拉了 20 多个，一人坐个小板凳，（是一个小客）让交警逮着了（交警说）："把证拿出来"，那人说："证？我开了五年车了也没证啊？"（交警）试试车说："你这个车也没有闸啊！"他说："我开车也不用闸啊！"给我逗得。】

> 择取采访内容既是关键点，同时也不失趣味性，与节目风格吻合。主持人议论看似幽默，其实辛辣！

红梅：这让我想起了咱小时候，那时候，有的自行车车闸就不太好使，要停车的时候就得用鞋跟往前轮上蹭，慢慢地车就停下了。

战军：个子高的，两条腿在地上拖着，过一会儿那车也能停下来。

红梅：腿儿短的就费点儿劲了。

战军：或者干脆找一堵墙，往墙上撞。

红梅：可这汽车要是没了闸……

战军：不敢想象！

红梅：如此多的黑车，如此糟糕的车况，谁来保证乘车人的安全呢？

> 过渡语言自然顺畅。

战军：带着这个问题记者来到新民市交通局运输市场整顿办公室。

红梅：一位姓朱的工作人员谈到黑车也显得很无奈——

【采访录音：

朱：新民这事儿特别多，咱们也跟交警配合过，现在新成立大队，刚成立一个多月。你说的那种情况咱们都知道，也整顿过这个黑车，在执法过程中这个取证特别难……新民黑车多咱也知道，肯定整顿但是得等过了十五。】

战军：黑车，见一个就应该抓一个，为啥要等到过了正月十五才能整顿呢？

红梅：春节没有那么长时间的假期吧？初七、初八是不是就该上班了！

> 针对被采访对象的言语漏洞，节目毫不留情予以揭发。同时，用调侃的方式指明要害！

战军：对啊！如果什么工作都这么往后推的话，那就过了正月再说吧！

红梅：得了吧！开春再说吧！

战军：还是过了“5·1”再说吧！

红梅：呦～“10·1”以后再说吧！

战军：那还是元旦以后吧！

红梅：你看都元旦了，咱就春节以后再说呗！

战军：干脆！正月十五以后再说！

红梅：得！这一年就这么轮过去了。

战军：咱们也别这么悲观，今天不是已经是正月十六了吗，记者雨虹正在赶往新民市的路上，她要看看过了正月十五，黑车是不是已经开始被整顿了。

跟踪、连续报道，体现该新闻节目的严谨。

红梅：你说怎么就不给人喘个气儿的工夫啊！人家昨晚逛灯来着！

战军：咱们一会儿联线记者雨虹。

【间隔音乐】

红梅：昨天我们记者在新民客运站的采访中发现，这里的问题不仅仅是那上百台黑车，更糟糕的是正规的客运车辆的严重超载问题。

介绍记者暗访过程，口语方式介绍采访过程。

战军：11点30分，记者雨虹搭乘一辆从新民开往公主屯镇的中巴车。

红梅：当记者上车时，核定载客19人的车上就已经满满当当地装下了23个乘客。车子开出了，一路上只要见人招手车子就会停下来，陆陆续续地又上来了几个人。

战军：一路上记者看到了4辆由公主屯方向开来的大客、中巴车，这些车全都是满载乘客飞奔，远远地就能见到车内黑压压的。

红梅：满载乘客不是装满了乘客，是乘客满满的，这车都要挤瓢了。车子一路飞奔，记者的心揪得紧紧的，就怕这一旦遇到点儿啥事儿……

战军：要是出事儿这可怎么办！

红梅：就是！

战军：终于顺利地到了目的地，车门一打开记者总算松了一口气。

红梅:这哪是坐车啊,整个一历险。

【间隔音乐】

战军:针对超载的问题,记者采访了新民市交通局运输市场整顿办公室,这位姓朱的工作人员表示从春运开始他们就已经从源头开始抓起来了,每天他们都有工作人员在新民客运站蹲点,严格控制超员现象。他强调源头肯定不会超员。

采访录音抓住新闻点,记者顺藤摸瓜,进行深入采访。

【采访录音:

记者:如果说在半路上超员算不算超员?

朱:算超员。现在超员定义是什么呢?根据定员加上司机和乘务员超过一个就是超员。】

红梅:那么他们是怎样从源头上治理超员的呢?

主持人介绍记者目击,节奏紧凑。两位主持人通过一言一语的配合,将现场一层层剥开来。

战军:记者又回到了新民市客运站。

红梅:刚刚走入客运站广场,就看到一辆闪烁着顶灯的车辆进入到了广场中央。这辆车的车门两侧分别粘贴着"交通"两字,这是稽查车吧。

战军:记者随着人流进入到了候车售票大厅,大厅内人头攒动。

红梅:在开往公主屯方向的检票通道前,人们已经排起了20来人的长队。

战军:在售票窗口前经询问得知,这里出售的车票都是带座号的。

红梅:也就是说一辆车满员后,就不再出售车票,想乘车的乘客只能等待购买下一辆车的车票。

战军:很显然这样以来出站的车是不会超员的。

红梅:那么为什么仅仅走出去几百米,原本不超员的车会拥挤不堪呢?

战军:走出候车大厅,记者再一次注意到了闪烁着顶灯的"交通"车,它还停靠在原地。

红梅:它怎么是稻草人儿啊,在那儿吓唬别人呢!

语句幽默、形象,紧接着出现场录音,采访实录更加立体!

战军:但是就在这辆车北侧20来米远的地方,记者被一位正在大声招徕乘客的中年妇女拉住——

【采访录音：

司乘：公主屯的！在外头上车。你是上公主屯的？在这等着。上车，公主屯的有吗？】

红梅：还没等到记者回答，中年妇女就用手指着不远处说，坐那辆车马上就可以走。

战军：沿着中年妇女所指方向看去，一辆带着顶灯的绿色面包车内的确有人向记者招手。

红梅：呦！他们这么大声地吆喝也不怕相关部门的人管理吗！

战军：有那么句话，没有金刚钻就不揽“瓷器活”。记者观察了一会儿发现，果然，那辆交通部门的执法车辆警灯依然闪烁，双方井水不犯河水。

【采访录音：

司乘：等会儿上了外环再上小客车。

记者：这块儿不让上啊？

司乘：在这不行，检查！小客再倒一家伙。

记者：那小客上能有座吗？

司乘：肯定没有座，3 点钟的都没有座了，都没座了。俺们 2 点 50 发车，上那个车。】

红梅：见记者还在迟疑，另一名中年男子也快步赶来，并且向记者招手。记者随同中年男女走向面包车的时候才发现，那辆绿色面包车原来是一辆邮局的邮政车辆，从外表看应当是一辆非常新的车。

主持人的介绍和议论生动，提纲挈领地弥补了广播音频化的缺陷。同时，语言的特色也强化了广播新闻的优势——形式灵活、富有生活趣味！

战军：记者有意指着那辆邮政车询问中年妇女——

红梅：“这不是邮局的车吗！”（中年妇女回答：）“对，就是这辆车，你赶紧上吧你！”

战军：这辆车负责把没买票的乘客从车站倒到外环然后再交给站里发出的不超员的长途客车，也就是所谓的倒个短儿。

红梅：记者找个理由抽身离开了邮政车，刚刚回到采访车中，就看到那辆邮政绿车已经驶出了广场，采访车随后紧紧尾随而去。

战军：邮政车时走时停，不断有乘客被招揽上车，开出去三四百米之后，果然就“碰上”了从车站发出的那趟不超员的蓝色中巴客车。

红梅：邮政车上的满满当当的20来个乘客一拥而下，鱼贯地上了蓝色中巴客车。 战军：就这样又一辆人满为患的中巴车，在交通部门人员的眼皮子底下完成了从不超员到超员的转换，满载而去。 【间隔音乐】	
红梅：昨天，我们从沈阳市交通局了解到，目前新民市交通行政执法大队已经取得了黑车的全部名单，不久他们将采取措施，对这些非法黑车取证，在黑车活动猖獗的地点将这些黑车和超载的现象彻底消灭。 【间隔音乐】 战军：听起来真不错，可是细究起来，“不久”到底有多久！ 红梅：现在记者雨虹已经赶到了新民市客运站，我们来连线雨虹，听听那里的情况，是不是执法已经开始行动了。 【现场报道：	“黑车”新闻继续深入报道。
听众朋友大家好，我是记者雨虹，我现在是在新民市的客运站为大家做现场报道。今天早晨我来到这里，发现各种黑车依旧毫无畏惧地车来车往，交通执法的车在这儿我也没有见到。我留意看了一下从新民市客运站出来的车，还是见不到超员的现象，但是在外环路上这些车出来不久还会有一些倒短儿的车送来乘客，这样原本不超员的车又会超员上路了。刚才我也问了一位当地的司机，他说这两天并没有见到任何整治的迹象。好了，新闻就插播到这里。】	插入直播，新闻报道形式丰富立体。
战军：据了解，2003年在新民市全年的重大交通事故中，黑车、超载造成的事故占事故总量的40%还要多。 红梅：这个数字太可怕了吧！ 战军：这种管理也更让人担心。 红梅：我们将继续关注新民市客运的整顿问题。 片花：麻，关注不平常的生活；【音乐】辣，刺激不正常的神经；【音乐】烫，揭示不寻常的事件。《清晨麻辣烫》，敬请收听！	引入数据为证，使节目增添公信力。

战军：春运期间，乘车难这在全国上下都差不多。

红梅：由于车太少，乘客能忍就忍了。

战军：可有些事却让人忍无可忍——

红梅：昨日早6时20分，吉林省集安市公路客运站，沈阳天兴客运有限公司一辆满载40名乘客的大客车缓缓开出。然而，开了几十公里，这辆本已满员的大客车又偷偷接上了21名乘客！快到某公路检查站时，从半路陆续上车的21名乘客被不由分说地赶了下去，说是“超员了！马上就来车接你们！”

战军：此处是吉林通化大桥附近的高速公路路段，一行人就在凛冽的寒风中翘首等待。直到11时许，一辆标着“通化—沈阳”的大客车才来接他们。此时，21名乘客已经在寒风中站了3个多小时。

红梅：随后，记者以车上乘客的身份拨通了“天兴”公司的电话，一位姓蓝的调度员承认，上午该公司的大客车半路“甩客”确有其事。至于为什么3个多小时才派车接乘客，这位调度解释说——

战军：车打不着火了！

红梅：哎哟！你说这打不着火是理由吗！

战军：这事儿归谁管，有关部门知道吗?

红梅：记者都知道了，想必主管者已经把这事的来龙去脉了解个清清楚楚明明白白了吧！

战军：:但愿那些在寒风中等待3个多小时的乘客能讨到说法！

【间隔音乐】

红梅：为了逃避检查，还有更高的招儿。

战军：昨天下午两点左右，记者在济南的一个长途客运站内乘车，不到10分钟，车内已经坐满了16位乘客，可是车主啊，还在站内四处地拉客。

红梅：那是因为这车太小了，实在不能满足需求。于是呢，又有4名乘客上车了，这位女车主就在车底拿出了4个板凳，让4位后上车的

由点及面，拓展新闻视野，点评同类新闻。

主持人不仅起到介绍、评论新闻事实的作用，同时，用生动形象的语言戏剧化地表现当事人的音容笑貌，增添趣味性。

坐在汽车的过道上。

战军：先坐下！

红梅：大概 20 分钟，这车要出站了。

战军：这个时候啊，女车主接到一个电话。之后她就特别紧张，她就告诉驾驶员——

红梅：坏了，坏了，前面那高速公路口有查的！

战军：然后这驾驶员就轻声地说了一句："有查车的？让多余的人先走过去！"

注重细节性的叙述，真实、生动，连贯而富有生气。

红梅：长途客车走到胶州湾收费口的时候，并没有进入收费口，而是在离收费口 300 多米远的一个垃圾站那儿停下了。（女车主说：）"哎，中间坐的那几个师傅帮帮忙！前面有查车的，咱们在这儿下车走一段，不用 30 分钟，30 分钟就能回到车上。"

战军：哎呀，这个女车主向乘客求助了！

红梅：有查车的，你们够意思，被查了大家都走不了。

战军：后来上车的这 4 名乘客啊，没有作任何的争辩，立刻起身就和这个女车主下车了，然后顺着这个垃圾场的一条小道就走过去了。

红梅：给丢垃圾场了！5 分钟之后，这个长途车就顺利地经过了高速公路的收费站，交费的时候驾驶员向收费员问了一句——

战军："哎，查车的在哪儿呢？"

红梅：收费员说"刚走了。"

战军：这个长途车开过了收费站 400 米的地方，刚才下车的女车主和 4 名超载的乘客已经在路边等着了！

红梅：长途车重新开过之后，记者询问刚才下车的乘客："哎，同样是买票的，你为啥要坐这超载的车呢？"

战军：有一名男乘客不以为然地说："急着回家呗！"

【间隔音乐】

红梅：看来啊，这超载车的车主就是抓住了乘客的这种心理。

对新闻的评论没有采取一边倒的说教形式，而是亦庄亦谐，

战军:原来这收费的和搞超载的都是一伙儿的。	寓教于乐。
红梅:你说检查的吧,就好多管闲事儿。一个愿打,一个愿挨,超就超点儿呗,跟你有啥关系啊!	
战军:如果他们言必信,行必果,恪尽职守了,想来超载的事也不会比比皆是了!	
【间隔音乐】	
红梅:还有更绝的呢!	过渡语言生活化,同时富有感染力。
战军:前天下午 4 点半左右,湖南长潭高速金桥收费站口有一辆卧铺客车,民警清点车上的乘客,当即发现车上超载了 3 个人。	
红梅:接着啊,民警从车尾往前走的时候呢又发现有一块儿木板挺松的,于是就把木板给掀起来了,哎呦! 里边是一个不到 3 平米的货箱,除了堆了杂物之外呢,竟然还挤了 3 个人。	
战军:民警立即扣了这个车,随后呢和长沙汽车西站联系,把车上的乘客转运了。	
红梅:据初步调查,这车是从安化的煤城出发,开往深圳的,车上的乘客呢都是到深圳去打工的。	
【间隔音乐】	
战军:打工的不容易,为省几个钱儿嘛!	
红梅:可是如果把命都丢了的话,那钱还要它干嘛呢?!	
【间隔音乐】	
战军:前天下午 3 点左右,一个重庆牌照的依维柯警车从长望高速公路分水入口处驶上了高速路。重庆市高速公路执法总队五大队十七中队执法人员从监视镜头当中发现了这车里面人员混杂,而且还超载。于是,要求它立即停车。	
红梅:这“依维柯”靠边停下之后呢,高速执法人员检查的时候发现,核准 11 个人的车上装了 20 来人,大人、小孩、老年人全有。这不是一警车吗,就是没有一个穿警服的。	
战军:在这之后,这位司机的单位罚了他 100 块钱。	
【间隔音乐】	
红梅:就罚 100 块钱啊,下回我还这么干!	

战军:难道这事儿的责任就值 100 块钱吗? 红梅:管理全是用钱说话,这个单位就这样管理的嘛! 战军:超载啊,这个问题很严重了。 红梅:警车私用,这个问题更严重。 战军:所以必须追究责任! 【间隔音乐】	
红梅:咱们今天说了这么多路上的事。辽宁交通台路上的路况报道员们也没闲着。 战军:他们一边看路况,一边对超载及黑车的事发表了自己的观点。 红梅:先来说说路况的情况吧,2 号路况报道员说,沈阳市文化路立交桥二层桥上又堵车了,有条件的司机最好绕行。 战军:50 号路况报道员说,抚顺市客运站前马路上车流量非常大,行车困难。 红梅:19 号路况报道员说,他在沈阳市东陵区也看到了非法运营的黑车,希望管理部门能及时出手。	从天南海北的新闻事实中回到现实,踏实服务。
战军:一位手机尾号是 8845 的听众从短信平台上发表了自己的观点:超载,就是管得不严,超载现象严重说明管理者的管理水平有问题。 红梅:手机尾号是 9235 的朋友说:“我正在沈阳去往鞍山的路上,我这车里的人脚都没地方搁啦!” 战军:经过我们导播的统计,现在抚顺、大连、本溪、铁岭都有超载现场,而且抚顺客运站、鞍山客运站,也都出现了黑车。 【音乐起】	读取听众信息,用民声使新闻节目更加富有贴近性。
红梅:这些都是我们从听众的手机短信上统计出来的结果。我们将把听众朋友反映的这些问题及时传递到管理部门,相信在大家的共同努力下,我们的交通环境会很快得到改善。 战军:春运还在继续,《清晨麻辣烫》节目将继续关注春运,关心所有路上的人。 红梅:感谢收听,咱们明天再见。 战军:再见!	结尾点题,收尾利落。

第四章
信息服务节目的策划与制作

世界之大，信息之多！信息无处不在，无时不有，无人不用。信息需要依托于载体来表达自己，于是便有了媒介；信息需要依靠人来辨别真伪，于是媒介工作者便有了一份责任。

“服务”是一种行为，信息服务则是通过某一途径将信息传达给所需之人的行为。对于广播媒介来说，信息服务不仅是一种传播节目的行动，同时也是一种商业行为。“服务经济”一词亦适用于广播产业化的今天。

对于广播信息服务类节目的界定，有广义和狭义之分：

从广义上来说，所有的广播节目都是为听众服务的，都在传达着一种信息，因此，广播节目的播出就形同一种信息服务；从狭义上说，广播信息服务类节目指通过传递各类信息解决听众实际问题的节目形态。

广播信息服务类节目具有针对性，即必须应对听众的生活所需；它亦具有广泛性，可以囊括经济、科技、市场、文化、生活等各领域的信息。从具体的节目形式来看，路况信息、天气预报、医药保健①、广告节目②、热线服务、资讯类信息节目等是近年来

① “医药保健”节目一般是指推销药品、保健品、医疗服务等产品和服务的广告主，支付一定的广告费，购买广播电台的一段时间进行宣传的节目。此类节目多以嘉宾访谈、热线回答听众提问的形式出现。

② 广告实际上是广播信息服务类节目的一种，因为广播广告是广播媒体经济效益的重要来源，所以本书特另设一章，专门探讨。

出现的主要几种信息服务节目类型。本章将以狭义的信息服务节目的概念展开讲解。

广播信息服务类节目的兴起与市场经济的发展和社会环境的变化密不可分。比如，城市汽车拥有量的增加、交通问题的凸显使得路况信息一时炙手可热；人们对天气变化的关注、对灾害性天气的预警，使得天气预报成为收听率最高的节目；我国医疗制度改革以及人们对健康的关注，一定程度上也促成了医疗保健节目的兴盛。

信息服务节目可以分为专项服务节目和综合服务节目。专项服务节目是从一个方面为听众服务，内容集中，听众收听目的性强，如盛行于各交通广播的“修车”节目；综合服务节目则融合了各方面的信息，听众短时间内就可以获取方便学习和生活的各方面信息，如综合了二手市场交易信息、征婚信息等的信息服务节目。

从编排情况上看，信息服务节目依类型的不同，以“插播”或独立节目的方式贯穿全天。比如，北京交通广播的路况信息播报覆盖每天的7:00～23:00时段，并贯穿各个节目。交通平峰时段平均15～20分钟定时播报，交通高峰时段随时插播，每30分钟由交通民警直播总结全市范围的路况，作出提示，或指导司机绕行。天气预报则是逢整点、半点各播报一次。从节目时间上看，各种类型的信息服务节目时间长度不一，路况信息、天气预报最短，一般只有几十秒；资讯信息类节目、医药保健和热线服务节目则依各台实际情况不同而设置不同的时长。

第一节　工作流程

一、信息的采集

信息采集是广播信息服务类节目的基础。信息服务节目的信息采集主要有以下几种来源：听众热线电话、短信平台、专业信息发布部门、计算机网络、其他媒体以及特定的人工信息①等。

就几种主要的信息服务节目类型而言，天气预报的信息来自于专业气象台；医药保健节目的信息大都来自于广告商所要发布的医药信息；热线服务节目的信息主要来自于节目自身安排的固定信息②和热线打进的即时信息；资讯信息节目的信息主要来自于计算机网络、报纸等其他媒体。

目前，由于移动人群成为电台节目的收听生力军，使得路况信息节目颇为受宠。于是，路况信息的采集过程渐渐变得系统化。以北京交通广播为例，其路况信息的采集渠道有以下六种：

1. 交通管理局提供的路况信息

交通管理局的路况信息分为常规路况和突发事件路况。平峰时段的路况经路上执勤民警层层上报至交管局指挥中心并传送到交通广播。2002 年起，交通广播设在交管局指挥中心的直

---

① 特定的人工信息主要指下面要叙述的路况信息采集过程中的人工信息，以及医药保健节目中广告商在电台购买时段所要传播的医药类信息。

② 固定信息一般由电台和声询台、网络合作，听众支付费用后进行发布的信息。

播室开播，全天4小时，节目时间涵盖全天高峰时段，主持人在民警指导下，直接从监视屏幕上监看路面情况，加快了信息发布的节奏。值班民警每半小时进入直播室直播一次全市各主要路口路段综合路况信息及提示。

2. 路况信息员提供的路况信息

路况信息员是北京交通广播从拨打热线电话报告路况的出租司机中选拔出来的，现在共有50余名信息员，来自30家出租汽车公司。这些路况信息员每天在路上的运营时间是10.5个小时，以车载电台与交通广播进行联系，提供路况。2002年起，针对五大路段，以出租车司机各自运营出发地和习惯区域为基础，对路况信息员队伍进行了重新调整安排，使其早晚出车、收车与高峰时段拥堵发生地及流向相吻合。

3. 热心听众和无线电爱好者报告的路况信息

2001年7月，北京交通广播开通了65150031路况热线电话[①]，接收听众报告的路况信息，经过筛选、核实后予以播出。这部分路况信息拓展了北京交通广播的路况信息覆盖面，有效地弥补了交管部门路面监视器和路况信息员数量有限的不足。另外，路况信息员使用的车载电台也吸引了很多无线电爱好者，北京交通广播从中吸收了多人，组成了另一组信息员队伍。

4. 手机短信提供的路况信息

手机短信是近几年兴起的一种高效率通讯方式，具有简明、

---

① 如今的路况热线电话号码是9999。

快捷的特点。在《一路畅通》节目中，手机短信提供的路况信息发挥了重大的作用。这部分路况信息多集中于持续拥堵路段，在每天的高峰时段，交通广播能够收到 200 多条涉及路况的短信。

5. 人工固定岗哨提供的路况信息

2003 年起，北京交通广播开始在四环及四环以内各主要路口的临街高层住户中征召交通观察哨，以弥补北京重要路口路段摄像头数量的不足，与流动信息员形成互补，真正建立起属于交通广播自身的路况信息采集网。

6. 直升飞机观察的路况信息

2004 年 7 月，北京交通广播开始启用直升飞机参与路况信息的观察和播报，在每个周一和周五的交通高峰时段，利用直升飞机直观地了解北京市区的路面情况。

除了动态实时的路况信息发布以外，北京交通广播也开始关注静态的路况信息。比如，参与政府交通管理分支机构的“数字王府井”系统工程，参与停车位信息的发布与管理；在“五一”、“十一”黄金周中，利用交通执法大队在豪华闹市区和近郊的旅游点设立交通运营管理，系统地参与旅游景点停车系统数据的发布建设，为游客的出行提供方便快捷的服务。到目前为止，北京交通广播已经基本建立了较为完善的路况信息采集系统。[①] 多渠道、多层次的信息采集使得路况信息成为听众喜爱、收听率

① 参考潘九阳：《交通广播路况信息采集》，《中国交通广播 2003》，北京广播学院出版社，2003 年版。

高的广播节目。

二、信息的择选和编辑

信息的采集是一个具有目的性的逐步优化的过程，对信息的可信度、主次之分需要进一步的审核与分类。此外，广播的频率资源有限，在有限的时间展示最必要的信息，是一种科学处理信息的手段。对于信息的择选和编辑，要从以下几个方面着手：

1. 识别有用的信息

信息的采集是为了解决听众所需，因此，信息择选的第一步就是识别什么信息是有用的信息。

对于广播信息服务类节目来说，信息必须具备两个特点：

(1)效用性。有些信息内容可以直接作用于听众的生活，产生实际的效果，比如路况信息。移动人群通过收听路况信息可以决定行驶的路段。再比如天气预报，出行人群需要此类信息确定出行的装备与地点。

(2)逻辑性。信息必须具有一定的逻辑性内容，信息必须是完整的、可信的。比如，二手交易市场的信息必须提供商品名称、价格、联系人信息等，缺一不可。

2. 给予决策建议

在广播信息服务类节目中，信息的传递者是节目主持人或者信息播报员。当信息通过人工传递出去时，为了让信息收到最有效的传播效果，信息的传达通常附以理性判断和决策建议，以帮助听众提升生活质量。比如，在路况信息的播报之末，由于路段拥堵或者车祸的发生，播报人会建议移动人群绕道而行。

通常，信息播报人会通过以下思维步骤决定决策内容：

■出现的问题是什么？

■问题会带来什么结果？

■解决问题的方法有那些？

■通过这些解决方法会收到何种效果？

3. 信息的“智能”解决

目前，越来越多的广播媒体意识到可以通过信息的采集、决策以及解决能力来体现自己的价值。因此，广播信息服务类节目不再满足于简单的播报与陈述，而是开动脑筋，提出解决实际问题的“智能”方案。比如，针对出现路况拥堵的情况，北京交通广播提出的智能解决方案如下：

■整合反映同一时间同一路段路口的信息；

■及时安排播报突发性事故的路况信息；

■当接收到多条路况信息时，依照道路拥堵程度，安排各条路况信息的播出顺序；①

■针对静态的路况信息（如停车问题）开发数字软件系统。如北京交通广播开发的“数字王府井”软件系统，可以收集各个重要地区、场所的停车位信息，包括一共有多少个车位、剩余多

---

① 这一过程，电子设备的使用极大地增强了播报路况的准确性和及时性。北京交通广播现在运用的设备是一个大型电子屏幕地图，编辑可以直观地看到各城区路段的路况。根据电子地图，红色表示严重拥堵，黄色表示车流量大，绿色表示畅通。编辑通过直观的路况分布图，把所见路况分析整理成文字，通过电脑系统发送入库，供直播间调用。

少停车位、统计时间等。①

同时，为了让信息更加具有针对性，可以对采集后的信息进行进一步的细分。比如，对于路况信息的细分可以分为以下几类：

第一类，路况总结。对一段时期的路况进行总结并分析其原因。

第二类，路况背景信息。即在一般路况播报之后，补充报道相应的背景信息。

第三类，路况预报。即预测第二天或者当周交通高峰的大致方位，并对原因进行分析，提醒出行者注意。②

三、动态与静态编排

广播信息服务类节目的编排是一种动静合一的编排。

所谓“动”，因为信息的获取是一种动态的过程，它具有不可预测性，需要与各种信息渠道相勾连而整合为一个动态的信息获取系统。因此，在编排动态信息之时，就要“动”有“动”策，灵活是其要点。所谓“静”，是为了求得编排的整体合一，稳定听众群，静态的信息编排是极佳的选择。

然而，“动、静”之取舍，应以节目特色和信息本身的特点来决定。一般来说，广播信息服务类节目有以下三种编排方式：

---

① 参考张楠：《北京交通广播计算机自动化编辑系统应用现状》，《中国交通广播》，2004年第9期。

② 参考徐泓主编：《超越：北京交通广播解析》，北京大学出版社，2003年版，第45～46页。

1. 全动态编排

需要进行全动态信息编排的广播信息服务类型主要是特殊信息，此时，需要广播媒体时刻保持紧张状态。比如，若发生重大新闻事件，如“9·11 事件”，媒体就会全身心地关注新闻事件的进展，而在信息编排上则是特殊事件特殊安排，打乱时间表没商量！

2. 全静态编排

绝大部分情况下，全静态的信息编排方式是首选。因为，任何广播信息服务类节目都愿意打有准备之仗，而不愿时时刻刻被新闻事件牵着鼻子走。然而，全静态的编排仍然需要动脑筋才能收到应有的传播效果。比如，依据信息服务节目的不同类型，采取的编排方式就不尽相同。中央人民广播电台经济之声每周一至周五从每个整点起，每 20 分钟播出一次《财经快报》，每隔 30 分钟播报一次最新的股市、汇市变动状况，为的是体现专业频率的信息掌握力度，满足听众获取信息的质量与数量。

3. 动静合一的编排

虽然广播电台对一些信息的产生已经有了经验性的预见能力，但是仍然要做好动静结合的准备。比如路况信息节目，一些特殊事件（如交通事故的发生）是无法预测的，因此，大多数交通广播将路况信息的播报作为一种伴随状态——伴随其他节目播出的一种自然信息的流露，而在整点和半点固定播出一次路况信息。

四、信息播报的“色彩”

信息对于广播信息服务类节目而言，是“基石”，每一条信息都犹如砖瓦，它们的相互结合才能垒起一幢信息大厦。然而，就像建筑也应该有其风格和色彩一样，广播信息服务类节目也不能只满足于建筑的完整而不求艺术效果。对于广播信息服务类节目而言，这种艺术效果就是信息播报的“色彩”，它需要经过主持人的信息串联、节目形式的多元、主持人与听众的互动等方面体现出来。

1. 节目的串联

串联是指节目中信息与信息、栏目与栏目之间的联接。对于广播信息服务类节目而言，因为信息的繁杂性，因此，可以使节目浑然一体、自然流畅的串联词就显得尤为重要。一般来说，节目的串联可以通过语言、音乐、片花、广告等几种方式实现。无论运用哪种方式，都要掌握两个要点：

第一，合理。任何串联方式都要合情合理。语言的合理在于可以承上启下；音乐的合理在于音乐内容的合理编排以及淡入淡出的正确使用；片花和广告的出现一般处于节目固定的时间，但主持人的经验与临场发挥能力却可以显现出片花和广告的出现是否顺理成章。

因此，广播信息服务类节目的主持人必须在语言表达能力基本功、音乐使用技巧、主持经验等方面下工夫，追求一种浑圆完整的主持效果。

第二，提升。提升是针对信息内容来说的。

无论哪种信息服务，主持人都要有一种服务责任感。这种服务责任感体现在传播信息的同时，也要对信息有所理解，对信息的发展动态有所预见。

2. 节目形式的多元

(1)单纯播报。我们将主持人或信息播报员通过直接播报的方式传递信息称为“单纯播报”。单纯播报的特点是形式简洁明了，节奏明快，一般安排在固定时间段播出，容易形成习惯收听效果。

不过，在广播信息服务类节目中，若采用单纯播报方式，则主持人的语言要热情饱满，态度要积极，语速要稳中略快，体现出韵律感和节奏感。这样才会让听众产生听觉快感，不致生厌。

(2)连线现场播报。采用电话连线现场播报的方式具有现场直播的真实感与迅捷感。比如，突发性事故的路况信息，可以采用主持人电话连线记者，让其在现场口述的方式进行。天气预报信息也可采用直接接入气象台的电话、由专业人士进行预报的方式。

(3)信息杂糅于节目中。一些以信息服务节目为主的广播频率为了丰富节目内容，经常采取此种节目形式。即在播报信息的同时，杂糅音乐、笑话、话题讨论等形式。如北京交通广播《一路畅通》节目，每天播出两次，播出时间达到了 4 个小时，节目中除了路况信息播报之外，还有各方面的资讯信息。每一次节目中，主持人都会抛出一个有趣的话题，听众以短信的方式参与。在“大家帮助大家”的理念下，听众还以短信的方式发送路况信息，体现了节目的互动性、参与性。

(4)板块呈现。为了应对听众对信息服务的多样化需求,某些频率采用板块式结构来整合信息,使信息在多元化的同时,亦可展示广播节目的策划含量。如中央人民广播电台四套都市之声的《都市六人行》节目。该节目包含了以下几个板块:《每日新闻播报》《晚餐指南》《天气预报》《旅游信息》《笑谈娱乐风月》《我为运动狂》和《国际娱乐大餐》等,节目内容涵盖新闻信息(以娱乐、体育等软新闻为主)、服务性资讯以及歌曲欣赏等。该节目强调实用性的信息服务特点,如在《晚餐指南》板块中,内容涵盖了各大餐馆是否还有车位、上座率多高、是否需要预定与排队、用餐高峰时间是什么时候、主打菜是什么、有什么优惠与折扣等等。

3. 主持人的互动能力

在热线服务、医药保健类节目中,主持人往往需要与听众进行热线或者短信交流。在这一过程中,主持人要表现出相应的互动能力:

(1)服务意识。在广播信息服务类节目中,主持人始终要保持"人民公仆"的服务心态,切忌游离主题之外的过度发挥与信口开河。在与听众进行热线交流或者回答听众短信时要表述清晰、亲切自然;若有专家,要尊重对专家意见的转述,遇到听众或专家逻辑不清时,要时刻承担梳理信息脉络的责任。

(2)重点意识。在广播信息服务类节目中,主持人与听众的互动环节经常会出现咨询问题广泛、提出问题烦琐等状况。此时,主持人要保持清醒的头脑,采取以"四两拨千斤"的策略,在对听众反馈进行梳理的基础上,及时找到问题的关键点,将问题要点介绍给嘉宾或者对问题直接进行解释。

(3)趣味意识。广播信息服务类节目虽然功用性极大，但很容易陷入乏味单调的泥沼。因此，主持人在与听众互动的过程中，风趣的语言是使节目变得生机盎然的“灵药”。语言的趣味性可以体现在语调、语气、声色的变换上，也可以体现在言语内容的巧妙应答、幽默、夸张等技巧上。

第二节　关键点

一、“鸡肋”型信息服务节目

“鸡肋”——食之无味，弃之可惜，这就是目前某些商业意味较浓的信息服务节目的写照。部分医疗健康类节目及广告节目便具有此类特征。

1.“鸡肋节目”出现的原因

(1)经济利益主导。医疗健康类节目与广告节目的播出往往离不开经济利益的驱动。对于大部分电台来说，广告主是除听众以外的另一个上帝。广播电台面对经济收益很难说“不”，由于广播媒体的特性，不是每一个广告商都会选择广播作为投放媒体。因此，广告信息虽然也是一种节目形态并贯穿整体节目之中，却很难考量其内容是否与电台整体内容和风格相融合。

此外，医疗健康类节目如火如荼的发展也与经济效益有着紧密的联系。作为一种具有广告属性的信息服务节目，广告客户每年投放的额度从最初的几万元、几十万，增加到了今天的几百万元，成为电台收入的主要来源。根据2003年“第72届全国电台经济信息交流会”的调研材料，医药保健类节目的广告收入占到了电台全部广告收入的50%～70%左右。①

(2)广播的亲和作用。广播的互动性与主持语言的亲和力可以使原本商业意味较浓的信息变得“软和”，从而演变成信息服务类节目，并可以充分赢得相应听众群体的信任，医疗健康节目便是典型。医药健康节目之所以如此兴盛，主要是广播媒体发挥了以下的亲和作用：

第一，医疗健康节目犹如不收费的门诊。对于有就医需求的听众来说，听医疗节目就好像到医院问诊，不但可以通过热线电话与专家沟通，同时也可了解其他病友的状况，对疾病有全方面的了解。

第二，医疗健康节目方便了老年听众。对于广播电台而言，老年听众是忠实的听众群之一。老年人处于就医频繁、急需保健养生的阶段，因此，医疗健康节目自然成为他们所爱。

第三，广播电台尚很少对参与医疗健康节目的医疗机构进行资格审定，因此，一些私人医疗机构往往利用广播广告费用低廉的特点迅速开展业务并扩大影响。

2.“鸡肋节目”之危

但是，广告信息与医疗健康节目虽然给电台带来了广大的财源，但同时也给电台带来了很多危害：

---

① 引自葛建国:《规范引导健康发展——办好广播医药专题的思考》,《中国广播》,2004年第3期。

其一，节目风格很难统一，电台整体形象坍塌。某些类型的电台，如音乐频率，讲求意境与唯美，然而，也会被不和气氛的插播广告打扰。这不但影响了听众的收听情绪，也使节目的整体风格营造落空。

其二，节目时间过长。为了获得经济利益，某些电台尽可能利用有限的时间播放广告和医疗健康节目，甚至个别地方不惜打破电台的正常播出节目时间表来安排医药健康节目的播出，严重干扰了节目的正常秩序。

其三，信息失真。比如，在医疗健康节目中出现的嘉宾，多以专家、教授的身份示人。事实上，电台并没有对其资格进行审核的机制。于是，借由媒体的威信，一些非专业人士得以“狐假虎威”；一些不和规范的宣传用语如“疗效最佳”、“根治”、“安全无毒副作用”等语句词汇时常干扰听者的判断；为了追求节目效果，广告商还会安排“医托”打进热线电话参与节目，使信息的真实性大打折扣。

3. 解决之道

针对“鸡肋节目”，可从以下几个方面进行改进：

(1)控制节目时间。针对广告泛滥、医药健康节目时间过长的情况，科学设置播出时间表不失为一种解决之道。一方面，可以采用固定播出时间的方法避免扰乱正常的播出秩序；另一方面，可以通过提高时间段价位的方法，一定程度上压缩医药健康节目的播出。

(2)加强节目管理。首先，让节目的编排更具合理性，比如，性病治疗、性药类的节目不安排在少儿容易听到的时间播出，同类产品最好不前后播出等；其次，对广告商也应设置一定的管理机制，认真审查有关的广告批文，尽量选择那些诚信度好、医疗技术高超的机构单位；对参加医疗健康节目的嘉宾，审核其专业能力，以保证节目的播出效果，同时，嘉宾在节目中要遵守《广告法》的相关规定，不进行过分的自我宣传；再者，防止参与医疗健康节目中“医托”的出现，让导播切实起到把关人的作用。

(3)主持人提高主持意识。在主持带有商业意味的信息服务节目时，主持人要给予自身正确的定位，不应成为商业利益的鼓吹者或广告代言人，而应是引导听众和嘉宾向正常交流状态发展的把关人。同时，主持人不能仅满足于介绍嘉宾、转述或者复述听众和嘉宾的谈话，而应对节目主题有所了解，掌握一部分发言权。

二、新载体带来信息接收方式的变革

如今，广播的概念已经扩大化，因为广播也可以参与网络，办看得见的广播；广播也可以参与数字化，让听众任选节目的自由形态得以实现；广播还可以与电信合作办手机电台，让所有持有手机的人可以随时随地订制广播信息。

1. 网络广播的信息可选性

网络的魅力之一就在于它的内容含量大。相对于传统广播，网络广播带给受众的是一种“操纵欲”的满足，用户可以从其中搜索信息，而不是被动地接受信息；用户可以下载保存信息，而不用紧紧守着收音机寸步不离。此外，网络广播的受众不再孤单，网络的 BBS 论坛支持受众共同参与节目，并可以彼此交流。因此受众也成了信息源的主体，排除了主持人或者嘉宾垄断信息播报的可能。

2. 数字广播的信息可视性

数字广播是继调幅、调频技术后的第三代广播技术。数字广播是将数字化的音频信号。在数字状态下进行各种编码、调制、传递等处理。数字广播的优越性不仅在于其音质出色，同时，使“看”广播成为可能——数字广播接收机不仅可以接受音频信号，同时也可以接受视频信号，如此一来，信息的形式不再只是声音而已，电子地图、视频图像、天气气象图等都可以在数字接收机上进行浏览。

3. 手机广播的信息预定性

未来，广播与电信的合作将会越来越紧密，除了短信与广播的结合，广播媒介还可以与电信的其他业务产生联系。比如，通过手机，可以下载音频文件、可视文件和文字信息。手机可以成为一种广播接收机，而广播则可以通过电信网络发布节目。不过，手机广播要适应手机用户订制信息服务的需要，建立自己的信息服务节目库，而节目形态不再需要长篇大论，而是精致小巧、方便传输。

此外，技术的变革也使广播信息服务的经营价值凸显。接收方式的多样化，使信息内容成为维持运营的重中之重。因为不同媒体都在利用现代科技赢得原本属于其他媒体的受众群，信息的专有性变得异常重要。因此，广播电台应该尽快树立信息产业意识，建立广播信息服务类节目库，并积极与合作单位开展洽谈，赢得信息专有播报权，为未来的竞争环境未雨绸缪。

附 个案分析

《1039 服务热线》[①]

片头:【电话铃声】【音乐】 男声 1:一段时间, 男声 2:每天 14 点与您相约。 男声 1:一条热线, 男声 2:1039 交通服务热线联通你和我! 男声 1:一片真情, 男声 2:送上我们的热心、诚心与关心。 男声 1:更多帮助, 男声 2:让我们的服务为您排忧解难。 男声 1:1039 交通服务热线,爱心就在您身边。这里是 1039 交通服务热线! 王为:对,这里是 1039 交通服务热线,我是王为,欢迎大家收听我们下午的直播。	片头形式干脆、简练。电话铃声象征节目互动性强的特色;快节奏的背景音乐暗合节目的互动速度;鲜明的节目口号体现了节目的价值观。
高朝东:我是朝东,今天是星期五,按照我们的规矩,要修的是索纳塔和切诺基。有请的这位嘉宾是来自汽修六厂的葛优——王建伟。 王为:王建伟刚到我们的直播间说:哟! 这么大一个落地窗嘿! 你说咱们家能使这么大的吗? 我说应该没问题吧。 高朝东:既然是落地窗,我们看外边就看得非常清楚,当然只是仅限于我们视野所及的这么一个范围。刚才王为还在指那边说:你看这个建国门,从大望桥一直堵到了建国门的桥上,这是我看到的最短的距离。看到这个车的爬行速度呀,应该说也就是每小时 10 公里? 能到吗? 王为:应该是不动的速度。 高朝东:我说的是桥头,应该说已经是堵到城里边去了。	调侃开始,舒缓嘉宾与听众的情绪,使枯燥的服务类节目变得富有生机。 自然地过渡到介绍路况中去,自然、幽默且不失价值。

① 北京交通广播节目,播出时间:每天 14:00～15:00。本期案例为王为、高朝东主持,获"2003 中国交通广播奖"一等奖。

王为：对。

高朝东：所以说，想要进城的朋友，如果说您住在通州区的话，那么您可以选择其他的路线。

王为：对，比如说向王建伟学习，他骑自行车来的。

话题一转，将听众的注意力重新转回到直播间与节目重心上。

高朝东：哎，他多鬼呀！

王建伟：不会堵车。

高朝东：只有骑自行车到这以后才能说：人在呢，人在呢。

王为：好了。在这里先说一下我们的联系方式吧。

高朝东：移动用户把您的问题发送到08821039，联通用户发送到8821039，这里就是正在为您直播的《1039交通服务热线》。

片花：【音乐】1039交通服务热线，爱心就在您的身边。

王为：好了，下面就让我们来看看短信了。手机尾号7585，他说："主持人好，我的2500右后刹车盘一踩它就吱吱响，但是不影响刹车，请问这是大毛病吗？用修吗？谢了。再顺便问一下，今儿修车的是不是葛优葛师父呀，谢了。"是，就是他。

短信内容的幽默与主持人幽默的表达方式融为一体。

高朝东：没错。

王建伟：不是姓葛，姓王。

王为：对，叫王工就可以了。

王建伟：2500后边的刹车也是盘式的这种，可能咱们的刹车盘有点硬，再加上咱们平常使的时候都习惯于轻踩，轻踩时间长了，就容易产生噪音，但不影响使用。如果您不想让它响，泥沼搁地儿使劲踩两脚，让它接触面大一些，就不会像镜子那样吱吱地响了。

修车师傅在此节目中一般都会以"一本正经"面目出现，与主持人的调侃风格形成对比，使节目服务性主题稳立不倒！节目形式灵活，调侃主持人的形式拉近了主持人与听众的距离。

高朝东：报一下路况啊。5548说世界公园的桥下有事故发生，四个方向都已经不能动了，没有警察。一边儿报路况，还一边儿上眼药。你看，这有警察，这儿没警察。我估计队长一听："嗯？这不是小王管的路段吗？这家伙哪儿去了?”实际上小王进不去,我估计现在。

王为:不过这儿还有给朝东上眼药的。4706说:“朝东,成呀你,小样儿,天气预报报得挺深沉,一会儿你主持节目能不能也这么深沉地说话?”

高朝东:对不起不会。【笑】来看手机尾号2495说:“请问大切4.0的排量,在市区跑15个油是否正常呢?另外大切最低能加多少号的油,谢了。”应该说第一个问题您就偷着乐去吧,4.0才15个油?

王建伟:应该算省的了。

高朝东:太省了。

王建伟:昨天去了一个修车的,说他六缸的车4.0的耗了22个油,吓了我一跳!

王为、高朝东:啊?!

王为:22个油?我怀疑他们家楼下有偷油的!

高朝东:最低加多少号的油?

王建伟:现在电喷的车呀,不要用低号油,最起码得93号。

王为:手机尾号6468,当然并不是因为您是一个“美眉”才读您的信息啊。你在这里说:“希望能够让贵台的两个贫蛋多主持一些节目。”但是她并没说是谁,应该不是咱俩吧?!

自嘲中暗藏自吹,具备幽默技巧。

高朝东:应该是上午那俩,哎!上午那俩也有你呀!【笑】你跑不了,你!

王为:这位朋友说呀:“希望明年能多修一下经济型车,因为毕竟高档车拥有的人不是很多。”

高朝东:对。包括网上咱们那个论坛里好多人说:“我开的是奇锐,反正你俩要是不修的话,我就,王为那车我就扎!【笑】东哥哥那玻璃我崩,拿弹弓子。”【笑】不管您崩不崩,明年奇锐是肯定要修了。哎,经济型轿车我们要找一个时间一块儿来说,太多了。

王为:比如说老三样系列肯定会有。手机尾号8915说:“各位好,我的车是95年的小切,天凉了，电量上不去，总得踩着一点油门，而且车还有点儿冒黑烟，请问，为什么？电瓶该换了吗？”

王建伟：不是电瓶该换，如果是转速低的话，冬天了，冒黑烟，那肯定是燃烧不好，把化油器好好修修，要不油太浪费了。

王为：对，老冒黑烟的话，油确实得照着20个走了。

王建伟：到不了，也得十七八个。

高朝东：0400说：“我都发了好多条了，就是没人搭理，是不是我是一个糙老爷们儿啊？得下回呀，我就自称是神仙姐姐，把为为给骗出来吃龙虾，管饱啊。哎，朝东，你是不是特佩服那些有毅力减肥的人呢？”我听出来了，您的意思是邀请我们俩一块儿去。我也不减肥，凭什么减肥呀，龙虾放着不吃，是不是为为？

节目的“欢乐节奏”也体现在择取短信的内容上，富有“跑题”意味的信息贯穿其中。

王为：说的是小龙虾。

高朝东：“麻小呀”，那明年夏天再说。8137说：“我是你们的老听众了，我问我的切诺基刹车发沉，前轮儿老是打摆子，怎么修呢？已经跑了15万公里了。”

王建伟：那得看什么时候打摆子，如果是踩刹车时打摆子，可能是刹车盘不平；如果是走着走着打摆子，是方向盘不平轮胎不圆等，需要检查一下。

高朝东：1599说：“索纳塔2.7V6这款车，原来的CD机能换成VCD机吗？”

王建伟：换也可以，但是它原来设计的地方不一定能把它正好装上，只能外挂。

王为：9097说：“看看啊，如果用发动机来形容三位的特点的话，朝东是涡轮增压1.8T电喷的，王为是全程四驱可变的，师父就是V8的90万公里无大修的。”

高朝东：看看人家！

王为：我觉得还应该再加一个。

高朝东：加谁？

王为：台长。

高朝东：台长是什么？
王为：台长是原装的车呀。
高朝东：我觉得，台长是方向盘，是吧？
王为：对。
高朝东：咱们车轱辘，发动机得听方向盘的呀！唉呦，没有这么拍马屁的吧。【笑】不会，不会！

拿主持人、嘉宾甚至台长“开涮”，体现节目的亲和力。

片花：【音乐】女声：十分热情，十分帮助，十分爱心等于十分满意！男声：1039 交通服务热线！

片花口号朴实、直接。节目的真诚气质凸显。

高朝东：好，这里就是正在为您直播的 1039 交通服务热线，这期节目是由王为和朝东共同为您带来，我们要修的车型是索纳塔和切诺基，来主修的师父是来自六厂的王建伟。
王为：0511 说：“4 个月的切诺基跑了 1 万公里了，后轮制动抱不死，而且觉得特软，维修站说这车就这样儿。是吗？”
王建伟：它带一个刹车伐儿，前刹车到一定力后，就把后刹车力控制在一定的范围之内。
高朝东：4562 说：“切诺基 2500 这款凉车时，方向向右打不动，向左就没事儿；热车，左右都没事儿。”
王建伟：有点小毛病，阀门打开，阀打动以后，自如了，就好了。
高朝东：一会儿有助力，一会儿没助力。
王建伟：就早上一次。
高朝东：就像掰腕子似的，你先得给他掰服了，一天都听你的。但是第二天又忘了，不长记性，哪天好好修理修理它。

将枯燥的技术知识生活化，降低节目的认知门槛。

王为：刚刚朝东浏览了一下这条。
高朝东：因为它是路况啊。
王为：0595 说：“二位，我在四环亚运村，哟！这儿巨塞呀，高兴！不过堵车的时候，我边上有一辆 BMWZ4，而且开车的时一个特养眼的姑娘。不错，堵着就堵着吧。”
高朝东：他还说了一句：“你们能接受图片吗？”图片接受不了，能把人传过来吗？这网络没有这么发达吧。

片花:【音乐】男声:1039 交通服务热线,爱心就在您的身边。

王为:刚才说亚运村堵车嘛。0405 说:"这儿主要有坏车,北辰桥下,警察也跟着推车呢!挺胖的身材吧,脚底下直打滑,你到底是表扬人家还是批评人家呀。"【笑】在这里,我们也要感谢这位警察朋友,他也是急急忙忙参与到其中了是不是?尾号 1090 说:"二位,250 的胎压前后气压是多少?爱说不说啊,打爆了算你们的。"

路况信息形象化、评论化,同时主持人时刻保持冷静的头脑,把握好笑话的尺度。

王建伟:2.1,最多到 2.5 就可以了。

王为:我觉得冬天打多了没什么坏处吧。因为热胀冷缩,夏天就别打那么多了。

高朝东:7026 说:"我都怕了,7250 百公里 27 个,哪儿能雇一匹马,我改拉着走得了。"

王建伟:如果你想知道车百公里确实耗油多少呀,那就去跑一趟高速,以 90 或 100 的匀速行驶,不要开空调什么的。这样是最准确的。

高朝东:"说句实在的,骑马呀真比开车省钱,它还是绿色的、环保的,就是给加一个肚兜,管着点它那个,但是不让进五环啊。"

调侃也不离交通法规,主持人的业务熟练能力尽显。

王为:继续看短信,尾号 9090 说:"他说,朝哥、为哥、嘉宾好,索纳塔 2.0 多少公里换汽油的虑芯儿,我现在已经 2 万 1 了,还没换过呢,谢谢。"

王建伟:一般根据你加汽油的质量决定什么时间换,一般四五万公里换就可以了。因为咱们现在的汽油质量是说得过去的,但是你要上外地的小点加脏的汽油的话,或者质量不好的汽油,那你就早点提前一些!

高朝东:8252 这位朋友这还算问题吗?他问:"西五环怎么上京石高速公路呢?"您就走吧,肯定能看见牌子。

王为:有路标,很大的路标。虽然我没走过。再来看手机尾号 9843 的朋友说:"小为子,那大切诺基怎么做的,它真抗撞哎。"

高朝东："哎，您招它干嘛呀。"	
王为：你想它能不抗撞吗？这就相当于一个一米九的大胖子，你长一米六几，当一撞就撞人肚皮上，人家没感觉。你要想打人鼻子还得跳起来打，所以还是不行。【笑】	短信的择取有深有浅，不刻板，可使主持人多角度发挥应变才能。
高朝东：这是一馊主意。6926说，离你近，你说！	
王为："为为，告诉你啊，五环路省钱的法子，就是从这个口进去，转一圈从下一个口再出去，只要5块钱。"	
高朝东：但我不明白你到底要去哪儿，等于他是走了一圈零一个口的距离，然后只交一个路口的钱。没错是5快。但您要干吗？时间真充裕。	
王建伟：试试五环有多好。	
王为：就为白兜一圈是吧。	
高朝东：倒是可以，你比如就像刚才王建伟说的，城里面27个油的那位，您到五环兜一圈试试，但不鼓励这样。	
王为：那你想，比如你正常转半圈，交20块钱出口钱，那你转这一圈的油钱得多少呀。那就不好说了。	
高朝东：对，这些人都看着挺聪明的。	敢于调侃听众，这种气氛带动了听众敢于调侃主持人，气氛活跃。
王为：其实是挺有钱的。【笑】	
高朝东：2429问："老款的现代2.0自排挡的凉车、着车带速就不稳，并且发抖是怎么回事儿？"	
王建伟：车老了嘛，脏了，又是电控的，旋转就不太好了，带速控制不好了。	
高朝东：3787说："所有的人都在玩命堵车，我们也是。四季青桥向西方向。"	
王为：那应该是在西北四环。再来看0858说："王朝、王工，你们好。小切在行驶过程中踩刹车突然踩到一半的时候，就会踩不动，怎么回事呢？"	
王建伟：可能是已经踩到极限了，它的行程是有限的，已经过了助力的极限了，就踩不动了。	路况形式新颖，主持人解析路况方式灵活、机智。

高朝东：嗯。7935又是一条路况，说："哥俩，西北旺有一辆河北奔驰，躺在路边都睡一上午了，大白菜满天飞，真让人心疼！"

王为：哟！大白菜都满天飞了，得多大风啊，就咱俩这身板儿，出门得让人拽着裤腰带，要不至少得平飞两尺。

高朝东：嗯，他说那意思可能是那里出了车祸了，撞的。你看你太没有生活经验了，大白菜怎么能满天飞呢？

王为：我说得多大风啊！因为我从昨天到现在还没出过台门呢，一直在台里上班。再看8121说："我的2500在80公里时速时五挡，车抖，怎么办？"

王建伟：先做动力平衡试试，解决不了的话，再看看传动轴。

高朝东：9012说："你们说话请不要再切(妾)切(妾)的，违犯婚姻法。"

王为：7520说："求你们了，说我这个吧，我的车是2021EL2.5升的，挂上挡，车老突突地往前窜，急死我了。"

王建伟：是不是离合器分离不好了？或发动机带速不好引起的？

高朝东：刚才有一位朋友说他刚买了一辆小诺，别叫小切了啊，他准备加添加剂，问行不行。

王建伟：根据需要和问题，加能解决问题的添加剂。因为添加剂的种类很多，你要知道你出了什么问题。

高朝东：刚才玻璃外头有一位清洁人员在擦玻璃，我还以为冲咱们招手呢，我还冲人挥手呢，【笑】一看人擦玻璃呢。

敢于"跑题"，体现主持状态的轻松、自如、自信。

王为：不过也好，给这位朋友留下了深刻印象，人家想：你看交通广播的人真友好。再看5977这位朋友说："玉泉营往南一路畅通！"谢谢，谢谢您了。

高朝东：6587说："阜石路堵车严重。"也谢谢您了。

高朝东：好，欢迎您继续收听这期由王为和

朝东共同主持的《1039交通服务热线》，我们将继续为您修索纳塔和切诺基，当然路上有一些什么情况呢，您也可以通过手机短信的方式告诉我们。

王为：好，再来看这个。手机尾号6988说："三位哥哥好，我和我老婆都是你们节目的忠实听众，我们想买辆车，你们说是宝来好，还是索纳塔好，谢了。"

高朝东：这事，让王为说说。虽然你们都姓王，王为是公正的立场上的。

有原则地回答问题，强调主持人的公正立场和不可撼动的特殊权威。

王为：凭心说，这两款车都不错，而且价位也基本雷同。就看您需要什么，比如年轻司机就需要时代感，那就买那小包子。

高朝东：我觉得索纳塔更有时代感。

王为：他们要是没孩子开宝来还行，要是有孩子开索纳塔比较好。

高朝东：那你是担心孩子坐哪儿的问题。

王为：是，宝来吧，孩子胖点儿，他坐不进去。【笑】真损，说话！好，再来看这个。4887说："帮我问优优啊，我那老切是92年4×4的，离合器特沉。修理厂说了，我那离合器是进口的，修了几次都不灵，请问优师父，您那儿能整好它吗？"

王建伟：据我的经验，离合器时间长了，磨损到一定程度就沉了。一般在我那儿，换完离合器片，基本上就轻了。就不知道这位师父的车换过没有，跑了多少公里了。

高朝东：4614说："你说那个不叫河北奔驰，那叫蓝带骑士。"【笑】我还是头一次听说这个名字，真雅！

王为：是挺雅的，乍一听，哟！这是什么车呀？是吧。【笑】

高朝东：但是我觉得这个名字不能瞎起。蓝带啤酒就不敢了，人什么时候有这么一个骑士呀。

王为：是。0010说了："哟，气死我了，什么叫小包子呀？太难听了。"

高朝东：【笑】咱们再说说大馒头，都跟吃的

有关系。3987 说："请问，我的车速是 60，为了节省每角两毛钱的刹车，我呀挂到一挡，然后轻抬离合，再减速，你们说这种方法行不行？"	
王为：相当于用挡别，这种方法行吗？	
高朝东：我觉得这人，您别生气呀，【笑】这种做法是缺心眼儿的做法，你得把发动机憋成什么样儿呀。	主持人参与修车行列，体现了专业素养，在获得话语权的同时使主持个性参杂其中，风格由此形成。
王为：再慢抬，这真看技术呀。	
高朝东：而且你慢抬，肯定得先踩到底呀，踩到底那会儿是空挡滑行一样，那车还窜呢。你再慢慢抬，等于慢慢制动，这有点儿多费好几道手续。【笑】	
王为：好了，由于时间的关系，今天修车就到这里，不再说了，今天就到这里了。明天因为转播甲 A 联赛，我们的修车暂停一次，但是我们在周日的时候继续为您修长春一汽的系列车型，欢迎您届时收听。	
高朝东：好勒！	
片花：【音乐】女声：十分热情，十分帮助，十分爱心等于十分满意！男声：1039 交通服务热线！	

第五章
广播谈话节目的策划与制作

谈话节目在国外被称为“Talk Show”，自19世纪20年代广播媒介诞生伊始，这种形式就被视为宠儿。广播史学家认为，1921年美国马萨诸塞州普林菲尔德WBZ电台播放的“为农村听众讲解农场经营”的脱口秀节目是广播谈话节目的起点[①]。但当时的节目形态多为一个人唱“独角戏”，没有主持人与听众的互动效果。1933年，广播谈话节目有了进一步的发展，听众开始出现在谈话节目中，而这种节目也越来越吸引听众的注意，因为大家都想知道别人在想什么。由此，谈话节目的内容也开始向广大听众关心的热点靠拢，如热点时事、公共事务、家庭生活等等。

广播谈话节目的类型有两种划分方式：以谈话内容划分和以听众的参与方式划分。依据前者，谈话节目可以划分为：新闻性谈话节目、教育性谈话节目、娱乐性谈话节目以及商业性谈话节目；依据后者，谈话节目可以划分为一人直述式、两人对话式、圆桌座谈式以及听众参与式。

时至今日，无论是哪种类型的专业台，谈话节目都被广为应用。究其原因，主要有三：其一，谈话节目让听众群体参与其中，体现了“话语权”的平等，广播媒介犹如好客的沙龙，听众可以在

① 引自于丽爽、宋茜：《脱口成风》，中央编译出版社，2004年版，第3页。

其中各抒己见，谈话节目有了网聚人气的功能；其二，对于广播电台而言，谈话节目（如听众热线节目）在聚揽“人气”的同时也在聚揽财气，因为谈话节目的亲和力以及参与性使收听率的提高成为可能；其三，在谈话节目中，主持人的主持风格摒弃了说教模式，多采取平民化的风格，凸显了大众文化意味。

第一节　工作流程

一、节目定位与主持风格定位

节目本身的定位以及主持人主持风格的定位，两者是相辅相成的关系，你中有我，我中有你，两者的结合乃是广播谈话节目的整体定位。

1. 节目定位

（1）按内容划分

■新闻类

这类谈话节目可作为新闻节目的补充。因为广播媒体的贴近性较强，表达方式随意，因此，主持人和嘉宾的发挥余地较大，话题设置也较为宽泛，新闻事件、新闻人物、社会热点、公共事务等均可作为谈资。政府官员、专家学者、媒体工作者、新闻当事人或者普通百姓都可作为嘉宾或在场外互动。这类节目的特点是具有准确性和贴近性。

■综艺娱乐类

这类谈话节目是以愉悦身心、休闲逗乐为主要目的，所选谈话对象以及谈话主题也以轻松、快乐为趋向。

■教育类

指以传播科学文化知识、进行社会教育、提倡健康生活方式为主要任务的谈话节目形式。它以广泛的内容、多样的形式、深入浅出地向听众普及理论、政策、法纪、道德、文化、科学等方面的知识，进行社会教育，对人们所关心或者感到困惑的话题进行专题探讨或者予以解答。

■商业类

以商业推销为核心目的的谈话节目，包括披露商业信息、采访商界名流、以谈话的方式介绍产品或者提供服务信息。

(2)按参与人数划分

■主持人直述式

顾名思义，这种节目类型的谈话主角只有主持人一人，如时事漫谈类的谈话节目。其优点是节目的风格比较容易把握，主持人的掌控力较强；缺点是主持人的风格不明显，内容不充实，节目容易显得单调。

■两人对话式

即根据话题的内容，邀请一位嘉宾参与到谈话节目中来，与主持人进行讨论。两人对话式的谈话节目较之一人直述式在形式上更活泼，但是，如果题材选择不当或者嘉宾表现较差，就会让节目空洞、索然无味。

■圆桌座谈式

就公众所共同关心的话题，邀请两位或两位以上的嘉宾参与谈话节目。圆桌座谈式的谈话节目有利于反映不同的声音和观点，使谈话现场变得活跃、有气氛。不过，一旦主旨不明或者主持人的掌控力不够，就会使谈话过程显得混乱无序。因此，主持人在其中的穿针引线作用是十分重要的。

■听众参与式

随着通讯方式的发达，听众可以通过拨打热线电话或者发送短信的方式参与其中。因为广大听众的参与，主持人的掌控力就显得更加重要。热线节目一般都会有导播先把第一关，择选听众。而短信参与方式则需要主持人的快速“海选”能力，找出与节目主题相对应、有代表性、能引起听众共鸣的短信来。

2. 主持风格定位

别林斯基在他的《艺术论》中说过：风格是“思想和形式密切融会中按下自己的性格和精神独特性的印记”。所谓“性格”，就是对待一个人和物、处理一件事时所表现出来的稳定的情感和态度以及习惯性的行为方式的心理特征。

风格的形成有助于标识不同谈话节目的差异，凸显其与众不同之特色。但同时，风格不代表令人眼花缭乱的标新立异，而是伴随着尝试逐渐成熟的稳定的形式。此外，风格是多元的，采取哪种风格不仅要考虑到节目本身的定位，同时也要与主持人自身的特质相吻合。最后，主持人的表达应与节目的主题、内容和谐一致，成为整体风格的统一。

具体说来，谈话主持人的风格有以下几种：

第一种，幽默类。此类型的主持人语言诙谐幽默、随意自然，让人感觉轻松而没有压力。

第二种，思辨类。此类型的主持人言谈之中充满睿智，提出问题角度恰当，善于挖掘谈话主题的深层次内因，语气相对较为严肃认真。

第三种，情感类。情感类主持人情绪饱满、语言丰富，善于建立与听众之间的感情连线，使听众对主持人的表达和节目内容产生共鸣。

第四种，亲和类。此类型的主持人给人的感觉平易近人、温馨、可靠，思辨时不露锋芒，幽默时恰到好处。总之不温不火、舒服自然。

二、择选题材

选题是谈话类节目成功的关键，题目都通不过，以下的谈话又有何意义？如何选题，要记住四点：

第一，题材的选择应考虑三方面的诉求：听众想听什么？嘉宾想说什么？主持人能说什么以及怎么说？这其中最重要的一环就是听众想听什么，因为听众是节目的最终服务对象。因此，节目的选题应是听众关心的，应来自于生活。广播这种媒体贴近性较强，要想吸引听众的注意力，势必要研究老百姓关注的焦点、热点、疑点……但切忌不要一味追求轰动效应，节目策划人员应以平常人的心态去揣摩和体会生活之中的规律性事物，找出具有代表性的、能够体现和反映听众心声的话题来。只有这样，才能引起听众的收听兴趣与参与热情。

第二，选题的来源可以从以下几个方面入手：对上级要求的宣传工作重点进行配合；对老百姓关心的热点事件进行追踪和评说；对与听众相关的新出台或者即将出台的政策予以阐述或剖析;对有争议的话题进行探讨;对老百姓的衣食住行等给予指导。

第三,在选题中要注意:有些谈话节目的选题完全摘抄于网络、报纸,毫无新意,这种投机取巧的方式会让谈话节目走向衰微;有些谈话节目是日播节目,节目的前期策划时间少,因此忌匆匆上马、囫囵吞枣,应配以数名编导形成“策划脑”;谈话节目内容应崇新,但不是一味地介绍说辞,而应有自己的见解;有些谈话节目介绍新景点、新产品、新服务等等,有变相广告之嫌。

第四,题目的选择除了要强调“关注度”之外,也要强调“可议性”。新闻每天都在发生,人们在谈论各种信息的同时,也在选择谈论的角度。一个好的谈话节目应选择那些有争议的、有矛盾性的点切入,这样话题才会进行得更深入,谈得更透彻。

三、选择适当的谈话对象

何为适当?要把握三个原则:

第一,选择与节目主题相关联的人士:抑或当事人,抑或相关的专家学者、政府官员,抑或与谈话内容有共鸣的听众。

第二,谈话对象要有一定的学识、素养。对于专家学者,此要求属基本要求;对于普通听众,主持人或者导播亦应有此意识,从而营造整体节目的品位。

第三,谈话对象的表达要到位,尽量做到清晰无误。专家学者的言谈更要具有逻辑性,更要客观公正。

一般来说,谈话节目较容易和四类谈话对象产生联系:(1)当事人,主持人与其交流时应注重揭示事件的起因、始末和造成的影响;(2)专家学者,答疑解惑,高屋建瓴地分析事件并给予事件以合乎情理的结论,引导公众的思维趋向;(3)听众,听众的参与可以增强节目的互动性,且可以根据大众对谈话主题的反映适时调整节目策略;(4)名人,名人参与不但是增强收听率的策略之一,同时,名人有其自身的影响力和号召力,有助于配合节目进行正确的舆论引导。

对于谈话节目主持人而言,恰当的谈话对象可谓成功了一半,但主持人不能就此袖手旁观,在节目录制之前,主持人应调整姿态,准备与谈话对象进行一场平等、和谐、有交流气氛的对话。如若谈话对象不适应节目的录制过程,主持人要起到疏导情绪的作用;如果谈话对象的谈论跑题或者逻辑不清,主持人还要时刻准备以自己准确、清晰的思维予以纠正。

四、结构编排

结构编排就是对谈话节目进行整体的编排和布局,整体把握谈话主题与音乐、音响的准确衔接。这其中的核心问题就是对谈话选题的把握与表现。

1. 进入话题

万事开头难。巧妙、准确地进入预先设置好的话题等于成功了一半。话题的切入要能够触动嘉宾和听众的心灵,引起共鸣。

进入话题的方式有以下几种:

(1)开门见山式。开门见山式就是在节目的开始就用高度凝炼的语言将谈话的主题、目的告诉听众,简单明了,干脆利落,像一个大标题一样，赫然立于听众面前，惊醒和激发听众的思考。如，有一档《青年之友》的节目是这样开场的——

每个青年都关心自己的祖国和民族的命运。国家的正气、民族的正气，是团结鼓舞群众积极向上的巨大力量，是一个国家、一个民族兴旺发达的重要精神支柱。我们今天就以“国家、民族与正气”为题来和大家谈谈……

(2)表现式。在谈话节目中以展示谈话嘉宾的才艺为“开场白”。话由由此展开，气氛自然而然地铺展开来。比如在文艺节目中，采访文艺界人士经常会采取这种方式。

(3)回忆式。在展开谈话之前，与谈话对象共同回顾一些往事，使之产生共鸣和交流的情愫。比如，基于矿难的接连爆发，进行一次有关“矿难”的谈话节目，可以与谈话对象以及听众一起共同回顾接二连三发生的矿难事件，激发谈话者对话题的认知能力，触动谈话者表达情绪、分析事件的热情。

(4)提问式。提问式的话题切入就是利用疑问、设问、反问的方式让谈话对象打开话匣子。如北京人民广播电台的《新闻1998》在串连词中介绍当天的《时事对白》内容时，援引一系列让人想象不到的事实和数据，并连用两个问句：“您会吃惊吗?”“您会相信吗?”有效地集中了听众的注意力——

如果您听说北京市人均水资源量是国内人均水资源量的八分之一，缺水程度与沙漠地区的以色列相似，您会吃惊吗？如果您听说北京市去年的用水量相当于13个昆明湖蓄水量的总和，您会相信吗？节水和遏制北京市水资源的严重浪费是我们今天要谈的主要问题。

2. 话题展开

话题的展开设计要考虑三方面的因素：谈话对象是否善谈；话题要展开的范围及深度；主持人所要掌控的发问的多样性。

对于比较善谈的谈话对象，既要鼓励其发挥所长，又要对谈话内容的分寸、话题展开幅度、谈话主题的集中度有所控制；对于不善谈的嘉宾，在话题展开过程中就要把问题问得具体一些，或寻找谈话对象的兴趣点来触动交谈神经，避免冷场。

使谈话过程连贯且层层递进的方式有以下几种（以连云港电台《东方女孩》栏目《怎样与老师和谐相处》这一期为例，嘉宾为张老师）：

（1）启发式

主持人：节目一开始，送给大家一首金铃演唱的《学习歌》。

主持人：张老师，这首《学习歌》唱得还蛮有意思的，可以说描绘了好多男孩女孩目前的生活状态啊。

张老师：对，比如我记得歌词中有这样一句："背起书包上学校，不让老师说我又迟到。"其实也涉及到了老师和学生相处的问题。

（2）咨询式

（主持人读过一封读者来信后发问——）

主持人：张老师，您看，这个叫萌萌的女孩可以说是由于受到老师的表扬，促成了她学习地理的信念。那么，您给萌萌分析一下她目前的状况好吗？

张老师：好的，作为老师……

(3)触动式

(读过另一封来信,主持人感叹道:)

张老师您看,这位同学目前的状态与前面那位萌萌相比,真可谓是一个春风满面,另一个是阴云笼罩了。

(张老师也有同样的感触:)

是啊。这里我要送给这位失意者一句话——不可以一时之失意而自坠其志。

3. 结束话题

在结尾处,话题的设计力求使整个谈话篇章结构完整、内容深浅适度、气氛浓淡相宜,因此可以使用不同的手段在结尾处适时调整。

(1)抒发感情式①

主持人:听众朋友,今天我们和大家分享了一个天津人在异乡的故事,不知道还有多少这样的故事分布在祖国的山山水水。其实呢,不管是我们身在天津还是客居他乡,对生命应该始终抱有一种乐观的情怀,这样才能无论遇到什么样的艰难险阻,心中总是一片光明。

(2)总结式②

主持人:从 1997 年至今,整整七年的时间,姚文良、齐海纳夫妇与绝症殊死搏斗。在这条艰辛的路途上,他们用坚贞的爱情互相扶持,用惊人的意志向命运挑战,用达观和

① 节选自天津电台《夜访百家》。

② 节选自深圳电台《夜空不寂寞》。

带泪的笑声超越了苦难，捍卫了生命的尊严。在这里衷心祝愿他们一路走好……

(3)精辟点评式①

主持人：最后让我们记住高尔基的一句话吧："爱儿女，这是母鸡也会有的，可是教育他们却是我们国家的事业。"听众朋友，在子女教育问题上，我们从孩子的角度向家长朋友建议：从小培养孩子的自立精神，使他们具有独立性，这是对孩子一生负责，是对孩子最大的爱，是对国家最大的贡献。听众朋友，今天的《轻风夜话》节目就为您播送到这儿……

第二节　关键点

一、广播谈话节目，直播间里的"二人转"

二人转，是东北地区最受群众喜爱的戏曲剧种之一。二人转虽通俗易懂，但历史久远、内涵丰富，从最初东北秧歌、东北民歌的基础上，又吸收了莲化落、东北大鼓、太平鼓、霸王鞭、河北梆子、驴皮影以及民间笑话等多种艺术形式逐渐演变而成。二人转风趣幽默、贴近生活，尤其表演者功夫深、绝活多，演出过程中与观众的互动效果极佳。

广播谈话节目，是直播间里的"二人转"，有的时候是一男一女的"演出"；有的时候需要和听众互动；有的时候需要一个人在

① 节选自辽宁电台《轻风夜话》节目。

直播间里上演“单出头”[①];更有甚者,有时需要主持人“扮演”多种不同角色,演出一场“拉场戏”[②]。

二、角色定位

一般的戏剧中,演员只有一种身份;但在二人转中,演员有三重身份:剧中人物、故事叙述者和自我,演员可以在三种角色之间自由转换。因此,虽然演员少,但是发挥的作用大,不仅可以叙述故事,也可以发表议论。

广播谈话节目主持人也有三重角色:事件叙述者、谈话参与者以及自我。

1. 事件叙述者

在谈话节目中,主持人难免首先要对某时、某地、某人、某事进行叙述,起到事件叙述者的作用,由此引出谈话题目,让嘉宾或者听众参与谈话。此时,主持人的作用是对事先设置好的议题进行准确的叙述,需要“隐身”而不是“显身”,即在叙述过程中隐去过多的评论性话语,让事实得以客观地呈现,让嘉宾的言论和听众的反馈能够充分地表达出来。

2. 谈话参与者

在谈话节目中,主持人要积极参与谈话,并通过参与谈话带动和引导嘉宾与听众进行交流。在广播谈话节目中,需要主持人具备一定的热场和串场能力,而这种能力仍然可以从二人转

① 在二人转中,艺人且唱且舞,称为单出头。

② 在二人转中,演员以各种角色出现在舞台上唱戏,这种形式称“拉场戏”。

中得到借鉴。在二人转演出中,有“唱大车店”、“唱秧歌会”、“唱茶社”、“唱屯场”等多种,其中最常见的演出方式是“唱屯场”,通常按以下的顺序演出:

(1)打通。二人转中,“打通”即指秧歌铜锣的头鼓、二鼓、三鼓,借此来招引观众。

广播谈话节目的片头有着“打通”的作用。通过片头的播放,起到节目与节目之间过渡的作用。同时,片花营造的氛围和节目的宣传口号将听众的思绪带入该谈话节目的情境之中。

(2)三场舞。二人转中,“三场舞”即“打通”之后,丑角、旦角分别上场,两人共舞“三场舞”,也是热场的进一步形式,使演员和观众都慢慢进入状态。

广播谈话节目也要在节目开始之前,舞上这么一段“三场舞”。当然,广播之“舞”仍然要体现在语言、音乐、音响三要素之中。一般来说,片花之后,主持人会先播放一段音乐,借此让听众的心绪舒缓下来。

(3)喊诗头。二人转中,“三场舞”过后,旦角下场,丑角“起霸”接“喊诗头”。“诗头”类似于戏曲的“自报家门”或“定场诗”,多数“诗头”与正剧无关,只是为了静场。

在广播谈话节目中,片头和音乐过后,主持人开始“发言”,多数是主持人之间、主持人与嘉宾之间、主持人与听众之间的寒暄之词,让各种角色在节目之中摆明关系,之后进入谈话的主题。

(4)说口。在二人转中,“喊诗头”过后,旦角上场,与丑角“说口”。“说口”是一种充分体现二人转语言魅力的形式。通过

"说口",演员可以见景生情,自由发挥;可以交代剧情;也可以讲述与剧情无关的笑话等。

在广播谈话节目中,主持人的开场白和开场音乐之后,就要进入谈话的正题。因为谈话节目一般为直播节目。因此,主持人自我发挥的余地很大,可以见景生情,自由发挥;也可以讲述谈话主题或不急不躁地随意调侃。

(5)唱小帽。在二人转中,唱小帽就是正文前的民间小调。

在广播谈话节目中,为了给听众和嘉宾一定的思考时间,在进入正式的讨论或者接进热线电话、接收短信之前,一般来说,主持人之间要再次交流,深化主题,或者播放音乐,使节目自然过渡到全面交流、互动的阶段。

(6)唱正文。在二人转中,演员用唱、说、做、舞等各种手段来演示剧情,称之为"唱正文"。

一档活跃的广播谈话节目,也应使劲浑身解数来展开和深入谈话主题并使气氛充分活跃。在广播节目中,主持人的语言功底、思想内涵、播放音乐的技巧等都可以影响谈话过程的效果。

3. 自我

在广播谈话节目,需要主持人表现出"自我"。此"自我"应带有性格特征。在谈话过程中,主持人不能仅满足于叙述者的身份,还要发掘自己的潜能,参与谈话,发表议论,凸显自我价值。

一般来说,这种自我显现可以从以下几个方面获得:

(1)听知素养。美国著句谈话节目主持人拉利·金曾说:

"谈话的首要规则就是听。""如果想成为一个好的谈话者，你必须首先成为一个好的听者。"[①]而好的听者需要具备一种素养，加拿大科学研究会曾总结出名为"TQLR"的听知术：

T——TURN，调整。指听知者在听知过程中要理清话语的思路。

Q——QUESTION，提问。要求听者在听知过程中要善于质疑。

L——LISTEN，聆听。要求听者在听知过程中进行思考，并能够抓住话语的要点。

R——RECUR，重现。要求听者在听的过程中记住主要内容，并进一步思考分析，准确有效地应对。

(2)场协调能力。谈话节目会形成一种"舆论场"，"舆论场""指包含若干相互刺激因素、使许多人形成共同意见的时空环境"[②]，无数个人的意见在"场"的作用下，会比在一般环境更快地形成舆论。

按照舆论学的原理，公众议论演化为社会舆论是依靠舆论领袖的引导，而在广播谈话节目这个舆论场中，优秀的主持人应该能够担当引导舆论的"舆论领袖"的角色。而"舆论领袖"需要一定的"场协调"能力，主要表现为：

第一，对谈话节奏进行控制和协调。为了避免话题过于严肃使气氛显得沉闷，或者气氛过于活跃而有失严谨与庄重，主持人应该适当地调节场上的气氛，使场上节奏欢快而不失严谨。

---

① 引自王群：《谈话主持人的听知素养》，《现代传播》，2006年第6期。

② 引自刘建明：《穿越舆论隧道》，中央党校出版社，2001年版，第53页。

第二，对参与谈话者的情绪进行控制。一方面，主持人应控制好自身的情绪；另一方面，还要控制好嘉宾和听众的情绪。否则，情绪失控，主持人也就丧失了对“场”的控制力。

(3)沟通能力。沟通能力不仅是一种人际交流能力，同时也是谈话节目主持人必备的一种职业素养。通过沟通，可以整合各方意见，使公众意见求同存异。

沟通的前提是听，而且是带有目的的听，这是求同的前提，即从各方意见中找到差距和分歧。此外，在沟通中要找到谈话内容的重点，即矛盾的核心。然而，有些矛盾是可以解决的，有些矛盾却是不可化解的。因此，主持人要在把握正确舆论的前提下，敢于存异，给公众提供一个较为开放的舆论平台。

二、提神

二人转有“四功一绝”[①]之说，功夫一出手，就能出彩、提神。广播谈话节目要避免繁冗，主持人就要想办法让听众在收听节目的过程中精神集中，始终带着兴趣去听，也就是俗话说的“提神”。提神的手段大致有以下几种：

1. 制造悬念

在节目的开端，向听众或者谈话对象抛出一些悬而未决的疑问，引起对方参与或者收听的兴趣。比如，在节目进行伊始，主持人用寥寥数语介绍这期节目的“精彩看点”。

重庆电台《巴山夜话》节目有一期是这样开场的——

① “四功”即唱、说、做、舞；“一绝”指用手绢、扇子、大扳子等道具的特技动作。

主持人：这里是小俐带给大家的《巴山夜话》，今天我们来关注的是招考第一名拿的竟然是假文凭，究竟该不该录取的事儿。

但是主持人接着并没有将结果告诉听众，而是让听众通过短信和网络积极发表自己的意见，造成“百家争鸣”的场面。

2. 制造反常之举

循规蹈矩的节目主持方式有时难免会使人生厌。为了把握谈话节目的节奏，可以在平淡时添加“爆料”来制造气氛，为此主持人在节目中故作反常之举也不失为一种计策。

颇受争议的电视访谈节目《康熙来了》的主持人小S就十分善用这一技巧，她经常会在节目中做出令人咋舌的举动。虽然有些被视为低俗之举，但节目的收视率始终居高不下，也让人慨叹小S搞怪的本领之强。

3. 提出尖锐问题

问题的提出有多种方式，或直接或迂回。直接明确、切中要害的提问方式容易发人深省。

比如，在重庆电台《巴山夜话》——“招考第一名拿的是假文凭，录不录取?”这一期节目中，主持人为了激发听众对事件的探讨热情，提出了这样的问题——

“我们都清楚：使用假文凭肯定是不正确的，这一点毋庸置疑。那是不是因为使用了假的文凭，梅景就要和这份工作失之交臂呢？我们来听听听众朋友的看法。”

接着，听众对该问题的理解就变得多元起来，出现了争论的场面，但问题的探讨也随之而更加深入。

4. 制造有趣情节

为了避免谈话节目陷于枯燥，节目主持人在谈话过程中制造一些有趣的情节，从而产生幽默效果也不失为策略之一。

北京交通广播的大部分节目都是侃谈性节目，在节目中，谈话者经常妙语连珠，主持人之间或主持人与嘉宾之间经常彼此取笑逗乐，气氛活跃。

北京交通广播《一路畅通》有一期“斑马线上看公德”节目，主旨是为了倡导市民走路要走人行道，本来是教育性题材，由于主持人和嘉宾的谈话氛围轻松，嘉宾也比较善于讲一些有趣的情节，反而使说教的节目变得有趣生动了：

嘉宾：（去香港时）出罗湖口岸时，导游说，我们现在已经到香港了，香港交通法规非常严格，交通警察也非常厉害，所以请大家一定要走人行横道。我们心里就非常紧张，而且我看香港市民都是走人行横道的，所以我们也就跟着走了。过了两天，我们回来，回来时导游又说，我们到深圳了，可以放松一下，因为这里我们可以不走人行横道，警察不管的。（笑）

四、语言魅力

二人转的语言特色鲜明，主要是亲切贴心，让观者觉得不生不隔。因此，在表演始终，观众和演员的互动性都比较强，气氛和谐且热烈。这种互动与亲和，恰是广播谈话节目所需要的。

1. 实惠嗑

东北人把聊天叫做唠嗑、“实惠嗑”。二人转作品中有这样的实话:“日出东山照西墙,东墙底下有阴凉。酒盅没有饭碗大,筷子没有扁担长。”通过人尽皆知的人之常情表达思想感情,观众更加能够感同身受。

广播谈话节目的主持人同样要讲“实惠嗑”,要善于运用通俗语言、具有集和力的表达方式来阐释事实和道理。由此一来,不但可以搭建思想意识较为接近的交流平台,也可以体现主持人的亲和力。

2. 骨头话

东北人好说:这个人说话爱说咬骨头的话。就是说,这个人说话爱说有劲儿的话、有寓意的话、有内涵的话。如在二人转唱词中有:“为人交些无义友,口赛蜜糖舌赛刀,眼赛毒蛇一个样,心赛恶虎没长毛。”

同样,在广播谈话节目中,主持人也要善于思辨,能够运用通俗的表达方式寓情于理、寓理于情,使听众在情理之中得到启发、受到教育。

3. 扎心段

古有“论事入髓,为文刺心”一说。在二人转中,入髓的应是骨头话,刺心的应是扎心段。“扎心段”即是指那些叫人感动的抒情唱段。二人转《冯奎卖妻》中的李金莲,为了救活全家四口,情愿被丈夫冯奎卖与他人为妻,临别时言:“拉住女儿小桂姐,抱过我儿小保安,我有心说了真情话,一双儿女叫苦连天。低头一计有有有,花言巧语把女儿瞒:桂姐啊,我和你爹把集赶,你在家好好领着你弟弟玩。别人家小孩打你别动手,别人家骂你别还言,到晚间妈妈我不回转,给你弟弟做饭餐。门口还有秫秸半捆，盐篓里还有半把盐，葫芦头里还有一碗小米，炕席底下还有三个大钱。”把一个母亲即将永别孩儿的心态刻画得淋漓尽致。

目前，有些广播谈话节目喜行“嘻哈风”，即无论是什么话题，都可以不求甚解，图个说得乐和；也有的谈话节目善于煽情，即音乐与情绪的使用到了泛滥的地步。事实上，幽默是一门艺术，是可以寓教于乐的智慧；而感染听众情绪的手法应是主持人发自内心的共鸣。

二、谈话节目主持人的个性风格

谈话节目主持人最本质的任务就是交流，而真诚是展开良好交流的基础。然而，为了追求节目的效果，有些谈话节目主持人逐渐模糊了“真诚”与“伪真诚”的界限。之所以如此，一个重要的原因便是工作压力和社会压力让主持人失去了纯真的天性。

一旦失去了纯真的天性，谈话节目主持人一般只能靠“经验”唤起真诚。因此，当我们倾听情感类谈话节目时，很容易区分什么是“感动”，什么是“做感动状”，哪怕是只有声音的广播，主持人的状态也骗不了听众的耳朵。

如何处理这个矛盾？方法主要有三种：

1. 真性＋理性

在做广播谈话节目时，进入谈话情境绝非易事，尤其是面对情感话题和娱乐话题，主持人必须调动足够的情绪来应对突出的情绪而又回之以恰当的情绪。此时，经验既是宝也是草。因为经验可以让主持人不犯错，但却很难让主持人有所突破，因为真正的突破来自于真实的情感碰撞。

真实的情感来自于灵魂的自由。古罗马诗人奥维德曾说："灵魂最自由的人，就是那种一举挣断锁链的人。"因此，当你感觉说话的状态不再自由而是不断加重压力时，就要给自己敲一下警钟，告诉自己："灵魂不再自由，便很难创造出好的作品。"要强调的是，挣断锁链不是不管不顾，而是有的放矢，是用理智来维持节目展开的逻辑性，是用释放后的情绪真正感受节目进行的脉动。

2. 开启语言天赋

演员在学习表演时要进行"解放天性"的练习，目的是让演员放开手脚、心灵，获得更深的感知，从而可以为剧情所想、为剧情所动。"解放天性"的方式经常是做游戏，忘记压力、世俗，得以手舞足蹈，如学猫学狗之状，感悟最简单的生活方式。

天性解放的广播谈话节目主持人会在节目中自然地笑、生动地讲笑话，道理讲得情真意切；而天性没有释放的主持人就会言语做作、播音腔十足，让听众和自己都无法找到感觉。因此，建议主持人不妨尝试一下演员的"解放天性"训练，突破自己的经验极限，放开颜面，发掘自己另类的语言天赋。

3. 超越自我

作为一名广播谈话节目主持人，感觉必须敏锐。然而，某些谈话节目主持人感叹自己"神经粗"，无法达到极致的交流。事实上，正是这种努力交流的状态成了阻碍主持人发挥天性、开发潜能的罪魁祸首。心理学家马斯洛曾提出"超越性人格"一说，建议人忘掉小我的成败，而去感受一种使命感的超我存在，由此才会形成一种自然的、自在的对生命的感悟力。

附　个案分析

《一路畅通》[①]

片头:【汽车开动音效声】【音乐】路况发布及时权威,新闻传递准确快捷,现场热线生动精彩,娱乐生活激情无限。欢迎进入我们的都市快行线——《一路畅通》! 【音乐】 王佳一:嗨,我的朋友,该打招呼了,现在已经是北京时间7点35分了,还躲躲藏藏干什么呀? 罗兵:这问的是王佳一。2096说了,王佳一快出来吧,别藏着了,老猫着干什么呀,何必呢?何苦呢?	直述式的节目口号简洁明了,立意明确。 欢快的过渡音乐引出主持人欢快的话语。
王佳一:是,我现在正猫在交管局指挥中心,我们的直播间里面,为大家主持《一路畅通》,今天是温馨笑容版的节目。 罗兵:大家好,我是罗兵。 王佳一:我是王佳一。很多朋友很关心我们,像3349,他说,你们要上节目的时候,打嗝怎么办啊?打嗝我就这么说,亲爱的听众朋友们,我,想你。 罗兵:其实有的时候啊,还真会出现这样的状况。 王佳一:是。 罗兵:曾经我碰到过,不过不是我,是另外一个主持人。 王佳一:那怎么办了? 罗兵:结果他就一直打、一直打,就不能停。马上就要上直播了,这时候人说了,得,看出来了,赶紧换人吧,就给我打了一个电话。那会儿我正在睡觉呢,然后我就奔向了直播间。另外还有一个就是经常开会的罗萧兵。有一回在上节目之前呢,也是猛打嗝,停不住了,不过最后当话筒推起来的时候,他一下就好了。	"温馨笑容版"是本期节目的主旋律以及主题。 节目开始以调侃的方式营造温馨、轻松的气氛。

① 北京交通广播品牌节目,每天上午7:35～9:30,下午17:00～19:00两档直播。本书节选案例播出于2004年3月31日,王佳一、罗兵主持。

王佳一：对，精神一紧张就好了，挺有意思的。 罗兵：现在还是让我们的歌曲出现吧，用一首歌来问候这个城市，问候每一个朋友的心情，我想这是最好的。	
【音乐】(歌词：不知道是星期几……) 罗兵：怎么能不知道今天是星期几呢？告诉大家吧，3 月 31 号，今天是星期三。 王佳一：星期三是一周的中间，前两天没有做完的事情，和后两天需要做的事情，都要做一个总结和展望。 罗兵：嗯，在中段就需要这样。	由音乐自然带出话题，体现出主持人的机智。
王佳一：现在呢，不知道一位可爱的小朋友，6 岁的小朋友，有没有在听我们的节目。1618 发一短信，说我儿子 6 岁，现在巨爱听你们的节目，早上一睁眼就唠叨上了，通通通，来《一路畅通》；爽爽爽，城外城有什么多少平米的停车场，您记得够清楚的呀。 罗兵：是，这是小孩子的话，今天我们的话题是“爸妈语录”，我们的爸妈都说过一些什么话呢？比如早上说，哎，注意安全啊，慢点开啊。 王佳一：在我们出门之前，或者做什么事之前，父母经常做的提醒，让你记忆深刻、受益匪浅的，都有些什么呢？“爸妈语录”就是今天的主题。 罗兵：是的，特有意思的、特有意义的，爸妈语录，希望朋友们和更多的人们分享。那么发送短信的方式是这样的，移动用户请发短信到 08821039，联通呢是发达到 8821039。	主持人语言的过渡方式灵活，“短信过渡”也是一种方式，自然引出节目的主题。 主持人进行语言提示。
王佳一：【模仿】爸爸，你是我见过最爱干净的人啊。过奖了，你是怎么看出来的呢？不管什么事你都推得一干二净呢。 罗兵：我们希望您千万不要推得一干二净，把那些好玩的信息一块儿发送过来吧。 片花：【汽车发动的音效声】一路畅通！ 【音乐】 王佳一：现在是《一路畅通》温馨笑容版与大家在第三时段见面的时间，我是王佳一。	片花过渡，等待听众发短信。

罗兵：大家好，我是罗兵。今天我们的话题是“爸妈语录”，那些特有意思的、特有意义的，爸爸妈妈的语录，让我们一同来分享。

王佳一：真得感谢咱爸咱妈对咱们的提醒啊，看看吧。首先4447说了，我妈说了，越是感情的事，越不能感情用事。

在短信众多的情况下，在有限的时间内浏览短信、择选短信、进行短信的归类是直播类谈话节目主持人应具备的技能。

罗兵：8436说了，好好学习。

王佳一：1064说，咱妈说了，多喝水啊。

罗兵：1049说了，我妈每天早上都问，哎，你晚上回来吃吗？

王佳一：1957说，小心，别让人骗了。

罗兵：这是妈说的，还是爸说的呀？6098说了，我妈常说，开车别喝酒。

王佳一：7162说了，我妈常说，出门前别惹事，我是一女孩儿。

罗兵：9356说了，晚上早点回来啊。

王佳一：接下来呢是8665，他说，每当我出门前，我妈都会说，瞧着点表啊。意思就是别玩疯了，不记得回家。

罗兵：329说了，这是他妈妈说的，出门多带钱啊，穷家富路，还有饱拿干粮热拿衣。

王佳一：5700说，我婆婆每天对我爱人说，就是，小心开车，安全回家，我还等着抱孙子呢，啊！

罗兵：0763说了，我上学又上班，钱也不往家里交，早上出家门的时候，我爸爸还老问我，有钱没钱，没钱再给你点，我真是感动啊。

王佳一：天呐。

罗兵：不只是你感动，我都感动。

王佳一：父母的恩情是无法回报的，所以呢就是自己啊，身体越来越好，学业越来越好，工作越来越好，他们就高兴了。3746说了，老妈早上对我说一句话，起床了，小懒蛋。

适时评论，温馨氛围渐渐升华。

罗兵：这还好点。

王佳一：你多大了你？

罗兵：多大了？您瞧瞧7986她老公的妈妈是怎么说的，我老公的妈妈每天就对我老公说……

渐渐引出分主题：“父母眼中的自己都是孩子。”

王佳一：宝宝，吃水果啊。

罗兵：不行，还得再腻点。

王佳一：你再腻，那不招人烦了就。

罗兵：在她的强烈抗议下，现在改了：男子汉，喝酸奶啊。

王佳一：6881 说了，别美了，这是他妈说的。别美了，再不出门就要迟到了，东西都带齐了吗？晚上回不回来吃饭啊？下班早点回来。啊，咱妈在你出门的那一刻能说那么多话呀。

罗兵：3523 说了，我每天出门的时候，我妈妈对我说，出去饿了就吃，渴了就喝，困了就睡，上车有座就坐啊，没座就站着啊。

王佳一：还真是的，说的真是，真对。5673 说了，老妈说，家有良田千顷，不如薄技在身，学点本事。

罗兵：4100 这位朋友呢，有些不太愉快的记忆。他说父亲在我小的时候，总叫我扫帚星，我现在天天对我自己的女儿说，妈妈爱你。

温馨中的“瑕疵”给欢笑降温，维持“中度的温馨”。

王佳一：6866 说，以前啊妈妈说，好好学习，好好工作，现在是好好娶个老婆。累，哪那么多好媳妇啊。

罗兵：哎，一个就够了，不用多，一个。

王佳一：就是。9131 说了，爸妈说，孩子，开车别夹塞，那样招人骂。

罗兵：5539 这位朋友的妈妈呢，肯定是位勤俭持家的妈妈，她说我妈说我最多的就是，你省着点。

王佳一：有的时候咱爸咱妈妈说什么呀，得跟咱自己的特点有关系，你总使劲花钱她可不得说你省着点吗。

片花：汽车【汽车发动的音效声】一路畅通！

【音乐】

王佳一：《一路畅通》温馨笑容版现在继续与大家同行。首先呢，告诉大家，东长安街以及建内大街由西向东实行临时的交通管制，占用两条车道，请后车一定要小心驾驶。

路况插播的随机性，这是交通广播的特色。

罗兵：嗯，再来关注一下三里河路，是由北

向南方向车行缓慢；马甸桥西侧向东方向，因为事故，造成后车拥堵；西红门桥下由南向北拥堵；清河桥上主路由南向北有市政工人在工作，请后车一定要多加小心；北四环主路，望和桥望京桥是由西向东直行，车多流量大。	
王佳一：我记得我妈有一语录，说春天火大，一个是身体容易上火；另外呢，可能这个火气可能也会大，所以大家不要开那个斗气车啊。9960 说了，我一开车出去玩啊，我父母就叮嘱我，别惹事啊，开车慢点，千万别跟人家斗气儿，一定要学会忍让，这句话我都听了 N 多年了。	
罗兵：2350 说了，早上见了我妈，第一句话，她肯定说，哎哟，昨天晚上我做了一个臭梦。出门前她肯定说，吃饭别喝酒啊，小心点，我做了一个臭梦。	
王佳一：接下来呢是 9692，他说大部分的父母都是说注意安全的话，我爸会说，吃饭细嚼慢咽，保好身体为先。	引出分话题："父母的唠叨源于爱"。
罗兵：5082 说了，出门前我妈最爱说，过马路小心点，看着点车啊。我都 20(岁)了，她还这么说。	
王佳一：是。	
罗兵：有的时候呢，我们特别嫌父母唠叨，啰嗦，但是他们真的是为我们好哇。	
【音乐】(陈百强《偏偏喜欢你》)	歌曲引出一段故事，切题、动人，引出感动情愫，深化主题，将爸妈语录升华为父母的恩情。
罗兵：曾经看过一个吴君如演的电影，在那里她把自己的小孩呢，送给别人了，她想去看她的孩子，但是她出门的时候老是下雨，这个时候她心里非常较劲，不知道该去还是不该去。天上飘下来雨的时候，这首歌也响起了，它的名字是《偏偏喜欢你》。父母的恩情啊，所以呀，唠叨点又怎么样呢？	
王佳一：2155 说了，每次出门，父亲总是说，开车慢着点，什么时候回来呀，晚上想吃什么做给你，现在这些话都已经成为永久的回忆了。	

罗兵：1042说，今天是3月31号，正好是我爸妈结婚30周年纪念日，我们送爸妈礼物呢，是让他们启程去海南度假，现在他们已经在海南了。祝福他们吧，大家知道自己的父母吗？

话题立体化——“另一方面，面对父母恩情，我们做了什么？”体现了主持人对谈话主题的理解力与控制力。

王佳一：这句话的意思就是大家知道自己父母的结婚纪念日吗？如果知道的话，不妨也替他们庆祝一下。

片花：汽车【汽车发动的音效声】一路畅通！

【音乐】

罗兵：您现在收听到的节目是来自于交通广播的《一路畅通》。今天是温馨笑容版，大家好！我是罗兵。

王佳一：我是王佳一，带着大家的真情与大家共同前行，这是一件很幸福的事情。

罗兵：听一下0205说的，我参军那年呢，爸妈多处打听参军的一些经验，其中有一条给我印象最深，就是在吃饭的时候，要先吃半碗，然后再吃一大碗。知道为什么吗？让他们多吃呗。

王佳一：还有轻捞慢起呢。2681说了，我出门啊，妈妈经常提醒我，把包收好了，小心小偷，还真让我受益匪浅呢，有好几次坐车，我都躲过了小偷。

罗兵：9893说了，我女儿特瘦，每次吃完饭呢，我妈也就是她姥姥就会把她按在床上，慈祥地说，宝贝，躺下，咱养养膘，每天都这样。

用“铁闻趣事”使深沉的气氛重新转向温馨，调整节目主旋律。

王佳一：5818说，小时候老妈就教导我们说，吃不穷，穿不穷，算计不到就受穷，就用智慧换来财富吧。

罗兵：1145说了，我爸妈在哈尔滨，每次呢我打电话他们都会说，过马路的时候一定要小心点啊，注意身体，我心里听着热乎乎的，但是这使我更想家了。多打电话吧。

王佳一：是有很多老年人呢，是晚年好静，万事不关心，但是你说儿孙的事怎么能不关心呢？8866的朋友的妈妈呀就是在老年时候，学会了使用手机发短信。她说快帮我表扬表扬我妈吧，她可是学会发短信了。每天出门之后，她都发短信告诉我今儿的天气，快赶上天气预报了，她刚学会发短信。

罗兵：这个 1867 他的妈妈还是直接说，认为痛快。他说我每天一出门呢，老妈就说了，开车小心点啊，别和人家飙车，说了快两年了。

王佳一：是吗？4958 的朋友说了一串，说我每次回家的第一件事的就是叫我妈，从来不叫我爸。等我妈答应了，然后我再问我妈，我爸呢？这是我的习惯，问问大家有没有和我一样的呀？

罗兵：还真是。

王佳一：是是是。

罗兵：为什么回家都这样呢？

王佳一：和妈亲呗。

罗兵：8135 他说，我总爱落东西，出门后呢，总是再回家去取，我妈于是干脆根本不锁门，她说我就知道你。我妈妈今年 75 岁了。我，我也是这毛病，我出门的时候，我肯定要忘点什么东西，不是钥匙啦，就是手机啦什么乱七八糟的。然后我爸爸就从来不锁门，我回来之后我爸就说，我没锁门啊。

王佳一：知道呢，这都是一家几个宝贝呀，老精灵。嗨！

罗兵：7167 他们家呢，过生日的方法呢有点个别，他说我小的时候呢，我最怕我妈妈说了，今天我要给你过生日，想一想哪儿做错了。你猜怎么着？这又该挨打了呗。

王佳一：7319 说了，上学的时候呀，我妈总说，好好学习；下雨的时候，提醒我别忘带伞；出去玩的时候，还没穿上鞋，就会听到，早点回来，注意安全。真唠叨！但是现在离开家在外面，真想他们，他们这些真心的叮嘱让我幸福每一天。

罗兵：7715 呢，他说自己刚开车那会儿，一天早晨上班，我妈就叮嘱我说，慢点开啊，保持 400 迈。其实她是想说 40 迈，我回答说，行，老妈，我开飞车去得了，400。

不是一味地陈述短信，用最快的时间生发评论，主持直播谈话节目的功力就在于此。

王佳一：3105说了，爸爸常对我说，到了天津给我打个电话啊，周五早点回来。

罗兵：2904说了，提起爸妈语录呢，我眼前立马浮现出一个非常熟悉的场景，它已经伴随我几十年了，就是我妈妈经常骂我的一句话。

主持人之前也有默契的互动，比如“演绎生活场景”。

王佳一：死猪不怕开水烫，你小子。

罗兵：8787说了，老妈语录，20年前是写入党申请书了吗；10年前是有女朋友了吗？现在是孩子考多少分啊？

王佳一：9833说，我妈总说，才过百斗端一碗，瓦舍千间住一间。老妈的名言就是知足者常乐，所以现在对我非常非常地有用，因为我对一切都很满足，心情好啊。

罗兵：要说这些爸妈这些小话还真挺多的，8957说了，我每次出门前呢，爸爸总是提醒我，千万忍住啊，不许唱歌，因为我没有一首歌是不走调的。其实要达到如此境界全走调，也是挺不容易的呀。可见你唱歌吓唬了多少人，以至于你爸爸每天早晨都要提醒你，千万忍住，不许唱歌。

两位主持人关于话题的衔接很巧妙，在下一个短信开始之前，稍做评论，可使结构富有整体感。

王佳一：其实要达到如此境界，全走调也挺不容易的，是他自己对自己的评价。5417说，我妈老说，不信老人言，吃亏在眼前。

罗兵：5220的妈妈也是一简洁明快的妈妈。他说我妈常说，你自己瞧着办吧。

王佳一：7797说了，起床的时候我妈总是说，起吧啊，明儿个再睡。不，今晚就得接着睡了。

罗兵：7184说，榜样的力量是无穷的，我相信你的爸爸妈妈一定是你的榜样。2716说了，我妈常说，下班别回家了，省得心烦。

王佳一：哎哟，刚才那个还有一个说，下班上你婆婆家吃饭去啊，给家里省点，她说我还没结婚呢，这是1220。

罗兵：其实呢，我还是想说那句，当我们都觉得爸妈特唠叨的时候呢，就想想自己呀，以后要做了父母之后，也许跟他们是一样的。

欢乐过后再一次加深感动的情愫，使节目的架构具有动态感。同时，背景音乐的渲染也王佳一：每一句话和每一个字都充满了关爱。

【音乐】(挥着翅膀的女孩儿)

王佳一：8646发过来他妈妈经常说的，也就是他妈妈的语录。

罗兵：真实在，我妈常说，少喝酒，多吃菜；够不着，站起来。

片花：【汽车飞速驶过的音效】【音乐】一路畅通，及时、准确的路况信息，快捷、高效的出行指南，欢迎收听《一路畅通》！

王佳一：我估计如果每一位司机朋友的父亲都像6752的父亲这样，谁都不敢违章了。他说有一回呀，我没注意闯一红灯，我们家老爷子要跳车，骂了我一顿，下回我再也不敢了。

罗兵：是呀，这就是我们今天的主题，“爸妈语录”，那些特有意思的、特别有意义的，还有那些意味深长的、老家儿的那些话，很多朋友都已经发送过来了，我们马上要和朋友们分享。不过呢，分享之前，一句话，可怜天下父母心啊！

王佳一：0115说了，俺妈在俺要劲的时候，最爱说，要耐得住寂寞。

罗兵：3079说了，我爸常说，嗨，这孩子，睡着了比醒着明白。

王佳一：1596说，我经常对我两岁的女儿说，别摔着了啊。她总是说，没摔着。接下来是1981，他说，俺娘说了，要找找个勤快人。

罗兵：1018说了，我婆婆总跟我说，别减肥了，吃饭吧，你也不胖啊。

王佳一：多好的婆婆呀。7446说了，我妈说，少说话，多办事。

罗兵：9828说了，我妈说，别给自己压力太大了。

王佳一：2544说，我妈常说，水火不留情。

罗兵：7666说了，俺爹说了，碗要用大的，事要干大的，多吃啊。

王佳一：6367说了，我妈说，女人的唠叨对男人来说，是一种独特的精神享受。

起到了同样的作用。

罗兵：我估计啊，8863 这位朋友呢，是一个淘气的孩子。小的时候，而且呢，特别会逗这个老妈。他小的时候一淘气，他老妈就说了，我乐，我乐也打你。

王佳一：太可爱了！8676 说，我妈总说，关灯，关煤气，锁门。

罗兵：4240 说了，我爸叫我起床是三部曲，第一部平静地说，快点起吧；第二部是利诱着说，来，起吧，饭都给你做好了；第三部就是气愤地说，你起不起你。我爸爸也是最后总是问，哎，醒了吗？醒了。彻底醒了吗？彻底醒了。完全清醒了吗？完全清醒了。

王佳一：最后再加一句是吧，还用我再叫你吗？3807，爸妈说，我爸说我妈……

罗兵：你马不知脸长，牛不知脚弯。

王佳一：我妈说我爸：你长不像冬瓜，短不像葫芦。

罗兵：这不天生一对吗？

王佳一：对，这是他接的。1964 说，每当我高兴的时候，我妈就说了，儿子，知道自己姓什么吗？

罗兵：我随您的姓。7150 说了，我妈特逗，有一回说，快开空调，把蚊子冻死。嗨，刚才还有一妈呢，经过那个理发店的时候说，哎，热恋小工，其实人家是熟练小工，到他妈那儿改热恋了。

王佳一：7300 说，我妈是农村人，挖树坑儿省钱给我，她说我快乐她就快乐。

罗兵：朴实。8957 说了，我爸爸 20 年前说了一句话我还记得，你要敢在学校交男朋友的话，小心打折你的腿。不过我爸爸可好了，亏了听了我爸爸的话，我在 22 岁那年，找到了我的他，就嫁给了他。

王佳一：6032 说，爸爸语录，有钱难买回头望。

罗兵：3062 说了，我妈妈说了，她是我的律师，永远为我辩护，虽然我并不常做错事。

渐渐引出分话题：爸妈趣事。让爸妈语录的人物主体——父母，也有多棱角的表现空间。

【音乐】 王佳一：听到了这《永远相伴》的时候，您就知道《一路畅通》上午的节目就要结束了。今天呢，罗兵和王佳一温馨笑容版为大家带来的主题是“爸妈语录”。 罗兵：是的，今天和很多朋友分享了爸爸妈妈的语录。刚才呢，在上一时段，我们本来想把这个话题呢，暂时地先结束一下，但是因为有太多朋友的短信了，他们都说了自己爸爸妈妈常常说的话，所以我们继续了一小段。在放广告的时候，我和王佳一稍稍有一个争论，因为呢，我们看见了很多的短信，都说呢，眼泪已经让他们开不了车了。这个时候呢，我们就想，爸爸妈妈的恩情真的是能够记住一辈子，有的时候放在心底就是了，不一定说出来。 王佳一：我想呢，听完今天这期节目呢，可能不同的朋友，有不同经历的人都会有不同的想法。 罗兵：今天我们最重要的、最想说出的话就是孝顺父母。	主持人总结直播过程，披露其中的一些小插曲，比如，一些短信是带着泪水的，由此也可以看出该节目努力遵循的轻松抒情的氛围，虽煽情不足但情意已到。

第六章
广播娱乐节目的策划与制作

娱乐之于媒体已然成为一种趋势，娱乐节目抓住了人们的眼睛，也抓住人们的耳朵。电视上，《超级女声》、《康熙来了》等娱乐性节目影响力之大令人刮目相看；广播里，短信竞猜不断，主持人幽默连连；网络上，“芙蓉姐姐”让新闻也变得娱乐起来。娱乐和信息正在加速融合，以至于出现了 information（信息）和 entertainment（娱乐）的合成词 infortainment。

娱乐是政治环境宽松带来的氛围，也是经济水平提高的产物。按照国际上的认识，当一个国家的 GDP 达到 1000 美元后，将实现向消费型、享受型社会的跨越。在中国，已有相当数量的城市达到了这个水平，比如，成都作为副省级城市，在 2003 年人均 GDP 已达到 18998 元人民币，位居全国第四。

娱乐是什么？目前有诸多认识，有人将娱乐称为一种由媒介创造的商品，将其功利化；有人称娱乐与信息是对立的，娱乐气氛越重，信息含量越少。事实上，这两种看法都有失偏颇。媒介人对于娱乐公正的态度应该首先秉持媒介职业道德，将作为传媒的娱乐定义为“通过一定的节目形态让受者感到心情愉悦、并有所启发的活动”。

第一节　工作流程

一、广播娱乐节目的形式和特点

依据目前广播娱乐节目的形式，可以分为以下几类：

1. 游艺竞猜

游艺竞猜节目在国外称为 Game Show 或 Quiz Show，是指为了得到某种物质奖励或者奖金，在一定规则下，大多由普通百姓参与的竞猜节目。

游艺竞猜节目无论在传统媒体还是网络媒体中都有很多受众群。在广播中，游艺竞猜节目现多采用短信方式，通过某种游戏规则，主持人给出题目，听众通过发送短信进行竞猜。一方面，听众可采用短信这种较为容易的沟通渠道回答问题；另一方面，电台也可以通过与电信部门的合作，参与短信收益的分成，可谓是既活跃了节目形式，又有利益回报。

然而，电台的游艺竞猜节目并不是个个惹人喜爱，为了追求经济利益，节目乱用短信竞猜的情况也时有出现，让人顿感竞猜形式犹如鸡肋。因此，电台游艺节目要向精品化靠拢，既要考虑到娱乐性，触发听众的参与热情；同时也要考虑到益智性，让听众觉得在游艺中精神上有所收获。当然，给予听众的物质奖励也是游戏规则中不可缺少的一环。

2. 赛季

竞赛带给受众的是竞争的“残酷享受”以及其体现出来的

“平民意识”。

冲突和竞争带来的是戏剧性的娱乐；受众的广泛参与使平民偶像的塑造成为可能。湖南卫视的《超级女声》节目掀起了电视赛季娱乐节目的收视热潮，其中一个重要的原因就是让原本埋没在人群之中的非专业歌手可以通过“海选”上镜，通过“淘汰赛”一夜成名。

广播娱乐节目中的赛季形式相对于电视更有局限，通常会针对本台的受众群进行比赛内容的策划。比如，交通广播可能组织“出租车司机歌手大赛”，音乐广播可能组织“校园歌手大赛”等等。

3. 真人秀

电视真人秀与广播真人秀的含义有所不同。电视可以通过画面记录人的生存状态，而广播只能通过声音传达人的语言表现力以及真实感受。然而，两者所达到的传播效果又有异曲同工之妙。真人秀的目的就是一种真实的记录与人性的展现，节目进行过程中，可以让受众既体会到参与的乐趣，又得到窥视他人反观自己的心理满足感。

在广播中，热线电话与短信参与的活动经常带有真人秀的痕迹，尤其是一些能够展现人的心灵空间的节目。比如，在心理咨询节目中，听众通过拨打电话以及收听节目，可以在相对隐秘的空间里展现和窥视人们真实的生存状态。女性主义电影理论家劳拉·穆尔维曾说：“看本身就是快感的源泉；正如相反的状态，被看也是一种快感。”

4. 资讯

“娱乐与传媒的正式联姻形成规模要数美国的黄色新闻浪潮，接着是(20世纪)20年代的‘小报’热。电视出现以后，以其声情并茂传播的广泛性、冲击力赢得了上亿观众。首先是在美国，大多数人把大众媒体用以放松逃避和转移注意力——一句话，娱乐。”①

娱乐与资讯的结合在媒体上已成趋势，以娱乐界为主题的资讯内容以及将资讯娱乐化的方式都在信息传达过程中表现着“故事性”、“明星效应”、“调侃”等娱乐属性。

在广播中，娱乐资讯节目可以介绍有关娱乐界的新闻，对娱乐界名人进行采访，对娱乐产品进行介绍等。由于广播这一媒体相对于其他媒体更容易贴近市民，反映普通民众的心声。因此，部分主持人的主持风格也在向娱乐化靠拢——语气平和、机智幽默、叙述生动等娱乐化的资讯表达方式被广泛采用。

5. 演绎

在广播节目中，带有演绎成分的不仅仅有广播剧，广告、新闻、笑话、谈话等等节目都可以将演绎元素夹杂其中，而被演绎的广播节目很容易产生娱乐效应。

演绎，是一种传达方式，同时也是一种传达态度。演绎的传达更加生动，表演者用自己的风格再现事实，使原本平淡的叙述方式展现出趣味性。另一方面，将信息演绎开来也是节日采取的一种“达观”传播心态，让听众在清楚地了解信息的同时，可以

---

① 引自陈犀禾:《当代美国电视》，复旦大学出版社，1998年版，第147页。

轻松愉悦地审视事件过程，或一笑了之，或寓教于乐。

二、打造核心竞争力

媒体都在“炒”娱乐。当大多数电台打娱乐牌时，我们不免就要考虑到如何竞争了。有一个事实我们必须清楚：当娱乐节目铺天盖地地“泛滥”于电波之中时，听众的注意力并没有膨胀且始终是有限的，只不过在电台节目的竞争中有所游移。因此，娱乐节目要想稳固住听众群，就要制定出一系列构建核心竞争力的措施。

1. 找到节目的核心听众

我们必须关注一个事实：一开始认识到一件事物是不是有趣、新不新潮的人永远只有一小部分，随之，与其同一群体的其他人才纷纷因为共同的认知而聚合起来。我们将这一小部分人称为核心受众。

核心受众是至关重要的群体。如果把广播娱乐节目的推出比喻成“娱乐爆炸”的话，核心听众就身在震中，他们因为听了这个节目而对其十分喜爱并将这种感受推广到更多的人群中。

对于广播娱乐节目的核心听众，广播节目的从业人员是有共识的。对于以明星效应和明星副产品为主打节目的娱乐电台来说，青少年群体与娱乐文化有着密不可分的关系，他们处于一生中的特定阶段，希望追寻偶像模式、音乐和时尚来表达和定义他们自己，故而他们代表着一股强大而有力的经济力量。当他们选定某种东西之后，就会一窝蜂地赶上去，并且非常忠诚地待在那里。然而，这些核心听众群的注意力每天都在被不同的信息轰炸着，要想抓住他们的注意力，就要费一些脑筋来研究节目的独特性。

2. 独特个性

在中国，媒介的娱乐性是有“尺度”的，无限制的八卦、黄色都不被国情允许。因此，以语言表现力为主要传达手段的广播娱乐节目就应该认真考虑一下节目的价值问题。

第一，节目创意。在广播中，可作为娱乐的内容和表现方式都是有局限的，但如果用富有创意的结构将娱乐内容进行新颖的组织，就会赢得“创意分”。辽宁电台生活娱乐频率有一档节目叫做《明星插班生》。娱乐的核心内容其实就是明星的资讯和歌曲，然而，用颇有创意的方式将内容重新进行了组合，就有了新颖独特的趣味性——该节目推出了“虚拟校园”的概念，将娱乐明星视为学生，广播听众为老师。作为“学生”的娱乐明星的动态要接受“老师们”的评分，主持人在其中起到穿针引线的作用。节目中有一个板块叫做“伤心作业本”——听众通过节目的网站对歌手的最新专辑、明星动态进行评论，主持人将所有内容进行整合后在节目中播出。《明星插班生》有效地利用了娱乐元素，同时又使听众通过网络参与了评论，打破了以往被动收听的追星姿态，成了可以自由评价“明星”的自主评论员，既有形式上的创新，又有观念上的突破。

第二，避免人云亦云。仅仅满足于传达娱乐资讯，发出几声可爱讨好的腔调已经不是某一个娱乐主持人的专利了。采用娱乐的形式是每个广播节目都可以有的权利，关键是娱乐内容的独特性资源在哪里。目前，人们已经不再满足于到处都可以看到的娱乐资讯，而是希望从娱乐信息中获得更重要的信息。因此，越来越多的娱乐节目开始重视“用自己的头脑”解释娱乐信息了。也就是说，在娱乐节目中加入评论的因素。由此带来的寓教于乐的效果，使娱乐信息附加了启发性的节目效应。

3. “轰动”与“持久”

对于广播娱乐节目来说，轰动效应有着与其本身属性相对应的含义。通常，我们在观赏电视娱乐节目或者电影大片时经常会被其醒目的画面或动人情节立刻感染，成为娱乐产品的痴迷者。然而，广播娱乐节目因其传达过程较为“含蓄”，缺少刺激因素（如更快捷地展示冲击性镜头），所以，广播娱乐节目的轰动效果往往需要时间的累积，进而才能达到最佳的收听效果——持久。

辽宁电台生活娱乐频率的《娱乐双响炮》节目现已被全国70多家电台购买。但是，从2001年8月开播至今，该节目的风格、主持人定位也经历了多次调整，这才逐步形成了一套优化节目品质的策略，渐入佳境，形成了持续的轰动效应，最终促成了节目听众群的稳定上升与经济利益的双丰收。

三、这样娱乐才会乐

1. 娱乐符号

“正像购物者希望牛奶生产商将维生素D加入到他们的产品中去一样，消费者也在寻找带E因素的种种产品……这个‘E’就是娱乐（Entertainment）。”[①]

---

① 引自〔美〕米切尔·沃尔夫：《娱乐经济》，光明日报出版社出版，2001年版，第38页。

目前，各种消费品都在寻找自己的“E”符号：食品中加入可爱的卡通图片；服装的“嘻哈风”；坐在飞机上，空姐用拍卖的方式兜售机票……这些，都是在试图用娱乐的方式吸引消费者的注意力，激起他们的购买欲望。

对于广播娱乐节目的“E”符号，就要熟稔娱乐节目的形式和方法，灵活地在节目中进行“组合式”的应用。让娱乐符号的不同组合达到娱乐的最大效应。

2. 明星效应

在娱乐业中，明星效应毫无题问是硬通货。明星的光芒掩盖了其幕后工作人员甚至老板的光芒。美国花旗集团每年的收入高达480亿美元，而其旗下产业环宇电影公司的年收人是60亿美元，《花花公子》杂志的年收入是3亿美元。然而，人们对环宇或《花花公子》的认知度远远超过了对花旗集团。因此，可想而知，越来越多的娱乐节目依赖于采访明星或者明星做客直播间是多么情有可原了。同时，一些娱乐节目为了追求明星效应，节省成本，索性将自己的主持人打造为“明星主持”，让主持人自己发挥其魅力，稳固FANS群体，稳固收听收视群。

3. 给听众释放的空间

广播电台中，经济增长最快的利益点绝大部分是热线电话以及短信参与带来的娱乐氛围。热线和短信给听众带来了表达其心声的机会。作为听众，他们可以通过电波将自己隐秘的观点或渴求倾诉出来。这种行为在现实生活中可能会招致麻烦，而在广播中则完全可以不予顾及。

在人流嘈杂的上班途中，开车人群的旅途因收听和参与主持人和其他车友的“神侃”而变得趣味横生。由于电台的听众参与节目并不需要多高的门槛，因此，任何人都可以通过广播这个渠道来“发泄”自己。

四、经营娱乐

世界上哪个地区的工作岗位逐年递增数量最多？美国的拉斯维加斯。为什么？

因为拉斯维加斯有娱乐业，而且娱乐业几乎是它的全部产业。赌博、演出、高尔夫、观光，那里是娱乐的天堂。娱乐业正在成为除了汽车制造、钢铁、金融服务业之外的最大经济增长驱动力。在美国，娱乐的支出额位居家庭总支出的第一位；在英国，娱乐业就业人数已超过它在帝国全盛时期煤炭采掘业的工人人数；而在中国，因为人口基数巨大，娱乐经济将存在巨大的商机。

1. 低成本运营

相对于电视受众群体的广泛性，广播的地域性和受众范围局限使得其广告的收益状况远没有电视那么理想。因此，广播节目的低成本运营便显得尤为重要。而娱乐元素的融入使广播节目有机会穿上亲和的“外衣”，从而“人缘”骤增。

在消费主义社会里，娱乐本身就代表了一种消费价值。在广播中，互动性娱乐节目促使听众拿起手中的手机通过短信参与电台与电信之间的运营合作；新闻不再倾向于古板的传送，说新闻、讲新闻故事，让原本波澜不惊的听觉感受有了享受愉悦的机会。辽宁电台交通频率《新闻麻辣烫》节目，原属介绍新闻资讯的新闻类节目，但加入了娱乐和调侃的元素后，节目的就大不一样了。该节目强调要“倒立着看世界”，主持人的观点要“刁”，要特立独行。2004 年该节目为该台带来常规广告收入近 600 万元，占当年全台同类广告收入的近四分之一。

2. 娱乐副产品

广播娱乐节目要想稳定住自己的听众群，不仅要在节目中“娱乐到底”，同时也要在其他领域中尽可能地保住听众群的视线。因此，越来越多的广播娱乐节目经营者开始策划生产娱乐副产品——将广播娱乐节目做成光盘来卖，或将其经典段子编辑出版，或者涉足其他媒体，做广播节目的可视版本，杂志、电视节目、网络广播都可成为其涉猎的目标。多种渠道的经营方式，使广播娱乐节目的整体受众群得以扩大。同时，因为媒体的不同特性，也可使娱乐节目拥有自己的风格和特色。

3. 成为“巨无霸”

“巨无霸”是每一个娱乐节目经营者渴望实现的竞争效果。然而，广播娱乐节目要想成就霸主地位，则需要多方面的考量和努力。首先，“巨无霸”需要电台经营者懂得“大鱼吃小鱼”的道理，必须集合优秀人力和资金持续开发重点节目的收听群体与市场份额。其次，“巨无霸”要求节目经营者有着非同一般的经营思路，可以出类拔萃。中国娱乐节目的领军人物“光线传媒”对自己的品牌节目《中国娱乐报道》实施强制性的“观念控制”，提出了“八度空间”的制作理念：

■速度：比别人快一步，强调独家，别人有，我更快，夯实新闻资讯的基石；

■力度：语不惊人誓不休，新闻的力度在于影响娱乐圈；

■深度：有厚度才有质量，强调专题的魅力在于深究新闻背后的新闻；

■广度：强大的整合能力，展现别样的娱乐新闻、横向的资源整合，强调联想力和创新力；

■热度：敬业和投入，紧紧抓住娱乐热点，永远为观众送上最热最新的娱乐资讯；

■尺度：新闻无小事，把握一个政策的尺度，决不越颁布政策的雷池；

■角度：继续强化“一样的娱乐圈，不一样的角度”的观点；

■无度：永远在奔跑中，让对手永远无法预知下一步，而且永远处在领跑的位置，并且以变应变。①

光线传媒有限公司的 LOGO 清楚地
标识了其经营的定位——Entertainment(娱乐)

① 引自王洪：《娱乐为王》，华夏出版社，2005 年版，第 291 页。

第二节　关键点

一、关于“娱乐至死”

英国文学家、博物学家奥尔德斯·赫肯黎曾经在其 1932 年发表的作品《美丽新世界》中阐述了他对未来世界的担忧——在他看来，人们会渐渐爱上压迫，崇拜那些使他们丧失思考能力的工业技术；人们会在汪洋如海的信息中日益变得被动和自私；而真理被淹没在无聊烦琐的世事中，我们的文化将成为充满感观刺激、欲望和无规则游戏的庸俗文化。事实上，赫肯黎的担心不无依据。73 年后的今天，当我们审视周遭文化尤其是媒体“大王”给予我们的信息冲击时，觉得忧虑并不是空穴来风。

1.“庸俗”的《康熙来了》

《康熙来了》是目前台湾收视率最高的综艺节目，节目的名称各取自两位主持人的名字：蔡康永和徐熙娣。两位主持人因此节目获得了 2005 年台湾金钟奖最佳综艺节目主持人奖。

对于综艺的娱乐性，台湾和内地确实有着不同的社会背景。台湾是一个娱乐化氛围浓重的社会，就连选举也要打“综艺牌”，请当红综艺主持人帮着拉选票，而候选人为了体现亲民立场，也会穿着戏服为选民表演拿手好戏。一句话，台湾民众对综艺、娱乐的关注度超过了政治本身。即便是“庸俗”的《康熙来了》，国民党领导人连战、马英九等也甘愿上此节目，与主持人大谈“四角裤”与初恋。

相反，在内地，围绕着《康熙来了》的火爆，却展开了一场激烈的争论，一些曾受邀参加该节目的内地受访者（如王刚、黄磊）都明确表示或暗示过该节目的浅俗。面对指责，作为主持人之一的蔡康永回应："世界上本来就不应该存在综艺节目，生活得很舒适的人在人生中就会笑了。只有人生出了问题的人才会需要综艺节目。台湾电视最大的问题是'太大人了'，或者全世界的电视都'太大人了'。学校的管理者是大人，课本的撰写者也是大人，30多个电视台、70多个频道，所有的电视节目都是以大人为出发点，不断通过这种放松的手段来教化孩子好好学习、结婚生子、学习成功人的经验，我非常受不了这一套"。[①]

由此看来，《康熙来了》之所以"庸俗"，归根到底是来自于对正统说教的反叛。自西方理性主义启蒙以来，理性地思考社会小事都是一直倡导的，当我们在炮轰"庸俗"时，也应该全面衡量它的社会基础和时代氛围。重要的不是谁是谁非，而是我们在享受娱乐的同时，应该学会理性思考，同时让受众在欢乐的氛围中也学会思考。

2. "芙蓉姐姐"现象

从《康熙来了》到"芙蓉姐姐"，人们开始惊讶于这个世界上竟然有人可以在媒体上"恣意妄为"、口无遮拦。于是，那些"透过电视和网络，以非专业、反常规、低品质和勇气为筹码，恶搞、整蛊、刺激和娱乐大众，博得喝彩、追捧、效仿和扔板砖"[②]的人

① 引自《南方周末》，2005年7月21日文章《娱乐到底》。

② 引自《新周刊》，2005年第13期文章《贱客来了》。

被称为“贱客”。毫无疑问,“芙蓉姐姐”成为了“贱客时代”的代表,无论是在网络论坛还是在人们的茶余饭后,她的存在在相当一个时期内让媒体有了些许娱乐盛宴的氛围。有关对“芙蓉姐姐”现象的理解,北京人民广播电台新闻广播《焦点时刻》对此做了专访,对“芙蓉姐姐”现象做了一个较为全面的分析:

“芙蓉姐姐”,我们该怎样面对?

没有任何预兆,没有任何起因,一个被称为“芙蓉姐姐”的女子突然成为网上炙手可热的人物。这位28岁的女青年,2001年大学毕业后来到北京,以考上“北大”、“清华”的研究生为人生目标,但都以失败告终。在这个过程中,她不断在两所高校的网上论坛张贴自己姿态奇怪的照片。虽然相貌平平,却自比“出水芙蓉”,称自己有妖媚的外形和冰清玉洁的气质。奇怪的照片和自恋的文字,引来无数看热闹的人。从风靡网络世界,到横扫报纸、电视,“芙蓉姐姐”迅速成名,开始拍电视剧,主持电视节目。但围绕着她的成名,一场争论正在展开。

“芙蓉姐姐”的走红最早源于两所著名高校的网上论坛。应该说,大学生们无疑具备较高的知识水平和文化鉴别力。奇怪的是,他们为什么在“芙蓉姐姐”身上共同表现出一种痴狂呢?

【采访录音:

大学生1:大家都在看,我再不看看就落伍了。有一点好奇的因素,不过我还是很佩服她的勇气。

大学生2:可能大家比较喜欢看别人的隐私吧。

大学生3：越俗越能引起大家的关注。

大学生4：就是觉得好玩。】

每个人都在用自己的眼光审视“芙蓉姐姐”，然后得出自己的评价。但记者发现，多数人却得出了似乎互相矛盾的看法。

【采访录音：

大学生：有点傻，就那种老土的照片也敢发到网上，很佩服她的勇气。

记者：你一方面说傻，一方面说佩服她的勇气，好像有些矛盾？

大学生：傻是表面，但她内在的勇气是值得佩服的。】

“庸俗”和“勇敢”，是他们在评价“芙蓉姐姐”时使用频率很高的两个字眼。从事媒体研究的中国传媒大学教师董旸认为，“芙蓉姐姐”引起大家关注的重要原因，就是她身上集中体现了戏剧化的矛盾特性。

【采访录音：

董旸：“芙蓉姐姐”现象是一种人类表演行为。她有独立人格，并追求个性，但这种个性没有得到正常培植，以至于产生了强烈的戏剧效果。】

董旸认为，这种人在生活中也并非个案，我们或许都遇见过。既然如此，为什么惟独“芙蓉姐姐”能成为万众瞩目的人物呢？北京大学文化研究学者张颐武教授说，这得益于网络的出现和普及。

【采访录音：

张颐武：传统媒体的出口是很有限的，管理是很严格的，一般人很难通过传统媒体发表看法。但在网络媒体出现以后，这变得轻而易举了。因为新媒体具有较高的宽容度，使个人有了展示自己的舞台，同时也创造了新的文化形态。其实，类似“芙蓉姐姐”的人以前也有，只是现在网络把她放大了。】

网络从上个世纪末逐渐进入普通人的视野，到今天成为我们不可或缺的工具，传统媒体的读者、观众和听众，逐渐摆脱被动的状态，开始利用网络获得更大的舞台。因此有人说，“网络好像是尚未开垦的处女地，在这片广阔的肥沃土地上，各种植物都以自己的形态枝繁叶茂地生长”。

【采访录音：

董旸：现在我们可利用的媒体渠道多了。我们可以在网络媒体和传统媒体上发表看法。比如，有一个网站的口号是：让自己被听见，让自己被看见。这说明现在大家的价值观念在发生变化，更多人希望展现自己、影响别人。】

自然，“芙蓉姐姐”现象没有互联网这样的现代信息传播工具，是不可能的。诸如个人网页、博客、论坛等网络传播形式，使我们在传媒概念上找到了自己平凡人生的倒影。只是“芙蓉姐姐”在利用互联网的时候，比我们更热烈和夸张而已。

【采访录音：

大学生：我的爱好很多，也喜欢文艺，但我没勇气上台表演……那天我看了芙蓉姐姐在清华表演的视频，这女人真是很有勇气！

大学生：“芙蓉姐姐”就是一个突破口，一个从保守到张扬个性的突破口。当然，我觉得“芙蓉姐姐”也是被推到风口浪尖上

的，她没想到自己会引起这么大的关注。每个人心里都有这样的渴望，“芙蓉姐姐”身上有很多人的影子。】

但是，在“芙蓉姐姐”身上，除了张扬个性的“勇气”，似乎再没有多少正面价值；甚至在正常人看来，“芙蓉姐姐”的性格还多少有些神经质。类似的情况也发生在《超级女声》活动中，一位动作搞怪、嗓音沙哑的选手，在网上被封为“红衣教主”受到追捧。

【采访录音：

张颐武：一方面“芙蓉姐姐”是勇于展现自己的，这是很多人希望在媒体和社会上展现自己的投射；另一方面，人性上的小小弱点使我们希望看到别人出丑。】

出丑，以及看别人出丑，或许就是在不久以前，我们都是不能接受的，但时下却有愈演愈烈的趋势。董旸老师认为，这是因为娱乐文化盛行，导致社会文化取向正在发生剧烈变化。

【采访录音：

董旸：人均 GDP 超过 1000 美元之后，也就是消费主义社会到来的时候，在文化上的表现就是娱乐文化的盛行。我们现在可以看到，从网络到报纸、广播、电视，娱乐文化的影响都很大。】

从《非常 6+1》《梦想中国》到《超级女声》再到《星空舞状元》，一场场娱乐秀正在上演；从“芙蓉姐姐”、“红衣教主”到“菊花姐姐”再到“后舍男生”，一个个神话般的人物粉墨登场。应接不暇、无所适从之余，我们或许都感到不解——这些都是我们需要的吗？这种现象又将持续到什么时候？

【采访录音：

董旸：现代科技和消费主义使一些人出现了个性过度解放的现象。在这种情况之下，一方面，当这种人越来越多之后，大家的承受力会不断增强，像“芙蓉姐姐”现象这样的震惊效果就会降低；另一方面，社会也在不断调适，在开放的社会背景下，对这种现象进行吸收和调整。】

这样看来，“芙蓉姐姐”们绝不是一个个孤立的个体，《梦想中国》《超级女声》也绝不是一个个偶然事件，它们还会前仆后继地涌现出来。张颐武教授说，关键在于我们自己以什么心态面对。

【采访录音：

张颐武：平民社会需要容忍各种新奇事物，当代社会就是这样的多元社会，社会自身也会对此调整。正像美国一位艺术家所说，在平民社会里，每个人都可能成名15分钟。这说明，这种现象是正常的。不要把这样的事情过于严重化看待，用平常心对待才是正常的态度。】

以上是本台记者连新元的报道。

3. 尺度问题

美国作家尼尔·波兹曼在（*Amusing Ourselves To Death*）《娱乐至死》中，以拉斯维加斯为例，提醒沉陷于狂欢泥潭的人们：“这是一个娱乐之城，在这里，一切公众话语都日渐以娱乐的方式出现，并成为一种文化精神。我们的政治、宗教、新闻、体育、教育和商业都心甘情愿地成为娱乐的附庸，毫无怨言，甚至无声无息，其结果是我们成了一个娱乐至死的物种。”

当然，如果娱乐可以至死，任何享受娱乐的正面理由都要大打折扣。然而，这里的“死”不是肉体的死亡，而是指精神上的死亡。我们的精神支柱底究竟在哪里？

《康熙来了》的主持人蔡康永说：“在节目中讨论性、劈腿、用名牌都不是什么大不了的事情。电视节目的底线在于，如果黑道被《康熙来了》包装成了比较可爱的人，那就是无法容忍的。”①这就是娱乐节目主持人的道义逻辑——不能颠倒黑白。

不过，当娱乐的庸俗化被炮轰之时，也有一片支持之声。这些支持声来自于两方面：经济的和政治的。

当湖南卫视的《超级女声》一路欢歌之时，不少人斥之为低俗。然而，《超级女声》却在经济利益上大获丰收，让很多业内人士瞠目结舌——《超级女声》在全国有 4 亿观众，平均收视率超过中央电视台《春节晚会》；单场手机短信收入超过 1500 万元，加上节目冠名和其他广告收入数以亿计；栏目冠名的乳业公司以 1000 万元的冠名费换来了 20 亿元的销售额；湖南卫视仅 7 场总决选的广告收入就将近 2000 万元。

这场娱乐真人秀以其“实际效果”说明了娱乐节目创造经济效益的奇迹和生存理由。

另一场令人瞠目结舌的娱乐盛宴，因重要政治人物的登场而显得意义非凡——2004 年 3 月，台湾“大选”前夕，候选人之

---

① 引自《南方周末》，2005 年 7 月 21 日文章《娱乐到底》。

—连战先生做客《康熙来了》，而这期节目居然命名为“今天不谈政治”。那他们谈什么呢？谈连战的“四角内裤”：

“敢问您平时在家都穿什么型的内裤？”主持人小S问。

“我在家、在外面都是一样的内裤。”连战回答。

“是四角的吗？”

“对。”

“会比较高腰一点吗？”

“蛮高的。”

小S与连战一问一答，丝毫没有拘谨和做作，让人顿觉连战的真实，就像邻里邻居的老大伯一样。事实上，“不谈政治”就是连战的政治策略，让台湾最火的综艺节目为他的选举累积人气。

因此，娱乐的效果不仅仅是无谓的发笑，还有许多“醉翁之意”。这些都是娱乐得以生存的理由。

既然反庸俗的民众呼声渐高，媒介就不能一意孤行地让娱乐节目独自狂欢。毕竟一个社会不能缺乏道义，一切违反道义的行为都应该被正义的呼声压倒。然而，我们又必须注意到：首先，不同人对娱乐“行为”的接受能力不同，受正统教育的人会对其相当警惕，而也有一群人将娱乐视为氧气，吸进去觉得浑身有劲。其次，每个社会都有不同的娱乐化尺度，当娱乐已经泛滥成灾，就需要有人扼守渡口，掌握尺度；当娱乐仅仅是“小溪流水”，防微杜渐已足够，过多的斥责反而会扼杀文化的开放，不利于社会的发展。

二、培养“幽默细胞”

广播娱乐节目中，主持人是否有“幽默细胞”非常重要。幽默，是广播娱乐节目的能力或者画龙点睛之笔。“幽默细胞”绝不是先天之才而不可得。幽默是要讲求形式和技巧的，对于广播娱乐节目主持人来说，幽默技巧可以从以下几个方面获得：

1. 文字游戏

文字游戏是指在语言叙述的本身上做文章，这也是广播言语特色的拿手好戏。赵本山的小品经常会使用这一技巧。比如：

(1)“大喘气”。在语言叙述的过程中，不该停顿的地方停顿，使语句的原意产生歧异，待听者把话听完才顿悟其意。小品《卖拐》中有这样一段台词：

赵本山：先不说病情，我知道你是干啥的！

范伟：还……还……还知道我是干啥的，我是干啥的？

赵本山：你是做生意的大老板。

范伟：啥？

赵本山：那是不可能地。

(2)谐音互换。在语言叙述中，利用语音相近、词义不同的词语间的互换达到幽默的效果。如小品《卖车》中赵本山给范伟出的脑筋急转弯：

树上骑(七)只猴，地上一只猴，一共有几只猴？

(3)言外之意。语言叙述者将言谈之意留有令人暇想的余地。如小品《卖拐》，卖拐的“拐”和“拐”骗的拐同属一字，但是表达不完整就会让人产生其他联想：

赵本山：愿者上钩，懂么？帮我喊两句。

高秀敏：我不会忽悠，你自个整得了。

赵本山：看我眼色行事，好不？哎，来人了，喊！

高秀敏：啊，拐了噢，拐啦，拐了噢！拐啦，拐啦！拐啦！

(4)形褒实贬。让语言的形式与内容形成反差。从字面形式上看是赞扬，但在内容上却是否定。如小品《我想有个家》中的台词：

赵本山：我叫赵英俊，今年35岁，实际年龄和长相有误差，不细看问题不大，这属于表面老化。

2. 打破平衡

正常状态下，言语的叙述状态应该是平缓前行的，但是幽默的语言通常刻意打破这种平衡而使之产生幽默的反差效果。比如：

(1)跑题岔说。当叙述者表达“甲意”时，另一叙述者偏要理解为“乙意”，造成语义误会，形成幽默对话情景。此种言语形式必须在可能产生歧义的语词或话语结构上进行。如在一个宴会上，著名的美国作家海明威(1899～1961年)正在苦苦思索着他的一篇小说中的一个情节，在他旁边坐着的一个令人讨厌的富翁却老是打岔，想同海明威攀谈。他问：“到底哪一种写作方式是最好的呢？”海明威双手一摊说：“从左到右！”

(2)大词小用。本是严肃的词句，用在家长里短之处就会产生反差的幽默效果。如小品《昨天、今天、明天》中宋丹丹的一句台词:“两颗洁白的门牙去年也‘光荣下岗’了。”

3. 善用修辞

修辞有很多种,它不仅会给言语带来文采,同时在特殊的情境之下也会带来幽默氛围。比如:

(1)比喻。并不是所有的比喻都能产生幽默效果。能够产生幽默的比喻应该有让人出乎意料的效果。比如,有些人将一部分只会读书的女博士形容为“第三种人”,而将娶她们的人称作“第四种人”。

(2)夸张。即言过其实,夸张到怪诞的地步就会使人发笑。比如,面对现在填鸭式的教学方式,有人这样形容:“上课记笔记,下课抄笔记,考试背笔记,毕业扔笔记。”

(3)语义双关。此种幽默技巧要找到一个能容纳两种不同意义的词语或句子,让两个意义并存,字面上指此意,实际上指彼意。如杰拉尔德·R.福特(美国第38任总统)有一次回答记者提问时说:“我是一辆福特,不是林肯。”众所周知,林肯既是美国很伟大的总统,又是一种很高级的名牌小汽车;福特则是当时普通、廉价而大众化的汽车。福特说这句话,一是表示谦虚,一是为了标榜自己是大众喜欢的总统。

(4)歇后语。歇后语也叫俏皮话,它由近似谜面、谜底两部分组成,前一部分似“谜面”,后一部分似“谜底”。如“猪八戒照镜子——里外不是人”。

4. 违反逻辑

违反逻辑即通过颠覆叙述语言的逻辑性而产生幽默效果。如:

(1)强词夺理。通过语言上违反逻辑的狡辩在言词上占上风,在其实上起到一种讽刺的幽默效果。比如相声《疑心病》中两位演员的对话:

甲:各位观众朋友、各位领导、各位来宾:我在这里预祝大家新年好!今天我给大家说段相声,希望大家在新的一年里笑口常开!

乙:等等,你说你给大家说段相声?

甲:是呀,有什么问题吗?

乙:你会说相声吗?知道相声用什么说吗?相声之父是谁你知道吗?相声之母是谁你又知道吗?

甲:这个……还真不知道。

乙:不知道你学人家说什么相声?肯定有问题。说,你的动机是什么?有没有同案犯?怎么预谋的?

甲:你这提审我来着呢?这不新年将至了嘛,我想给大家带去欢乐嘛。

(2)奇思怪想。抛开原有的思维定势,让正常的问题遇到不合常理的结论。比如,有人在网上论坛发帖子:如果在乘火车的途中遇到有人和你抢行李架怎么办?两个办法:第一,不带行李;第二,随身携带管制刀具吓唬他,譬如指甲刀、铅笔刀……

附　个案分析

《娱乐双响炮》[1]

片头:【机器人音效】 女声:一个开心的 voice, 男声:一个熟悉的 place, 女声:让你感到 very nice! 【音乐】 男声:欢笑纵情燃烧 女声:娱乐激情禀报! 男声:《娱乐双响炮》! 【音乐】 【模仿赵本山声音:呵呵,《娱乐双响炮》】	长达 50 秒的片头,竭尽欢乐之能事,运用特效、宣传口号、模拟人声等方式将气氛烘托到了顶点。
男声:有请《娱乐双响炮》主持人蝈蝈、江南。 【音乐】 江南:在很久很久以前…… 【音乐】	片头之末,由一男声引出主持人出场,烘托演说情境,使主持人与听众立刻进入剧情。
蝈蝈:有一只蚂蚁和一头大象,它们是好朋友,经常在一起玩耍、一起洗澡、一起吃饭,还一起上厕所。【冲洗马桶的声音】它们俩可以说是青梅竹马、两小无猜。可是有一天,蚂蚁和大象之间有了一点误会,大象就去追蚂蚁,蚂蚁撒腿就跑。它跑啊跑啊,跑到一堆沙子面前,这蚂蚁一下子就钻到了沙子里面。【江南模拟钻沙子的音效】只露出一条腿。 江南:咦? 蝈蝈:一只老鼠看到了,就问蚂蚁说—— 江南:蚂蚁,蚂蚁,你为什么露出了一条腿儿? 这样大象会看到你地! 你可怎么办哪! 蝈蝈:蚂蚁呢,没好气地对老鼠说—— 江南:嘘! 别出声,老子绊它一跤! 【大笑声】 【鼓声、音乐】	主持人以旁白的方式演绎故事,其中加入音响效果,增添真实、趣味成分。

[1] 辽宁生活娱乐广播品牌节目,每日 20:00～21:00 首播,次日 15:00～16:00 重播,主持人:蝈蝈、江南。本书择选的案例为 2003 年该节目的出版 CD。

蝈蝈：就这样，大象倒下了。在倒下的地方还涌出了甘甜的水，从此人们就把此地叫做——

蝈蝈、江南：井！

【音乐】

蝈蝈：第二天，在井边打水的兔子看到整窝整群的蚂蚁排着长长的队伍急匆匆地赶路，兔子就问蚂蚁说——

江南：蚂蚁大兄弟，你们干啥去？

蝈蝈：蚂蚁们回答说——

江南：昨天有头大象被我们一个兄弟绊倒，摔成重伤，我们给大象献血去！【哨声、笑声】

蝈蝈：没过多久，兔子看见大批的蚂蚁回来了，于是它又问——

江南：蚂蚁大兄弟，咋又回来了呢？

蝈蝈：蚂蚁回答说——

江南：哦，是这么回事儿，咱们兄弟就只有一个跟那个大象的血型一样，所以，就留它一个人在那儿抽血呢！够了，够了，足够了！

【婴儿的笑声、音乐】

蝈蝈：大象的病终于痊愈了。但是，它却要告蚂蚁，双方还请来了在法律界誉满全球的律师伉俪——蚊子和鲸鱼为它们辩护。最后，法庭判决蚂蚁绊倒大象属于恶意伤害，监禁6个月。这蚂蚁非常不服气呀，于是它提出上诉——

江南：人体伤害罪，最多监禁俩月，为啥判我半年呢？

蝈蝈：法官驳回蚂蚁的上诉——

江南：人身伤害的确判罪俩月，可绊倒大象这就是种族歧视罪，罪加4个月，两罪并罚，总共6个月！

【笑声、音乐】

蝈蝈：就这样，蚂蚁在地中海的一所监狱服刑了6个月的时间，出狱之后的蚂蚁立志重新做一本本份份的工作。终于它找到了一份力工的职业，而且是兢兢业业，不辞辛苦。功夫不负有心"蚁"，在短短的几年时间里，蚂蚁已然有了自己的搬家公司，也成了远近闻名的著名企业

此部分的笑话专题以"冷"为主，即冷笑话。两位主持人充分表现了语言模仿的天赋。同时，故事的段落连续性也让节目形式从传统的短笑话向连续性笑话跨越，加之精良的音响效果，使之又多了几分戏剧效果。

音乐的过渡在此处代表了时间的过渡。同时，段落之间的笑声音效是同类节目烘托气氛的重要手段。然而，该节目却依据节目内容的不同设置了不同的笑声，可见其用心。

家。可就在这个时候，有人还对几年前发生的那件事情耿耿于怀。

【音乐】

蝈蝈：就在这一天，兔子看见一头大象躲在树苗后面将一只腿伸在外面，于是，它问大象说——

江南：你在干什么呀？

蝈蝈：嘘！别出声！我等那蚂蚁过来好绊它一下，为我兄弟报仇！报仇！

江南：无聊！

蝈蝈：兔子嘟囔着离开了！可是刚蹦了没两步，就听见一声惨叫——

江南：啊！

蝈蝈：于是，兔子马上跑回去看一看究竟是怎么一回事儿，只见一只蚂蚁正在路边喘气，兔子还没有来得及问蚂蚁发生了什么事情，只听见蚂蚁自己说——

江南：对不起，对不起，刚才哥们儿没注意，一脚就把大象的腿给踩折了！这可咋办呢！

【笑声、掌声】

片花：【音乐】

女声：最近我的朋友都在听《娱乐双响炮》，都说娱乐效果不错，信不信您不妨听听。

【音乐】

女群声：《娱乐双响炮》，娱乐效果真的很不错！

【女高音歌唱】

江南：老陈是一位出租汽车司机，每天，他还依然开着他那辆破车在公路上行驶，【汽车行驶时的音效】而且工作到很晚很晚。【风声】有一天深夜，他正开着车经过一片很荒凉的地方，四周一片漆黑，忽然，看见前面荒地里有一座大厦，亮着昏暗的灯光。他正奇怪这里什么时候起了这样一座大楼，【脚步声】就看见路边有一个小姐招手要坐他的车，这个时候老陈想起了去年发生的那件诡异的事儿，而且还让他心有余悸……

片花以改编、模仿知名广告的方式引出笑料，虽然没有针对节目本身设置节目口号，从实际效果上吻合了娱乐效果。

以下是名为《八部大片》节目CD中的恐怖片。三则貌似恐怖的故事，到最后都是笑料百出。这是一种脑筋急转弯似的故事结构。

蝈蝈：我生前最爱吃……生命的终点……火葬厂……

【诡异的音乐】

江南：那位小姐打开车门，老陈听到后面车门“砰”的一声【关车门音效】关起来，然后就开车了。【汽车行驶的音效】过了一会儿，他觉得很奇怪，为什么那位小姐没说话呢？不会上一次的事儿又在他身上发生了吧！结果，他往倒车镜里一看，【恐怖的音效】【男人紧张的喘气声】哪儿有什么小姐！只有一个洋娃娃坐在那里！老陈吓个半死，抓起洋娃娃就往窗外丢出去，回家之后就大病了3个月！

【低沉的音乐】

江南：老陈病好了以后，回到出租车公司汇报工作，结果一进门他的同事就对他说——

蝈蝈：老陈哪！你也太不够意思了，前一阵有个漂亮小姐过来投诉你，说她上次要坐你的车。结果呢，她刚把洋娃娃丢进车后座，【关车门的声音】想要坐到副驾驶的位置上，你可倒好，【踩油门行驶的音效】一脚油门你就把车开走了！【笑声】

江南：有一个年轻人，回家陪父母吃饭，因为回家的路上要经过坟墓，而且据说这里常常有很诡异的事情发生，所以，父母亲特别交代他要早一点回家。【低沉的音乐】于是，他就乘坐出租车回家。这辆出租车的司机正是老陈，【汽车行驶的音效】回家的途中遇到了塞车，于是这位年轻人带着疲倦的身躯就在车上睡着了……等他醒过来的时候，已经是夜里10点多了。他看了看车上，没有半个人影儿！司机老陈也不见了！而且车子在缓缓地行进中，还有略微的嘈杂声。他转过头去往窗外看，这段路程不就是传说中很诡秘的墓地嘛！他不禁感到了一阵恐惧，而且不知所措，战战兢兢。于是，他想下去看个明白，可谁知，只见这时伸出来一个人头！【女人的尖叫声】人头，还在说话！

蝈蝈：哎，我说哥们儿，别睡了，赶紧下来帮忙推车啊！【笑声】

“恐怖片”段落基本是以广播剧的方式演绎的。语言、音乐、音效三要素的选取、演绎颇为谨慎，其叙述节奏也与一般广播剧并无二致，因此很能引人入境，最后的包袱也抖得爽快、彻底。

蝈蝈：妈妈，你快看啊，在那个电线杆子上有两个“人”！

【诡异的音乐】

江南：在一个偏僻的村庄，一条羊肠小道上有一根笔直的电线杆子，说来也奇怪，常常会有人在那里出事。不久前，一对青年男女骑车就撞到了电线杆子上，说来也奇怪，只是骑车撞到怎么会当场毙命！【恐怖的音乐】一天晚上，5岁的小明和他的妈妈在回家的路上经过那根诡异的电线杆子，小明忽然对妈妈说——

蝈蝈：妈妈，你快看啊，在那个电线杆子上有两个“人”！

江南：妈妈牵着他的手快速走开：“小孩子不要乱说话！不要乱说话！”但是，这件事很快传开了。这一天有一位记者得知此事就坐着老陈的出租车来到这个比较怪异的地方，来采访看到过两个“人”的小明。【诡异的音乐】他下车之后，就让小明带着他去看一看发生车祸的地方，虽然说小明的妈妈用眼神警示孩子不要带他去，但是小明还是大大方方地带领这名记者和老陈到了事发的现场，也就是那一根诡异的电线杆子前。记者就问小明说：“小朋友，你说这电线杆子上有，有两个人，那，那两个人在哪儿啦？”

蝈蝈：就在上面啊，叔叔，没看见吗？就在那个电线杆子上就有两个人！

江南：记者和老陈一起抬头望去，只见电线杆子上挂了一个牌子。

蝈蝈：你看，上面挂着个牌子，写着“交通安全，人人有责！”【笑声】

片花：女声：你们知道鲨鱼的牙齿为什么那么坚固吗？

小孩声：因为，因为它每天都听《娱乐双响炮》！

【音乐】

女声：对了，小强，《娱乐双响炮》中的特效成分有效地帮助防止蛀牙，听《娱乐双响炮》的目标是——

小孩声：没有蛀牙！

连续性的故事编排方式使节目具有整体感、悬念感，有助于锁住听众的注意力。

蝈蝈：追女孩必备九大条件！【滑稽的音乐】

蝈蝈：One 胆大！登自行车闯红灯看警察招手你还照骑不误；拿部没装胶卷的相机到不准拍照的地方，【拍照的音效】比如说，时装专卖店这样的地方猛拍一通，保安要是过来干涉你还据理力争。这类事情不能多干，而且可能会有一点麻烦，但是绝对可以锻炼胆量。女孩子嘛就是喜欢胆大的男人，如果说你胆子不够大，那你一定要具备下面这个素质，那就是……

Two 心细！记住你心目中的女孩每天梳什么发式，穿什么衣服裙子袜子等等，直到比她自己还清楚她的装束和习惯。胆大而又心细的男人女孩儿更喜欢，【嘿嘿的笑声】如果你不够心细，那你一定要……

Three 脸皮厚！选择大厅唱卡拉 OK，不怕起哄，不怕被人扔番茄，全场的人都吓跑了，你仍然是津津有味地坚持下去。脸皮厚是胆大的基本功之一。要是你脸皮不够厚的话，你一定要具备这个素质，那就是……

Four 果断！吃大排挡 10 分钟点齐八菜一汤，【男人快速说话的音效】星期天去哪儿玩两分钟之内提出四个方案，两秒钟之内做出抉择，而且“君子一言，驷马难追”，决不后悔。追女孩九大条件之中还有一项，那就是……

Five 机智加口才！把黑的说成白的，假的说成真的，美的说成丑的，并且振振有词、理直气壮，以此来训练你的机智。看转播球赛把声音关掉亲自解说，要求绘声绘色，而且决不能比球飞的速度慢，以此来锻炼口才！

Six 有见识！每天熟读报刊杂志，务必搞清楚所有名人名牌的来龙去脉！

Seven 幽默！喜剧专家把正常的反应相反做出【笑声】就会引人发笑，如果你不够幽默的话，那你一定要具备这一项素质吧……

Eight 大方！省自己不能省别人！平时节俭储备弹药，到了女孩儿面前要挥霍有度大方

单一的讲述方式容易变得枯燥，因此，音效、音乐的配置尤为重要。此外，语气的变化、夸张、节奏感都是娱乐节目主持人的必备要领。

得体。心地善良的女孩儿买什么都嫌贵,【好贵呦!】但是,你要是硬买回来给她,她心里一定是很甜蜜。【亲吻的音效】追女孩儿九大素质最后一项……

Nine 真诚!准时准点决不失言,应承的事情一定要负责到底。每天对着镜子练习真诚的笑容,使面部肌肉习惯微笑,可成为招牌表情,【憨厚的笑】就算被出卖拒绝也是面不改色。

片花:女声:想知道被“炮”的感觉么?男声:想知道,想知道!女声:你们想到哪里去了!我说的是《娱乐双响炮》!【亲吻的音效】现在你知道被“炮”的感觉了吧!【女孩笑声】男声模仿女声:想知道被“炮”的感觉么?【呕吐音效】男声模仿女声:你们想到哪儿去了!我说的是《娱乐双响炮》!【被打的音效】男人的哭声:现在你知道被“炮”的感觉了吧!

第七章
广播音乐节目的策划与制作

音乐是如此的抽象和富于情感，它的思想不可能像对话和自然音响等那样与具体声源有着直接而有机的联系，也不能像视觉元素那样能具体准确地表现客观事物。然而它在激起人的心理反应，亦即感情和情绪方面却是最准确和细腻的，这种能力是其他艺术形式所不能及的。因此，法国大文学家雨果曾说“音乐是思维着的声音”。它在艺术家的思维灵动中产生，又给予听者心神荡漾的审美感受。音乐是如此令人着迷，以至于传媒纷纷为其设置专门的音乐频道、频率、杂志等。

目前，音乐频率的发展在广播业中十分活跃，无论是国内还是国外，音乐频率的附加价值都在逐步提升。拥有了广大热爱音乐的群体，广播经营者就有了更多“出卖”音乐的机会，就能赢得更多的广告商，音乐频率的听众也更加愿意购买电台出版的附属媒介产品，如音乐杂志、音乐在线广播等。音乐公司与音乐频率为了宣传和取得效益也达成了更多双赢的合作项目。

第一节 工作流程

一、音乐频率的定位

在广播中，音乐是节目氛围的营造者，同时，也越来越多地充当主角。在美国，由于听众对音乐的细分和欣赏能力较高，因此音乐频率较为细分化，现代成人音乐频率、成人音乐频率、另类音乐频率、现代热门 TOP40、古典音乐频率、乡村音乐频率、爵士音乐频率、怀旧音乐频率、宗教音乐频率、摇滚音乐频率、城市音乐频率等多种类型的音乐频率应运而生。

在中国，类型音乐频率初露端倪，中央人民广播电台三套音乐之声本着大众流行音乐的定位，几乎垄断了其所覆盖地区的音乐频率广播市场。类型音乐频率的强势发展被视为传统综合型音乐频率的威胁。综合型音乐频率在一些地区亦被称为文艺台，其涵盖面包括戏曲、音乐、文学、综艺等节目类型，旨在满足听众群的多方面诉求。

选择综合型定位还是类型化定位，是关系着音乐频率节目内容设置、主持风格、节目编排等多方面节目制作要素的重要一环。如何选择？考虑的因素有以下几个：

1. 群众基础

不同地区的文化、经济发展差异会导致听众收听倾向的不同。在偏远的小城，人们习惯于捧着“戏匣子”听评书；在生活节奏飞快的大城市，人们则一边开车一边收听着路况信息和流行音乐……当广播频率日益专业化、受众日益细分化时，经济发展的不平衡，必然导致综合型音乐频率和类型化音乐频率的共存。因此，当一家电台要给频率定位时，首先应该考虑到本地区听众的收听习惯、喜好以及节目内容的细分化程度。

目前，我国的大多数电台仍然无法容纳类型音乐频率的模式。传统的综合型音乐频率涵盖的听众群体层面较多，因此满足绝大部分听众的需求仍是电台的主要选择。

相比较之下，音乐之声有着得天独厚的优势，在广电总局大力推动的“503 工程”支持下，音乐之声目前最大程度地覆盖了北京、天津、沈阳、杭州、武汉、南宁、西宁、大连、太原、上海、广州、南昌、拉萨、银川等近 20 个城市，当前有效覆盖人口达到了 6000 万。所以，即便频率只谈音乐，其总体音乐受众基数亦不可小视。

2. 机制改革能力

频率的重新定位往往会“牵一发而动全身”。比如，一家电台设立了类型化的音乐频率，同时其他各频率仍然有数量不少的音乐节目，这就容易造成节目资源的浪费和同台不同频率之间“窝里斗”的状况。在这种情况下，如果缺少整体的协调和机制改革，类型台的建立非但不能产生同台不同频率之间的“区隔”作用，反而会造成资源的浪费。

电台的机制改革不仅涉及到对事的管理，同样也涉及到对人的管理。综合型的音乐频率要求主持人和编导具备多方面的才艺，各类音乐、各类文艺节目都要略知一二。因此，工作人员的专业素养差异较大，年龄分层也会拉开。但在类型化的音乐频率，工作人员的专业素养类似，年龄段类似，物以类聚，围绕着同一种音乐聚集了同一类工作者。比如，在音乐之声，经过竞聘上岗，领导层平均年龄 40 岁，编辑平均年龄 36 岁，主持人平均年龄只有 24 岁，青年人成为了主力军。

3. 资源情况

对于电台来讲，资源通常主要包括频率资源、节目资源、广告资源等。

一个电台拥有多少个子频率，覆盖范围、收听效果如何，都属于频率资源的范畴。有些电台既设置文艺频率又设置音乐频率，因其有频率资源，无可厚非。但是一些缺乏频率资源的电台，就只能在一个频率的定位上下工夫了。

“巧妇难为无米之炊”，节目资源的多少是一个电台生存的关键。节目、听众、广告客户共同构成了衡量广播频率经营的三个要素。在这个互动的三角关系中，节目不仅是吸引听众的主要凭借，也是吸引广告经营的根本。

广电系统中，广告的经营是维持其正常运转的生命线。广告资源的维护与拓展既需要切合实际、机制灵活的广播经营方式，同时，广告来源亦需要净化，音乐频率相对于其他类型的频率风格较为唯美，广播制作的美学特点更加突出。

二、音乐是介质

对于音乐广播来说，音乐就是介质，始终贯穿于节目类型选择、创意与编排之中。

1. 音乐节目的类型

音乐节目类型的选择依据首先是频率的类型定位。对于综合型音乐频率，节目类型的多元化可以凸显其节目风格、主持风格的多元性，对满足听众的多元收听趋向有利无弊。然而，对于类型化的音乐频率，节目类型的趋同却是类型化的必然。对于大多数综合型音乐频率来说，音乐节目类型主要有以下几种：

(1)音乐报道。喜欢听音乐的人有各种不同的需求，比如，了解音乐资讯的需求。因此，综合型的音乐频率经常会发布各种音乐相关信息，如国际、国内的音乐文化活动、比赛名次、获奖作品、演出活动、音乐家的活动、音乐排行榜、中外音乐艺术交流活动等等。

(2)音乐专题。音乐专题不同于一般的音乐节目，它需要编辑有意识、有目的地依照某一主题将节目编织成一个完整的结构，同时，围绕着音乐进行有思想性和艺术性的评价和报道。

(3)音乐知识。以传达音乐知识，普及和提高收听者的音乐素养为目的。目前，专门“传道解惑”的音乐节目已不多见，为了达到同样的目的，主持人、节目编辑经常将知识性、欣赏性融为一体，以提高节目的可听性。

(4)音乐欣赏。从广义上讲，任何音乐节目都具有欣赏性。音乐欣赏节目是综合型音乐频率和类型化音乐频率共有的节目形态。此类型音乐节目的关键在于是否能够为听众营造出欣赏的氛围以及主持人的评论能力是否可以起到画龙点睛的作用。

(5)音乐剧。此类型节目界于音乐专题与广播剧之间，它带有故事性，同时，音乐作为其不可或缺的元素与故事的主题，起着相辅相成的作用。一般来说，音乐剧的主题往往围绕着音乐家或音乐作品展开。

2. 流行音乐作为介质

在音乐频率中，音乐是永恒不变的介质元素，无论是哪种类型的音乐节目，表现音乐的美都是其核心目的。音乐作为一种重要的媒体内容已为广播所割舍不下，成为音乐频率联系听众与广告商之间最重要的介质。

进入 20 世纪 80 年代，港台及外国流行文化的涌入带动了

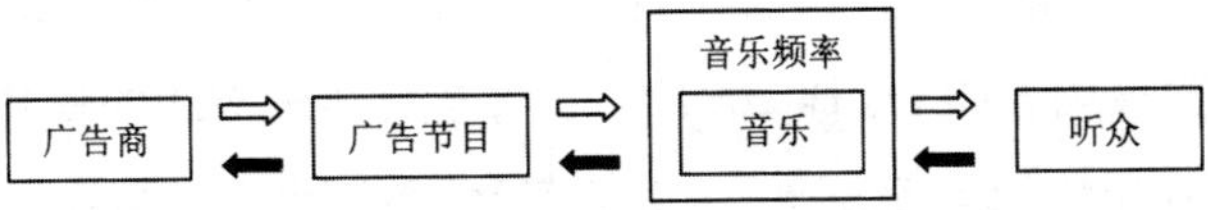

音乐作为音乐频率介质的关系图示

我国内地流行音乐的兴起。为了顺应这种潮流，赢得大众的关注，无论是综合型音乐频率还是专业流行音乐频率，都将流行音乐作为了自己的重要介质。

那么如何界定音乐流行与否，依据主要有两个：

(1)排行榜。排行榜又称流行进度统计表，是媒介研究者研究流行音乐的重要依据，同时也是音乐作者、歌手声名起落的重要依据。国内，音乐排行榜层出不穷，媒体以拥有自己的排行榜为荣，但真正具有影响力的不多，主要有以下几个：全国卫星音乐频率协作网、北京音乐频率主办的“全球华语歌曲排行榜”、CHANNEL V 主办的“CHANNEL V 华语音乐排行榜”、MTV 电视台主办的“MTV 封神榜”、百事企业赞助的“百事音乐风云榜”等。近年来，人们习惯在网络上下载音乐文件，因此，一些知名的搜索网站或音乐网站纷纷设置了音乐排行榜，如百度“TOP100”、“TOP500”，天虎音乐网“流行音乐排行榜”、“九天音乐排行榜”等。

(2)数据统计。相对于媒体的音乐排行榜，通过调查公司得出的“音乐排行”更为可信。调查公司依据电话、日记、访谈或者测量仪的方式获得数据。

一般来说，调查公司都会受一定组织的委托来实施并完成调查。不同组织依据自己的不同目的，要求调查公司调查相应的数据，这些数据不仅包括了解人们所喜欢的音乐，也会涉及音乐消费行为等方面。如国际唱片产业联盟(IFPI)曾在2002年11月发表调查报告,称2001年全球盗版音乐CD的销售数量比2000年增加了近50%,为9.5亿张,是历史上的最高记录。

在进行数据统计的过程中,音乐听众的心理反应等级也会有所涉及,这是测定音乐流行强度的关键值。对于一件音乐作品,听众的反应可以是反应强烈、反应一般或者反应冷淡,不同的反应可以体现音乐作品的冲击力及其在群体中的影响力。

3. 相同的音乐,不同的竞争策略

广播音乐节目发展至今,经历了一个发展的过程,上世纪四五十年代,电台由于技术和设备的限制,没有大量的音乐来源,因此会成立广播文工团到电台演播节目;50年代,音乐频率的节目尤其注重教育性,以音乐讲座的节目形式大量扩容;"文革"结束以后,广播媒介的技术革新更上一层楼;80年代,调频立体声技术开始在全国电台应用,电波中的音乐更加悦耳动听;随后,各类型音乐节目层出不穷,音乐节目源日益增多,各电台音乐频率在喜尝盈利果实的同时,也开始面临同城同类型频率的竞争和挑战。

面对竞争和挑战,音乐广播有两个策略可供选择:节目的编排与节目的创意。

下面就以北京人民广播电台音乐广播与中央人民广播电台音乐之声为例,分析其各自的竞争优势及策略。①

---

① 以2005年数据为依据。

北京音乐广播		音乐之声	
编排策略	节目创意策略	编排策略	节目创意策略
•00:00以后节目具有收听优势。这与其"棋盘式"①编排策略密不可分。 •00:00以后节目每天各有不同。周一至周五00:00～0:30分别是《网络奇缘》《校园民谣》《我的音乐生活》《零点夜话》《音乐文学笔记》;周六、周日重播《校园民谣》和《零点夜话》。	•流行音乐为主,主持风格尽显多元化与创意,如《"帮帮"带你听天下》的"帮帮"便是加工过的特效人声。 •节目名称与其内容一样呈现多元化,主要以时间、人物、主题三种方式命名。 •全国卫星音乐广播协作网的合作成员之一,共同制作,具有联盟优势。	•每天18个小时全直播。 •风格统一。 •区段划分时段,全天以2～3小时为单位,划分八大时段。 •整点报时后设置3分钟《滚动新闻》。 •分散式广告播出方式,使广告不打乱整体风格,顺畅衔接。	•充分考虑到听众的心理感受,节目名称和宣传口号人性化。如工作日的早间档节目《音乐不塞车》,节目的口号是"堵车不堵心"。 •彰显品牌感。一为风格整体划一;二为节目内容与嘉宾的权威性。 •在国内首推特色报时、天气预报,创意理念先进。

三、主持风格

主持人是将音乐有机联系起来的灵动因子,或时尚、或古朴、或清幽、或欢快……主持人的风格起到了确定节目整体风格的作用。对于音乐频率的主持人来说,风格的定位主要取决于以下几组关键词——共性与个性、多说与少说、随意与刻意、现代与典雅。

① 棋盘式编排策略是指在同一时间段设置不同的节目,让听众每天都有新鲜感。

1. 共性与个性

共性与个性的考量是针对频率本位或节目本位来说的。有些音乐频率为了凸显节目的多元化，鼓励节目主持人有自己独特的个性和创新；而一些频率为了形成整体风格，则需要牺牲主持人对节目的创意才华，希望通过必要的规范塑造整体形象。

事实上，无论采取哪种形式，都是要经过利弊取舍的过程，主要的决策方向是音乐频率的定位和风格。对于综合型的音乐频率，由于音乐节目类型多样，因而要求依据节目类型实行多样的主持人风格；而对于某些类型化的电台，为了突出音乐的主体地位和适应大板块的节目编排方式，主持人的风格则需相对趋同，这样才不会割裂音乐给予听众的整体感受。比如，音乐之声的全体主持人在主持节奏、情绪、语调、内涵、方式等方面都有着异曲同工之处，好像是在主持同一个节目，较为倾向共性的表达。

2. 多说与少说

对于知识性音乐节目和报道性音乐节目而言，语言内容的传递至关重要，此时，主持人是舵手，音乐是方向。舵手的功力大小在很大程度上取决于主持人对语言的掌控力。对于以欣赏为主要目的的音乐节目，主持人就像漂浮在音乐海洋里的听客，可以抒发感想，激起同伴（听众）欣赏音乐的激情，但是决不可喧宾夺主，让自己的议论抹煞或者掩盖了音乐的风采。

节目若需彰显主持人的个性特征，语言便是重要的“武器”。除了节目的编排需要构思之外，语言是主持人的声音标识。然而，言多必失。如何将语言控制在一个有效的美学范畴之内，这是一种要学习的尺度。无论是言多还是言少，精练的表达、对音乐欣赏的能力都是音乐主持人所不可缺少的。

3. 贴近与疏离

音乐是一种可以传递心声的唯美的语言，这种美是一种艺术。有些主持人的语言亲切随意，让听众感觉这首歌曲的播放就是为了表达自己的心声；有些主持人的语言较为空灵，悠悠的，让人感觉到音乐之美犹如哲理，与人有关，但是又高于人的思维。这都是主持人不同风格带给听众的不同感受。

北京音乐频率的台歌是："你听，空中的呼唤，那是心灵深处的回响；你听，温暖的声音，这就是我 FM974。"此频率对音乐的理解就是如此：音乐是体现心灵深处的语言，同时也是贴心的语言。

四、节目资源的良性循环

提高节目质量和扩大节目源永远是电台工作的重中之重。节目的制作不仅需要编辑和主持人的智力和语言能力，同时，高科技的支持、相关行业如唱片业的支持、节目产品的再开发等等，都将给予节目资源以良性循环的驱动力。

1. 基本节目源的开发

音乐频率的节目源开发首先要考虑本台的受众和节目定位，并依此定位制作或者寻找节目源。

音乐频率的节目核心自然是音乐。音乐频率为了得到音乐资源的第一发布权而颇为用心。作为流行音乐来说，不仅要获得本土音乐的信息，亚洲以及欧美的音乐源也要想办法得到。因此，音乐频率与本土音乐制作公司的沟通、与国外音乐制作公司以及电台的交流和合作便显得极为重要。

节目源当然也包括本台的制作力量，音乐源就像炒菜时需要的备料，而音乐频率就像大厨，需要用自己的风格去烹制。除了自己烹制的“菜肴”外，某些频率已开始购买一些制作公司制作的“成品菜”。但是，音乐频率在决定购买节目之前，首先要考虑其对自己频率整体风格的影响。

2. 技术环境的营造

以往主持人在做节目时，需要准备很多音乐资料，要一边看着节目单一边找音乐，一边还要不停地说话，真是手脑并用，辛苦不已。

现在，数字化广播系统已成为电台播出平台的功臣。对于音乐频率来说，数字化广播系统可以轻而易举地将音乐资源整理成“库”，并进行有机的编排，将不同风格、年代的音乐进行梳理，使主持人轻而易举地搜索到目标，有效地提高工作效率，节约人力、物力、时间等劳动成本，降低劳动难度和强度，提高工作质量，充分发挥广播的迅捷效能。

3. 节目资源的优化和拓展

一成不变的程式已经不能满足受众的需求，尤其是音乐频率，紧跟着流行文化日新月异的步伐，求新、求变已经到了刻不容缓的地步。无论是综合型音乐频率还是类型化的音乐频率，都在努力满足听众尝“鲜”的欲望。而要做到这一点，只有三个字——“快、变、精”。

快——节目编排的节奏快。据北京人民广播电台对北京地区听众调查的结果显示，听众收听广播一次在1.5小时以内的占71.5%，1小时以内的占49.8%，即在北京的广播听众中有一半人的收听时间不会超过1小时。因此，综合型音乐频率的节目时间表安排得比较紧凑，基本上是1个小时左右的节目。而类型化音乐频率则干脆加快播放音乐的频率，让音乐说话。

变——品牌节目可以保持不变，但是要想办法让节目变得更吸引人，这是音乐频率始终要考虑的问题。北京音乐频率的节目单最长的只用过三个月，有人笑其为“多动症”。事实上，这是一种以市场为导向的变量观，确立阶段性发展目标和宣传策略、不断淘汰和更新节目的应变机制。

精——节目要成为精品，节目的质量、内涵是音乐频率的一台之魂，不是摆摆花架子就可以打发的，需要下真功夫。

4. 走出直播间

节目源的丰富还需要音乐频率走出直播间，走向社会。音乐频率经常会利用向全社会征集音乐作品、举办听众歌唱比赛、将直播间搬到演唱会现场等方式将音乐节目可视化，使原本呆板的录播形式变成具有视觉效应的现场活动。

走出直播间，不仅会带来节目源，资金源、人气源也会直线上升。通过与广告客户的合作，将音乐明星请到听众中去，与听众一起互动已成为音乐频率熟稔掌握的经营方式。比如，北京音乐频率有一档节目叫做《统一心情世界》，是统一企业赞助的一档音乐节目。统一企业每年都要和地方音乐频率合作举办“校园闪亮之星歌手”大赛。该大赛不仅宣传了统一的产品，更重要的是让音乐频率吸纳了人气，增添了大量的音乐源、节目源，使节目形式更加生动有号召力。

五、节目的编排与节目音乐的编排

节目的编排是相对于音乐频率如何组合节目资源而言的，而节目音乐的编排则是针对一档节目而言的，探讨音乐如何在节目中得到有机的运用。

节目编排与频率的类型定位、听众收听行为以及相应的数字化编播系统有着密切的关系。

这里，我们再次以北京音乐频率和音乐之声举例说明①。两者面临相似的听众收听习惯，即每次收听广播的时间一般不超过2个小时，但各自因为电台类型定位的不同而有着不同的对应措施。前者坚持栏目的多样化，根据不同的时段设置不同类型的节目及时间标准。比如上午基本上是25分钟的节目，下午13:00以后才开始出现50分钟的栏目。后者则采取了“大板块”的编排方式，板块内的节目内容趋同，容易让听众产生听觉惯性，伴随性特色呼之欲出，加之音乐理念明确，即做都市听众喜爱的流行音乐节目。因此，节目的设置也与都市人的生活结合紧密，从早上的《音乐太阳能》到晚上的《音乐VIP》，每一档节目的安排都符合都市人的作息习惯。比如早上播放一些轻松愉快的歌曲让人精神振奋，下午播放一些经典抒情的歌曲舒缓压力。

除了从大处着眼的节目编排，还有从小处着眼的节目的音乐择取和编排。后者虽然微观，但依然需要一定的经验值。节目音乐的编排主要有以下几种方式：

---

① 以2005年数据为依据。

1. 同构式

20世纪20年代以后的半个多世纪里，在西方现代美学和心理学研究中，有一种学说叫做“同构说”，是指事物的运动或形体结构与人的心理、生理结构有相类似之处。比如一想到秋风、夜雨的情境，就会让人感到心境凄凉。广播节目中的音乐也会给予听众相似的“同构”作用。通俗地说，在广播音乐节目中，因为要渲染气氛，通常采用同构的方式——将欢快、哀伤、舒缓等音乐作用到听众心里并获得相应的传播效果。

2. 反构式

主持人在节目中运用同构式的方式设置音乐是一种非常“贴心”的行为，知其情绪而呼应之。然而，一些节目主持人偏偏要“反其道而行之”。与同构相反，这种方式叫做“反构”。事实上，“反构”也能获得审美愉快。比如，《超级女声》中的李宇春，中性的打扮与嗓音，与人们的日常审美习惯形成反差，反而受到追捧。在广播音乐节目中，为了舒缓听众烦躁、急促的情绪，可以放一些舒缓悠扬的音乐；而为了让某位发短信过来表达失恋情绪的听友振奋精神，主持人也许会为他放一首欢快的歌曲。

3. 平行式

平行式是指节目的音乐与语言呈流动、平行式的发展，彼此融合又恰如其分地统一到节目中来。这种音乐的设置与节目的内容是平行的，音乐的作用或为背景或为主题，持续前行。而节目的其他内容——主持人的语言、听众的热线等等皆与音乐平行进行，相互融合，氛围融洽。

4. 交替式

在某些音乐节目中,音乐与主持人的语言是交替进行的,主持人的语言或是对音乐的介绍,或是情感的抒发;音乐时强时弱,语言时现时隐在音乐的背后,二者的交织可增强听众的审美愉悦与听觉效果。

第二节　关键点

一、出卖音乐——音乐频率的市场营销

在广播节目市场化渐趋成型的今日中国,媒介既有着天然的公共服务职能,同时,其商业内涵也显现无疑。相对于其他广播类型而言,音乐频率最容易产生商业价值,并在文化市场中形成规模巨大的产业链。

1. 选准目标消费群

音乐频率是和录音工业、广告业及流行文化密切相关的,同时也是音乐频率联合音乐制作企业运作中的一个重要环节。因为电台所播放的音乐往往取决于音像商店的热卖品,而其消费者绝大多数是喜爱流行音乐的青少年。因此,青少年的流行趣味决定了音乐频率的节目内容趋向,也成为电台—听众—广告商—录音工业相互关系中重要的市场动力。

对于音乐频率来说,一方面要维持传统的"黄金受众",即以往广告商最为感兴趣的25～44岁的人群,另一方面又要将听众按照消费习惯和生活趣味进行细分,以便出售给不同的广告主

作为其诉求对象，即实现频率目标受众群体和广告商目标消费群体之间的有效结合。

2. 音乐频率与音乐企业联合

音乐频率与音乐企业的联合是一种必然的趋势，这种必然来自于盗版给予音像产业、使其销售额大幅度下降的压力。据国际音像工业联盟统计，2001 年全球有五分之二的音像制品遭遇盗版，全球盗版销售额为 43 亿美元，其中盗版 CD 增长了 3 倍，达到 4.5 亿片，占总体盗版光盘数量的 45%以上。另外，新的盗版形式——非法网络下载也很严重。

因此，为了扭亏为盈，音乐企业开始与媒介合作，寻求一种双赢的产业化发展之路。而音乐频率除了丰富的节目源之外，也在“音乐制造—流通—消费系统”产业链中充当了重要的角色。

此时，音乐频率成为最重要的宣传载体，音乐公司将绝大部分音乐信息发布机会寄托于此。另外，通过和音乐频率的合作，音乐公司开发了新的利润来源，比如付费手机铃声下载。值得一提的是，音乐公司也开始利用网络资源建立起自己的音乐频率，有了自己的音乐发布渠道。在网络音乐电台，音乐公司可以获得在线音乐下载费、网络注册费和订阅费等一些利润。比如音乐巨头华纳公司与 AT&T(美国电报电话公司)合股，在 2002 年第三季度推出了首个无线频道，发布华纳旗下几十个品牌的音乐资源，AT&T 的 2000 万名消费者可以用无线设备接收音乐、新闻、旅行信息、艺术家照片、音乐铃声和 CD 制品。华纳集团营销副总裁保罗・维迪克(Paul Vidich)说：“我们已经在网络上创立了广泛的产品推广平台和销售平台，华纳从前注重艺人，而现在我们投入了好几个无线项目。”

3. 跨媒体运营

除了广播，音乐频率的“能耐”还在于继续维持并拓展目标听众群，使广播受众变得忠实，而网络广播、纸制媒体、演出活动、手机媒体等跨媒体运营都成为其运筹帷幄的砝码。

通过跨媒体经营，节目资源得到了二次开发，广告经营也有了拓展的空间。不适合听的广告，如今有了“看”的平台。在网络电台中，受众群体的自由度无限扩大，一部分网民将网络电台设置为自己的网络伴随音乐，并乐于翻看娱乐、音乐资讯网页，成为音乐频率的目标消费群体。通过与电信的合作，音乐频率使受众的手机成为传递音乐文化的又一重要载体，资讯、音乐、铃声……音乐频率的媒介资源仍然起着重要作用。

音乐之声创办的杂志 *MUZINE* 在 2005 年 11 月刊中这样说：最开始，音乐似乎只是满足我们听的需要；而现在，视觉和声音的统一才成为大势所趋。

二、掌握音乐批评的话语权

音乐是思维着的声音，这种“思维”来自于音乐家对音乐的理解、对生活的感悟，甚至是其坎坷经历的写照。因此，当音乐主持人面对音乐时，表现出来的不应该只是麻木的播报和无关痛痒的介绍。好的音乐需要伯乐去发掘，听众也需要懂得音乐的主持人来告知他们音乐的真正价值。

音乐批评，就是在一定的世界观和艺术观的指导下，以音乐评介为基础，对音乐创作、音乐表演等音乐现象、观念所进行的

音乐之声创办的杂志 MUZINE

分析、阐释、评价活动。音乐批评包括现实音乐评论和音乐理论研究两个方面。[①] 对于音乐节目主持人来说，具备一定的音乐理论知识是其基本素养，只有掌握一定的音乐评论能力，才能够掌握音乐批评的话语权。然而，音乐评论能力除了对音乐知识要有所了解之外，还要具备以下才能：

1. 批评之责

音乐是一种文化，文化需要被监督、审视、赞扬或者重建。

---

① 引自冯效刚：《音乐批评导论》，安徽文艺出版社，2002 年版，第 31 页。

广播节目主持人在介绍音乐时，其实也是在传递一种文化。文化有一种极强的灌输力，好文化可以培育出好人、好风气；而坏文化若得以恣肆则后果不堪设想。同理，音乐文化也值得鉴别，广播音乐主持人在将音乐广为传播之前也要斟酌一番。

2. 体验音乐

广播音乐节目主持人要对音乐有一种深入的审美体验，而“体验”二字需要感受力与沉静的心态作为支撑。中国传统文艺理论讲求“入乎其内”者，方能“出乎其外”。所谓“出”，即在冷静的观照中理性地把握、评价审美对象；而“入”则是审美体验，是欣赏者全身心地投入到体验之中。

3. 点石成金

音乐批评的本质是一种审美创造。在广播音乐节目中，主持人需要对音乐进行二度创作。这种创作来自于主持人对音乐的理解、对人生的感悟以及联系现实生活给予听众的中肯建议。就像“点石成金”，听似平凡的一首乐曲经过主持人的点拨，就会尽显其深刻内涵。

4. 关注人性

“一切艺术都是创造出来的表现人类情感的知觉形态”，[①] 音乐也是如此。因此，当广播音乐节目主持人阐释音乐的时候，其实也是在阐释人性。对音乐或者对人性无深刻理解的人，无法掌握对它们的发言权。当然，对人性的理解也要客

---

① 引自苏珊·朗格：《艺术问题》，中国社会科学出版社，1983 年版，第 99 页。

观、合理、符合现实，和听众切身利益无关的人性论不会引起听众的共鸣。

附　个案分析

《音乐榜样》[①]

片头：欢迎收听由北京达人文化策划制作的《音乐榜样》。【音乐】（歌词：我的流行路标，我的非凡力量，音乐榜样，Music Model。）浪漫的、快乐的、收获的、生动的、惊喜的……）【音乐】我的流行路标，我的模范音乐！打破陈规，非凡力量！音乐榜样——流行，因我不同！	节目的片头音乐由主持人自编自唱，与节目的整体风格融为一体。
任冬：【掌声音效】好的各位，《音乐榜样》又准时出现在您的身边了。我是你的好朋友任冬，今天是8月份的最后一天了，明天又有很多上学的朋友要返回校园上课。我记得小时候一到9月1号就特高兴，因为新学期嘛，妈妈都会给买新的书包和文具，特美！不过明天要开学了，还是要提醒收听节目的学生朋友，开学还要把功课弄好，不要因为贪玩而耽误了学业哦！好了，进入今天的榜样地图。	从主持人的开场白就可看出该节目的受众群体主要面对学生。
片花：【音乐】（歌词：跟着感觉走……）停！现在谁还跟着感觉走啊，我要跟着榜样地图走！	榜样地图板块的片花设计与其意图吻合——即努力树立该栏目对于音乐评价的权威性。
任冬：走到哪儿跟到那儿，欢迎进入榜样地图。前段时间举办的"华语金曲榜夏日 Party"现在已经举行了，"十大金曲奖"由众多受到大家欢迎的歌手得到。虽然明星云集，但最引人注目的还是可爱的光良，凭借《童话》一曲获得上半年最佳感人 MV，他一出场呢台下歌迷的尖叫声也是覆盖了整个会场。自从"无印良品"各自单飞呢，光良和品冠都是一直走好男人的	

① 北京达人文化公司出品。该公司节目已覆盖全国105家电台。本书节选的节目为任冬主持，2005年播出。

形象，那光良的《童话》不仅获奖无数，而且唱片销量比较高了，在我们节目当中也是点播率相当高的一首歌。看来单飞之后的“无印良品”各自发展还真不错。

【音乐《童话》】

任冬：在下个月呢，陶喆会举办一场叫做“就是爱你——音乐惊奇之旅北京演唱会”。那这场个唱呢被誉为是下半年最值得期待的流行音乐演出，因为他代表了以音乐性占主导的商业演唱会模式的极致。那在演唱会的新闻发布会上呢，同属百代唱片的S·H·E录好了电视短片向师兄陶喆问好，Selina呢甚至大胆抛飞吻对偶像示爱。据说陶喆上海演唱会的时候呢小露了六块腹肌，在即将举行的北京演唱会上很有可能会脱掉上衣，而且他自己也表示只要北京歌迷够热情，他就会脱咯。我想歌迷一定会在现场对他喊：上衣脱掉！脱掉！上衣脱掉！【笑声音效】好了，相信陶喆不脱都难了。

《音乐榜样》主要以介绍流行音乐人物为主题。因此，关于歌手讯息的传递较为快捷。

主持人主持风格活泼，较为贴近“粉丝”状态，笑声音效也适时烘托了气氛。

【音乐《就是爱你》】

片花：最先锋的焦点！最具实力的明星！【出录音】所有《音乐榜样》的听众你们好！我是JJ林俊杰。大家好，我是范范……我是五月天。榜样人物，带你感受明星的榜样气概。

采访录音：【出录音：大家好，我们是Tension。

插入歌手的采访。录音使以音乐人物为主题的节目更加立体。

Tension组合的话题设置也较为贴近该节目的受众。

Jimmy：Raymond，在你念书的时候，哪一科是你最好的呢？哪一科是你最不行的？

Raymond：在美国的话，最差的应该是英文吧。因为英文读到12年级的时候和11年级比就比较难，主要是要读莎士比亚写的那种诗的那种书，看不太懂；最好的科目应该是数学。

Jimmy：真的吗？那么1+1+1+1+1+ +1等于多少？18。

Jimmy：John，那你的学生时代你哪一科是最好？哪一科是最坏的？

John：最好的是，很简单，就是那个，我乐团上的课，每天都要吹萨克斯，那个蛮简单，反正乐器就好了。最难的，应该是History吧，历史，因为我常常会忘记那种记年代的东西，太多背的东西。

Jimmy：那Brain呢？

Brain：我最不喜欢的课就是数学。

Jimmy：因为你常常借钱不还。

Brain：因为就是1+1+1+1还OK，但是有很多Calculate的，有A，B，C的我就会觉得蛮复杂。我最喜欢的课跟John差不多，就是乐团……Brain给同学坏榜样，我觉得Brain给同学留下了不好的印象。

Jimmy：那你呢？

Andy：那我在学校最爱的课其实是数学，因为我觉得不管怎么样都还蛮有趣的。

Jimmy：难怪你借钱都会还。

Andy：最不太会的课，其实有一个打球的课。我记得以前有一门艺术史的课，那门课我永远都记不得什么，因为我常常记得那些战争史啊，对于这个，真的不太懂。

Jimmy：我最专长的课其实是体育课，因为打球啊之类的，因为我喜欢运动。最不喜欢的课，Physics怎么写啊？物理。物理这一课呢，我常常书拿起来，想想还是放回去，放弃好了，打球去。【音乐】

片花：古代【鸽子咕咕叫的音效】我们用白鸽传递信息；现在【现代流行音乐】我们用榜样速递音乐。榜样速递，不一样的心情点播，一样的彩铃享受。

任冬：榜样速递，帮你速递不一样的心情，速递最诱人的享受。那在今天的榜样速递当中呢，我们依旧会把大家喜欢的彩铃音乐速递给每一个人。说到彩铃呢，论坛上很多朋友都问，每次听你们的节目都觉得音乐特好听，但不知道是不是彩铃。那我就告诉你，其实我们在这

采访录音的背景音乐为Tension的音乐。因为是以介绍人物为主题的节目，因此，在以歌曲穿插其中的同时，更多的是展现人物的多维信息。

“榜样速递”板块考虑到了三个方面的传播价值：音乐、时尚、商业价值。彩玲是众多电台与电信争相合作的增值业务，按理说，直播节目较为有优势，该节目以论坛的方式争取与听众互动。

个环节播放的好音乐呢都是个性的彩铃，我们送出的呢都是一个个免费的。所以在这个环节呢，你不仅能听到最时尚的音乐，还能够获得免费的彩铃。好了，今天第一个点播彩铃的是论坛上的叫做“左停右停”的朋友，他说他要点吴奇隆的《祝你一路顺风》送给自己，因为好久没听这首歌了，想回忆一下。正在收听的你是不是和他一样好久没有听到了呢？那就把这首彩铃送给刚刚的这位朋友。如果你想要把这首彩铃据为己有的话，别忘了拨打我们的电话喽。

【音乐《祝你一路顺风》】

【出录音】移动用户拨打 1259068880，联通用户拨打 10159066097，固话和小灵通用户拨打 116999885。

任冬：拨通它们按 9 号键就可以得到了。这首歌让我想到了大学毕业之后送好朋友去车站的情景，每次听到都觉得特感伤。但是想想虽然和好朋友分别了，大家以后会在各自的天空发展，说不定若干年之后再次重逢都已经有各自的海阔天空了。那论坛上有一位叫做“旭日辉煌”的朋友就要点这首《海阔天空》，他说是想听信乐团带给大家的《海阔天空》，送给他认识的所有朋友。那看来真的是朋友太多了，可能不是认识你的朋友都会听到你的这首歌，但是你可以把这首歌设计成手机彩铃，这样你的朋友给你打电话就可以随时听到了。很简单，记得我们 24 小时的专线电话——

【出录音】移动用户拨打 1259068880，联通用户拨打 10159066097，固话和小灵通用户拨打 116999885。

任冬：就是它们，拨通按 9 号键可以免费为你所有的朋友提供听到《海阔天空》的机会了。当然了，如果你想点播的话呢，能够登陆我们的网站论坛，www.showradio.cn/bbs/进入《音乐榜样》的板块当中把你想点播的信息告诉我们就可以了。

【音乐《海阔天空》】

片花:【音乐】(歌词:流行路标非凡力量,Music Model,音乐榜样。) 任冬:好了,在论坛上看见一个名字特有意思叫“西瓜爱 Smile”,他说要点一首《终结孤单》给一个叫龙子俊的笨蛋天天开心,日日飞天。什么意思啊? 你看给人家点歌还骂人家是笨蛋。“天天开心”我倒是明白,“日日飞天”我就理解不了了,不过看得出来是相当不错的两个朋友。好吧,五月天的《终结孤单》就送给哪个笨……,哦不,龙子俊。 【音乐《终结孤单》】	网络是一个更自由的世界,主持人应该具备对网友的语言的解释力、沟通力以及包容力。
任冬:好了,随着一首欢快的歌曲今天的节目就要和大家说再见了。唉,这么老土的词也会出现在我的节目里,没办法,编辑这么写,哈哈。好了,歌曲的名字叫《终结孤单》,但愿每天带给大家好心情。《音乐榜样》呢也会终结在快乐当中了。节目最后呢提醒各位,如果你想免费得到好听的彩铃的话呢,赶快拨打我们的专线电话—— 【出录音】移动用户拨打 1259068880,联通用户拨打 10159066097,固话和小灵通用户拨打 116999885。 任冬:就是它们,按 9 号键拿走属于你的免费铃声了。还有,如果你想给在身边或不在身边的朋友点播音乐彩铃的话呢,可以登陆我们的论坛 www. showradio. cn/bbs/进入《音乐榜样》的板块当中直接回复点播信息就 OK 喽。我是任冬,明天同样时间继续《音乐榜样》!	主持人敢于调侃,状态放松、老练。

第八章
广播戏剧节目的策划与制作

19世纪20年代，电台节目种类较为单调，主持人将音乐、新闻、谈话等声音元素进行简单的组合，所制作的节目并没有太高的艺术表现力，直到出现一种充满离奇与幻想魅力的节目形态——广播剧，广播节目才深深吸引住了人们的耳朵和神经。

1924年1月15日，英国广播公司成功地播放了史上第一部广播剧《危险》。该剧描写煤矿工人的一段井下历险，其惊险、迷茫、无助、恐惧的剧情以及为了救助他人而牺牲自己的情怀与行为，让收音机前的听众从心灵上感受到了焦急与振颤。随后，广播剧这种节目形式开始被越来越多的广播公司尝试，甚至使听众达到了“意乱情迷”的地步。

1938年10月，哥伦比亚广播公司推出了一部名为《星际大战》的广播剧。该剧播出后，引起了全国性的恐慌，人们以为世界末日到了，星际之间要开战了。这其中缘由除了广播剧本身可以激起人们的想象之外，更主要的原因是这部广播剧采用了以新闻播报的形式声情并茂地“宣布”火星人来了！《星际大战》的成功让人感叹广播剧的魅力，同时也引起了政府官员们的高度重视，随后便制定了“在广播剧中不能插入虚构的简明新闻”的戒律。

据目前查到的文字记载，中国最初的广播剧1933年1月20日刊登在《中国无线电》杂志上，剧名为《恐怖的回忆》，由上海广播电台亚美公司演讲部苏祖圭编写。剧情描写日寇侵占上海，上海市民家破人亡的悲剧。该剧对激发当时上海人民的抗日热情起到了一定的作用。作为一种文艺形式，广播剧随着中国的政治、经济、文化脉动而逐步发展，渐趋走向平稳和繁荣。[①]

第一节　工作流程

一、选择广播剧类型和表现样式

如何选择广播剧的类型和表现样式?

目前，广播剧的制作有两种考虑：作为常播节目参与广播节目运营；作为弘扬精神文明的产品参与"五个一"工程奖评奖，这类节目一般不参与广播节目的运营。前者创作方式灵活，类型多元，表现样式主要依据电台听众的喜好来确定；后者则以单本剧居多，表现样式以表现剧本主题和题材为重心。

1. 广播剧类型

广播剧从剧目播出方式上分三种类型：

(1)单本广播剧。单本广播剧的特点是"两个一"，即情节的单一和故事的单一。其可长可短，短至几分钟，长至几十分钟。如果是常播节目，一般以栏目时长来确定剧本时长。单本剧也可有上下集的，分两个时间播出。

(2)连续广播剧。连续广播剧的特点是"三个多"，即情节

① 以上史实参考朱宝贺：《广播剧编剧艺术》，中国广播电视出版社，2001年版，第2页。

多、人物多、集数多。

连续广播剧可以根据长篇小说改编或者自行创作。由于广播节目一般不能够重复播出，因此广播连续剧若想稳定听众群，并促使听众连续收听，首要的便是对广播剧节目进行在播宣传，提醒听众定时收听；其次，广播剧剧作本身也要强调“连续”的能力，即吸引听众延续收听的悬念设置问题。

(3)系列广播剧。系列广播剧是一种结构庞大的剧集群，分为两种：

一种是主要人物贯穿全剧，但每集的故事互不联系，情节独立，故事自成单元。

一种是主要人物可贯穿全剧也可每一集进行更新，剧情则各有不同。之所以可以成为系列，主要“纽带”为共同的主题。

2. 广播剧的表现样式

广播剧的表现样式多种多样，大体可以归纳为以下几种：

(1)话剧式。话剧式广播剧继承了许多话剧的特点：人物少、冲突尖锐、场景集中。此类型广播剧亦可被视为“情景式广播剧”，与时下流行的情景电视剧不谋而合，即在单一的环境下(多为室内)通过固定的人物(多为亲朋好友或工作伙伴)展开矛盾冲突。情景式广播剧对人物语言的表现能力要求较高。

(2)小说式。小说式广播剧可以充分展现广播剧的文学意味和意境美。其特点是较多利用剧作者本人的口吻进行描述，戏剧性未必强烈，但个人风格突出，较容易进行内心独白和情感抒发。这种表达方式日渐受到许多网友的喜爱，他们将自己的故事进行再创作制作成广播剧在网络上发布，成为网络广播剧的主要类型。

(3)音乐式。音乐广播剧顾名思义就是要用音乐为主要表现元素塑造人物、表现主题和展示情节。在音乐广播剧中，音乐不仅起着烘托气氛、连接剧情的作用，更多是作为内容和表现思想的要素。此类型广播剧多数以体现音乐人的经历为主线，以其音乐创作为音乐剧的主题音乐。

(4)电影式。电影式广播剧最突出的特色就是将电影艺术的表现手法移植到广播剧中，比如，经典的蒙太奇[①]表现手法。在广播剧中，可以通过蒙太奇表现手法的元素是语言、音乐、音响三种素材，将它们有机地加以组合，就会产生出不同的情节和内涵。

(5)诗剧式。诗剧式广播剧是从长篇叙事诗发展而来的。除了利用音乐和音效的表现效果之外，诗剧式广播还要遵循一些诗体的特征，比如押韵、对仗、排偶、比兴等诗的格式要求，而且在诗剧情节中仍然要按照戏剧的发生、发展、高潮、结局“四段法”来组织结构。

(6)戏曲式。戏曲广播剧的特点是将戏曲的表现手段融入到广播剧中。戏曲广播剧大多语言风趣、幽默、诙谐，具有浓厚的地方色彩。

---

① 蒙太奇是剪辑和组合的意思，在电影和电视剧制作中，按剧本或影片所要表现的主题思想分别拍成许多镜头(画面)，然后再按原定创作进行构思，把这些不同镜头(画面)有机地、艺术地组织、剪辑在一起，使之产生连贯、对比、联想、衬托、悬念、快慢不同的节奏等效果，从而有机地组成一部表达一定的思想内容、为广大观众所理解的片子，这些构成形式与方法统称为蒙太奇。

事实上，广播剧的样式并不排斥与其他艺术形式的兼容。比如，广播报告剧就是集合了新闻和戏剧二者的体裁特征而形成的新的艺术样式；原素材剧式即是用编辑录音采访的音响素材，经过选择剪辑组合而成的广播剧，它的特点是先大量地记录素材，然后再结构思路；此外还有音响效果式，即不用语言、音乐，或者不用语言，完全是用音响效果、音乐效果组成的剧目。

二、编剧

广播剧的编剧工作要考虑以下创作元素：

1. 主题

文如其人，一部广播剧作品同样可以反映出作者的世界观以及精神境界。主题是否正确、深刻、有没有社会价值，会直接关系到一部广播剧的思想内涵。因此，作者在创作之初就要考虑到两点：主题是否鲜明以及主题是否深刻。

鲜明的主题往往用一句话就可以概括，但不一定在剧中直接说出来，要学会利用人物性格的鲜明、情节的典型性等塑造鲜明的主题。

生活是复杂的、富有哲理的，广播剧作品是生活一隅的写照，主题的深刻与否可以直接体现作者观察生活的能力。如果一部作品只满足于停留在事件表面的陈述而不深入其中探求其根本，那么这部作品肯定是一部缺少艺术生命力的作品。

目前，很多网络广播剧倾向于自我情感的宣泄和展示，对于主题是否鲜明和深刻考虑很少。对于这一点，可以采取开放自由的政策，如果作者本人的创作目的着重于“记录”而不是“艺术创作”，则无可厚非；如果是为了进行艺术创作，就要严格按照戏剧艺术的创作要领严格要求。

2. 题材

文艺作品的内容包括它所反映的客观社会生活和它所体现的作者观点两个方面，也就是题材和主题思想。

广播剧的题材基本上有以下几种类型：现代题材、历史题材、少儿题材、科幻题材、寓言题材、童话题材、传说题材、外国题材等。题材的选择往往要依据所要展现的主题来决定。主题好比灵魂，而题材是塑造灵魂的方式。作为声音艺术的广播剧，在题材的选择上有很大的优势，恰恰是因为不需要用画面展示情境，因此，通过声音就可以驰骋万里了，时空的自由让广播剧在题材选择上充满了创造力。

3. 素材

素材的来源主要通过两个渠道：一是作者对生活的直接感受和积累；二是作者根据作品的需要而进行的针对性资料收集。前者被称为直接素材，后者被称为间接素材。

取得了素材并不等于拥有了戏剧。艺术必须高于生活，素材必须经过提炼、修正和压缩使之戏剧化并经过创作者的二次创作才能称之为戏剧。

4. 人物

广播剧的人物依据其角色分工不同可以分为主要角色、重要角色、次要角色、群众角色以及解说角色。一些编剧技巧认为：主要角色应是心理人物，可以展现灵魂深处的人物；重要角色应是性格化的人物，既要展现人的共性，同时更要展现人的个性；次要角色是类型人物，其共性要大于个性。

广播剧的人物不能过多，以免给听众收听造成困难，主要角色以不超过5～7人为宜。

5. 情节

戏剧的情节结构可以用下图表示：

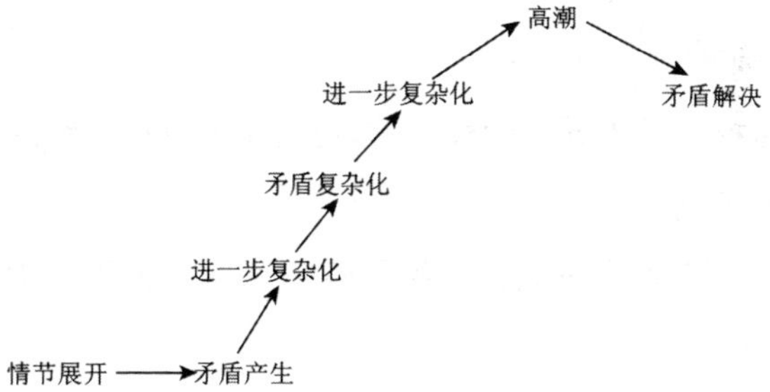

可见，矛盾冲突是情节发展的动力。除此之外，我们也应该认识到，在情节展开部分，事件应是情节的起点，人物关系是情节发展、矛盾冲突展开的重心，而人物的性格则是情节得以发展的核心。在广播中，为了弥补无视觉形象的缺陷，经常利用话外音作为弥补，使情节得以连续发展。

6. 长度

一部或一集广播剧要多长，往往要配合电台的整体规划。按照目前电台的播出格式来看，倾向于短小精悍的广播剧形式。如果是广播连续剧，那么每天20～30分钟最为适宜。

7. 其他细节

细节决定成败，比如，在改编别人的著作时，要注意版权和著作权的问题，在内容上避免侵犯他人的权利。在创作中保持严谨的态度，注意历史、地理、法律、风俗、科学、民族、宗教等方面的考据以及其正确性，避免错误。

三、修饰剧本

在修饰剧本阶段，不仅要明确细节和纠错，同时也要有意识地标注表演细节，制作导演工作本，做好排练的前期工作。

1. 阅读分析剧本

广播剧在进入导演阶段之前，要对文本进行仔细的分析，以确定以下事宜：

■这部广播剧是正剧、喜剧还是悲剧？究竟是什么打动了你？

■剧本把你的思绪引向何方？它在你心目中唤起什么样的愿望？剧本提出了什么问题？又是如何解决的？

■剧本哪些场面最为经典？哪些人物给你留下了深刻的印象？哪些人物形象不够鲜明？

■这部剧有什么明显的优缺点？

有了以上的印象，便可以对剧本进行二度修改，使其更加完美、紧凑。

此外，除了获得一些印象之外，更重要的是明确以下信息：

■剧作的主题是什么？体现什么样的主题思想？

■主要事件是什么（只有明确了主要事件，才可以进一步弄清楚矛盾冲突、情节发展的原因以及深入了解剧情、人物思想等）？

■轴线是什么(轴线的抓取可以根据情节、矛盾冲突的发展脉络来获得)?

■结构是怎样的(广播剧是不受时空限制的剧种,在结构形式上有线性的、时空交错的、心理的、板块的等等)?

2. 制作导演工作本

导演在选择演员和进行正式排练之前,要做一些文案工作,这其中包括以下内容:

(1)撰写导演阐述。包括分析剧本的主题思想、人物形象、对剧本中人物声音形象造型提出处理意见,对参与艺术创作的配乐工作者和音响效果艺术工作者提出要求,使各部门都能够了解导演的创作意图。

(2)撰写排演计划。包括如何进行分场,如何进行场景的转换,如何将重场戏加以突出,如何处理节奏和速度、渲染气氛以及如何设计演员的调度等。

这些信息,导演要把它们落实在文字上;也可以设计分场次演出本,一目了然。

四、选择演员

广播剧导演在修饰剧本的过程中就要考虑到剧中人物音色定位的问题,音色与性格的吻合是导演时刻要把握的重点。在挑选演员的时候,要注意以下几点:

第一,各演员间的音色不可太过接近或者类似,以免增加听众对人物声音的辨识难度。

第二,尽量通过麦克风来确定音色,选择角色。

第三，注意寻找那些本色演员，但声音尽量具有独特之处。

第四，演员音色必须与剧中角色的性格相符。

第五，避免一人分饰好几个角色，主要角色应禁止兼声。

第六，解说员的声音要富于戏剧感，不能呆板。

五、组织分工

一个广播剧剧组至少有以下几种工作角色：

- ■导演——负责场面的整体调度，演员的情绪设计，音乐、音响效果的设计与指导以及后期制作的效果督导；
- ■配音演员——按照剧本的角色设计投入情感，用声音塑造人物；
- ■音乐音效设计师——在导演的指导下，制作或者选择适合剧情发展需要的音乐、音响效果；
- ■录音师——按照导演的意图将语言、音乐、音响效果录制在存储设备上；
- ■后期制作技术人员——将录音师整理存储后的素材进行线性或者非线性的剪辑，有时在后期制作过程中可以通过计算机软件进行效果的进一步处理。

六、排练

排练可以分粗排、细排。

1. 粗排

在粗排中首先要抓住全剧的主线，围绕主线的主要事件，让演员亲临其中，勾画出戏剧冲突、人物关系和人物性格特征的轮廓。

2. 细排

在细排中要注意以下四个方面的工作：

（1）进行细部刻画。聚焦那些可以表达人物思想活动的台词，深入理解台词后面的思想，再现人物的灵魂和鲜明的个性，充分利用语言的力量使人物更加饱满。

（2）让角色之间的感情互动起来。演员在准备台词时，大部分是独立进行的，因此在彩排时要进行互动式的排练，让演员跟剧中人物的感情融合起来。

（3）确定台词录音的层次。在每一个剧目中，对声音层次的处理方法虽然不同，但原则是一个，就是要达到展示剧情、刻画人物、表达主题的目的。一般是按照远景、中景、近景、特写的方法处理。

（4）确定台词的节奏。冲突应有张弛急缓，声音应有强弱主次，这些都是广播剧节奏的一部分。通过掌控节奏的高低起伏、强弱张弛，可以激发听众的情感共鸣。

七、音乐、音响效果设计

1. 音乐设计

音乐设计有两种形式：作曲和配乐。

配合广播剧的剧情专门作曲是较完美的一种办法，因为它可以最大限度地将乐曲与作品的精神合二为一。然而，专门作曲的成本较为高昂，所以，此种形式并未得到广泛采用。

配乐则是根据剧情的发展，充分使音乐再现声音表情的魅力，尽可能使语言和音乐能够完美地融合在一起。同时，音乐的类别要一致，比如将通俗音乐和严肃音乐混为一谈就很容易让人觉得风格不定。再者，应避免使用人人熟悉的音乐，因为这容易使听众的注意力转移到音乐本身而忽略剧情，同时，也容易使听众滋生其他幻想而逾越剧情之外。最后，要注意避免音乐过长，以免冲淡剧情。

2. 音响效果设计

在广播剧中制造音响效果可以通过三种方式：寻找音效资料、录制真实音效、制造模拟音效。资料性的音效是已经录制好的音效，比如风声、雨声等大自然的音响、动物的叫声等。但为了追求更逼真的效果，往往会进行现场录音。除此之外，还可以通过一些道具的使用制作模拟音效，达到以假乱真的效果。

八、录制

由于非线性后期制作可以将不同的声音素材进行重新组合与剪辑，因此，在录制广播剧的过程中，并不需要全员到齐，语音、音乐、音响可以分开录制。这样做不但节省时间，还可以防止工作人员互相干扰。

录音的方式有三种：单声道、立体声以及实地录音。单声道录音的好处在于能够比较简洁地把剧本的内容录制出来，剧作的节奏也比较好把握和控制；立体声录音则要复杂得多，在创作广播剧之初，剧本就要将立体声的要素、特点考虑进去，而且要设计剧中每场戏的场景草图。实地录音的好处是演员可以不受空间的限制，融入自然环境中去，更能入戏。不过这种方式对录音设备的要求较高，对场地的安静度也有苛刻的要求。

九、后期制作

目前，大多数电台在制作节目时采用了非线性的制作方式，即采用音频工作站的方式进行数字剪辑，这为广播剧的后期制作提供了方便条件。同时，音频工作站的某些软件也可以制作一些特效。在后期制作过程中，技术力量虽重，但亦要重视构思，这是将一切声音素材诉诸整合的关键一步。

第二节　关键点

一、场景设计与转换技巧

广播剧的场景转换是结构布局的重要一环。广播剧的结构布局就是对情节进行安排；而广播剧的场景设计与转换，就是运用艺术构思将一个个情节串连起来。因此，用什么形式、什么艺术手段串连情节就成了学问。人物在规定情境下发生冲突，显示其性格，情节由此展现，人物关系开始变得复杂，场景的转换在处理人物矛盾过程中大显身手。

场景大体有两种分法：一种是以时间和地点为转移，戏集中在一时一地，时间变了，地点变了，场景也就随之转换了；另一种是以戏为单位，在一场戏里，可以转移几个地点，甚至时间也有所改变，直到这场戏可以告一段落为止。一部广播剧就是由一场一场的戏像链条一样连接起来的，一环扣一环。它们之间既要有连贯性，同时也不能缺少逻辑关系。

在广播剧中，对于场景的描述也要通过一些切实可行的办法，比如可以用音响效果来暗示；也可以用表示环境气氛的对话；此外，用解说词进行旁白说明也不失为一个好办法。但最重要的是，场景的转换要显得自然而有美感。以下技巧是经常用到的：

■运用语言转场；

■运用音乐转场；

■运用音响效果转场；

■综合转场；

■渐隐、间歇、渐显的转场；

■意识流的转场。

我们试举一例说明：

由于迫不得已，一对恋爱中的男女即将在机场分手，女的要飞往美国，男的则要留下来，二人依依不舍。

我们现在的问题是：如何表现二人从机场分别到身处两地的情境。

1. 用语言

（第一场景）

女：（有些哽咽得说不出话来）我就要走了。

男：（忧伤地）到了美国要记得写信给我。

（第二场景）

女声旁白：这是我来美国所做的第一件事，就是写信给你……

可见，通过对话以及解说词的方式实现了异地之间的转换。

2. 用音乐

（第一场景）：同上，二人从机场分别。

（第二场景）：配上地道的带有美国风格的爵士乐，令听众想象到女的已经到了另一个国度。

3. 用音效

（第一场景）：同上。

（第二场景）：配上飞机的轰鸣之声，声音渐远。

因为音效往往具有象征性，因此可以轻易地实现场景之间的转换。

4. 综合转场

综合转场即是将解说、音乐、音响效果多种方式结合起来。这样的转场会更逼真，艺术效果更丰满。

5. 渐隐、间歇、渐显转场

在综合转场的基础上再加以对前场戏的弱化，加入短暂间歇，使后场戏淡入，这是较为精细的做法。

女：（有些哽咽得说不出话来）我就要走了。

（一段带有离别伤感的音乐悠然而起，在机场的大堂回旋。）

男：（忧伤地）到了美国要记得写信给我。

（音乐声渐淡，飞机起飞的轰鸣声。之后渐隐，像是飞向了远方。）

（短暂的间歇与空白之后，一段美国风格的爵士乐响起。）

女声旁白：这是我来美国所做的第一件事，就是写信给你……

二、广播剧的录制

广播剧的制作是技术性与艺术性紧密结合的工作。录音师除了要掌握电声技术，同时也要掌握播音室的声学特点，熟知传声器、录音机、调音台以及声处理设备的基本工作原理和操作使用方法；在录制技术方面还要具备丰富的识音经验和较高水平的复接技能。除此以外，还应具有文学、音乐的基础知识和良好的艺术修养才能够优质高效地完成广播剧的录制任务。录音师在广播剧的录制之前，首先要认真阅读剧本，分析人物性格、空间环境、场景变换、特殊音响和表现手法，了解导演的艺术构思，提出自己的艺术构想，力争在现有的设备条件下，最佳地发挥各种技术手段，以期创造出美妙动人的音响效果，增强艺术感染力。

1. 立体声广播剧的声向位置设计

立体声广播剧的技术特性是：声音有方向感，有展宽度、纵深度；升降位置可以随着剧情发展而变动；在听众面前能够真实地整体再现声音场景。所以立体声广播剧比单声道广播剧具有更好的现场感。

立体声广播剧声向位置的设计直接关系着立体声技术特点是否能得到充分的发挥，艺术效果是否能得到最好的体现。因此，对广播剧的场景的声向设计要做到位置清楚、准确、路线合理，自然、充分地发挥和体现立体声技术的展宽度、纵深度和总体效果。

立体声声向位置的设计大致有以下几个方位：纵向三个——前景、中景、后景；横向五个——中间、中左、中右、左边和右边；外加两个扬声器。

2. 选择最佳的混响时间

播音时的混响时间直接关系着广播剧不同音响的录音质量。录音前，首先应根据剧本对环境音响的要求，利用播音室的幕布和活动吸音材料等设施，调整最佳的混响时间。播音时原设计的混响时间是0.6～0.9秒。录取广播剧的室外环境音响时，要选择短混响时间，一般在0.4秒左右。可以用活动的吸音屏风隔成小间进行录音。广播剧中的厅堂、会议室等不同环境音响的录音，要选择长混响时间，可以通过减少使用播音室、活动幕布等其他吸声材料进行调整。

3. 传声器的选择和使用

传声器是一种将声信号转换成相应的电信号的电声换能器，俗称话筒。传声器的种类很多，常用的有：动圈传声器、电容传声器和履带传声器。不同类型的传声器有不同的电声特性，因此，对传声器的选择和使用直接影响到录音的质量。在广播剧的录音中，要根据不同的角色和演员本身的声音特点选择传声器。

使用传声器时应注意以下几点：

(1)传声器的指向性。为了防止外界噪声和减少室内外的反射声，室外环境音响和解说词的录音应选用单指向性传声器，以保证声音的清晰度。

(2)传声器的音质切换。专业用的高质传声器具有适用于音乐与语言用的音质切换装置。录音时,要根据演员的声音特点和塑造的不同角色的特点切换使用。

(3)传声器的距离。在录制台词和解说词时,传声器和声源的距离从嘴边算起,一般在20～30厘米左右。广播剧因为剧情的需要,台词声音的动态范围比较大,小到耳语,大到高声呐喊。这时,演员应根据声音的强弱,适当地调整声源与传声器的距离。

4. 音响的采录

广播剧中的音响,是指除语言、音乐之外的一切声响。作为背景声的各种生活环境人声和音乐,还有经特殊处理的效果性语言,也都划归于广播剧音响。广播剧音响大致分为两种:一是现实的、有声源的客观音响,如风雨声、鸟兽的叫声、人动作的声音等;二是非现实的、无声源的主观音响,指人物内心想象或感觉到的世间不存在的、抽象的、人为制造出来的一切声响,如幽灵声、宇宙声等。音响不但能真实地再现生活,表现时空,而且还能表现主题,烘托气氛,刻画人物的心理活动。广播剧是一门纯声音艺术,音响作为广播剧的三要素之一,有着不可替代的作用。

那么,如何对音响素材进行选择与加工合成呢?首先是考证,这是对音响素材选择的第一步,因为不同国家、地区、时代、季节的音响素材千差万别。一般来说,为了取得更加逼真的效果,音响素材往往是被分解录制的。比如,录制一段汽车行驶的声音,就需要有车笛声、制动声、熄火声、行驶声等,有了这些声音素材，在制作广播剧时就可根据具体剧情进行合成。

过去，音响的加工合成往往是运用线性编辑的方式，与节目同期合成。有了非线性编辑软件之后，音响效果可以进行随意组接，与语言、音乐等声音分期制作最后合成。在合成时，一些特殊的效果需要用效果器进行处理，比如混响声、变调声、震音等。效果器分硬件和软件形式两种，其中，软件较为实用和经济。

音响的采录分为两种形式：拟音以及采录现实音。

对于拟音，最重要的就是分析剧本，努力让采录的音响效果与剧情相吻合。比如录制脚步声，行走者的体态、年龄、情绪等都要在音响效果中体现出来。这就需要录音师不仅知道怎么录，更要掌握音响美学知识。此外，录音师观察生活的能力也很重要，这对于发掘音响效果的表现力很有帮助。

对于采录现实音，有以下几点要求：

第一，根据所录音效选择话筒的类别。

第二，选取最佳的位置摆放话筒。比如录制公路车声，如果在公路弯道内侧设置话筒，就会录出“远—近—远”的效果。

第三，录取自然声响时要注意观察。比如录制下雨声，话筒在伞下，可以录到雨点拍打在伞面的声音；话筒置于屋檐下，可以录到雨滴的声音等等。

第四，流动录音时，通常要选择小巧方便的盒式录音机，启动限幅器，以限制信号的动态范围，适应特定的技术要求。

三、广播剧的衍生产品——网络广播剧

对于广播剧来说，调频广播技术让声音美感和音效穿透力

实现了较为完美的再现。进入 20 世纪 90 时代，网络及相关衍生品让广播剧无论是在受众群还是在节目内涵方面都有了更大的拓展空间。

网络的概念始于 1962 年，美国麻省理工学院教授李柯利德(J. C. R. Licklider)首先提出了“银河网络”的概念，旨在任何人在其所在地，都可经由全球的连接方式迅速获取需要的资料。1991 年 8 月，蒂姆·伯恩纳斯·李(Tim Berners Lee)设计出了全球资讯网，网络的实施正式成形。网络信息的集辑使其日益成为不可小视的重要媒介之一。随着科技的发展，音视频资讯被大量上传，从而使网络信息形式的多元化造就了多类型的媒介衍生品。网络广播剧即属其一。

网络广播剧的概念有广义和狭义之分：广义的网络广播剧指借由网络媒体可提供播放或下载的广播剧类型；狭义的网络广播剧指专为网络媒体设计和制作的广播剧。前者使网络的载体功能凸显，后者使网络之于其他媒体的差异性凸显。本文主要探讨狭义的网络广播剧，以示其本质属性。

在我国，网络广播剧的承载者多为私营娱乐类网站，网络的私密性和互动性使网络广播剧中隐秘情感题材居多，大多迎合了网民的普适性趣味以及不同网民在论坛中接龙式创作的互动性等特色。

一些网络运营商看准了广播剧的市场前景，纷纷以其充实自己的网络内容，借此来吸引网民的眼球。广播剧《装在手机里的爱情》就是主营即时通讯业务的腾讯科技(深圳)有限公司为其 QQ 语音剧场度身订做的。上线不到 3 个月点击率即超过了

100万人次！作品主要通过百里奚、野露、狂魔、沧海一粟、Ramy等几个主要人物，演绎都市中一场错位的爱情，展示了现代爱情的一幅幅时尚画卷——笔友、网友、手机聊友，见证了一个又一个时代的爱情方式，是一部迎合现代年轻人爱情模式的广播剧。

与此同时，Flash编辑软件的诞生又给予了广播剧另一广阔的发展空间，Flash在英文中的意思是“闪光的”，是Macromedia公司开发的动画编辑工具软件。Flash软件可以用其生成动画，还可在网页中加入声音。渐渐，热爱Flash制作的人们逐渐形成了“闪客”部落。他们将动画、音乐、故事等艺术元素有机地结合在一起，形成具有独特风格的Flash文化。闪客们在创作网络作品时经常会运用戏剧元素，音乐、语言、音响的配录让他们创作出了特有的网络戏剧产品——Flash广播剧，因其动画特质，也被称为动漫广播剧。

Flash广播剧的出现具有革命性的意义，它打破了音视频的界限，将广播剧的概念进行了扩容。从此，以声音艺术魅力著称的广播剧又添加了一种艺术元素，即动画。需要强调的是，保守主义者会坚持广播剧应是完全音频的定义，但是对于网络来说，任何的限定都是与这个信息杂糅的社会相违背的。

目前，Flash广播剧的题材多样，以网站性质、网友喜好为准则（见下图）。

此外，Flash与广播剧的结合有着多种商业价值。其一，在包容动画界面的前提下，Flash广播剧的播放载体有了新的突

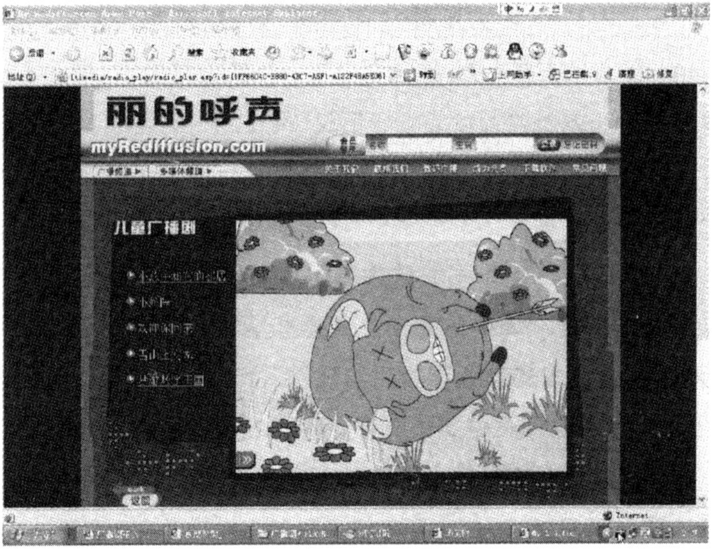

儿童 Flash 广播剧

破，广播剧的生存状态有了“柳暗花明又一村”的转折；其二，Flash 广播剧的出现让众多动画片公司深感动漫音乐的魅力，纷纷出品动漫广播剧 CD，让动漫产品产生又多了一个附加价值。事实证明，动漫广播剧 CD 的卖点非常看好，从易趣网站的广播剧商品门类分析显示，其所售 33 件广播剧作品中有 32 件为动漫广播剧。[1] 以供求准则来看，动漫广播剧的市场不可小视。

① 引自 2005 年 5 月易趣网络。

附　个案分析

《走进罗布泊》[1]

【音乐】男声：广播剧《走进罗布泊》。编剧：赵耀民；导演：雷国芬；作曲：赵光。 场景 1 【直升机的盘旋声】 【对讲机里的对话：基地呼叫，基地呼叫…… 一号报告：没有发现目标。 二号报告：没有发现目标。 三号听到没有？三号听到没有？三号，基地呼叫……】 飞行员：三号听到，三号听到…… 【对讲机里的声音，焦急地：发现余纯顺了吗?】 飞行员：没有。 【对讲机里的声音：你的高度?】	本剧以探索性的形式、抒情性的风格、哲理诗的语言、时空交错的手法、声音蒙太奇的表现手段，将现实、回忆、梦幻完美地融合在了一起，展现了主人公的几个人生片断。
飞行员：80 米。 【对讲机里的声音：降到 30 米，做地毯式搜索。】 飞行员：明白。 【直升机下降的声音】 【对讲机里的声音：一号明白。二号明白。四号明白。 ……直升机渐渐远去的声音……一片死寂。】	场景 1：通过直升飞机飞近、盘旋、飞远的音效营造搜索环境。
场景 2 【一个男人的喘息声。沙土中沉重的脚步声，拖曳着、踉跄着……】 余纯顺：热……热……我迷路了……不能倒下……不能倒下。	在场景 2 中，主人公“先声夺人”，用代表其独特处境的音响和语言戏剧性地勾勒出了自己的生存状态。 水，是连接两个场景的关键要素，通过水滴以及河流的音效，

[1] 该剧获 1997 年中国广播剧奖一等奖，上海人民广播电台录制。个案分析参考杨树华文章《回顾〈走进罗布泊〉》，《中国广播》1999 年 9 月刊。

【倒下的声音。喘息。】

余纯顺：好热……要熔化了……不！起来……站起来……

【又一次倒下的声音】

余纯顺：不，起来！叫你起来！说话，说话，说话，不能失去知觉，不能昏迷，决不能。水，水，水，水，水……

时光回溯至主人公健朗的时期，并在对话中介绍了主人公的身份、性格、来历、目的。

场景3

【叮叮咚咚的水声，如梦如幻……水声大了，如一条小溪在流；水声更大了，是瀑布；河边的泼水声，夹杂着一群姑娘的笑声。】

姑娘甲：嗨，有人在照像！

【姑娘们的嘻笑声。划水声。】

姑娘乙：喂，你干嘛照像？

余纯顺：这儿的风景太美了。

姑娘甲：你从哪儿来？

余纯顺：上海。

姑娘乙：上海？那很远很远。

余纯顺：是很远，4000多公里吧。

姑娘丙：你坐飞机来的吗？

余纯顺：不。

姑娘丁：坐火车？

余纯顺：不。

姑娘丙：汽车？

余纯顺：我是走来的。

姑娘甲：走来的？

余纯顺：对。徒步走来的。

【姑娘们大笑。划水声。】

姑娘甲：他在吹大牛！

余纯顺：我不吹牛。我准备花10年时间走遍中国。

姑娘们纯真的话语勾勒出了主人公非常人的特质，为剧作进一步塑造其性格埋下了伏笔。

【笑声】

姑娘乙：这人真怪！

姑娘丙：他在吹牛！

姑娘丁：他是个疯子吧？

【笑声、划水声远去。】

余纯顺：（自语）也许吧。【笑】

【拖拉机停下的声音】

小伙子：嗨，这位大哥，你真的是从上海来的吗？

余纯顺：对。

小伙子：那你说句上海话听听。

余纯顺：（用上海话）神经病。

小伙子：什么意思？

余纯顺：疯子。

小伙子：（笑、模仿）神经病。

余纯顺：（纠正他发音）神经病。

小伙子：神经病。

【两人哈哈大笑】

小伙子：上来，老哥，我带你一段……

余纯顺：不，我自己走。

小伙子：那……一路走好。

余纯顺：谢谢。

【拖拉机远去的声音】

通过与路人的对话，强化了主人公的两个信息：疯子印象、旅行者。

这对于只能通过声音表现的剧作来说，适当的强化是必要的。

拖拉机音效属于无特征音效，因此，“大哥，你上来吧。我带你一段。”起到了指示的作用。

场景 4

【一台老式座钟的嘀嗒声。旧板床发出有人翻身的吱嘎声。那人下床的窸窸窣窣声。木拖板鞋的声音。开窗声。】

余父：（吓一跳）谁？

余纯顺：我。

余父：你怎么还不睡？一个人坐在屋顶上干什么？

余纯顺：我……不想睡。

余父：快下来，睡觉！明早还要上学。

【倒水、喝水声】

余纯顺：我不想上学。

【茶杯重重地放桌上】

余父：放屁！（停顿）为什么？

余纯顺：（停顿）人家都骂我……

余父：骂你什么？

余纯顺：（停顿）骂我是神经病的儿子。

“神经病”又成了连接两个场景的关键词。通过一对父子的谈话，听众可以隐约感受到主人公余纯顺的内心世

【沉默。又响起倒水、喝水的声音】

余父：这算什么骂？你娘是有神经病。快睡吧。

【木拖板鞋响了几下】

余纯顺：爹……

余父：（停住）啊？

余纯顺：世界为什么这么小？

余父：什么？

余纯顺：一生一世就在一个地方，就在这么小的房子里……

余父：瞎讲。世界大着呢，天地大着呢。

余纯顺：真的？

余父：当然是真的。等你长大了，你可以去很多地方。好了，别再七想八想了，快下来睡觉！

【木拖板鞋走开声】

余纯顺：（喃喃自语）天地究竟有多大呢？

【表现广袤无垠的大地与天空的音乐】

【站在山顶上的呼喊：嗨——嗨嗨！】

【山谷的回声：嗨——嗨嗨！】

【音乐渐渐舒展开来，像海潮般涌来，又退去。】

界——想要徒步走世界的他，儿时便有这样的心理基因。“天地到底有多大”与此时进入的代表幻想、未来的音乐以及孩子的呼喊声融为“幻想、希望”的整体。

场景5

【错落的碰杯声、倒酒声，夹杂着一群年轻人的说话声。】

男友：干、干，干了它！

诗人：不、不行，我不能喝酒……

女友：“李白斗酒诗百篇”。你这诗人，怎么连一杯酒都不喝？

诗人：我不是李白。

男友：哎，你的那篇小说发了吗？

女友：编辑说还要改……

男友：都改了十七八遍了！

女友：托尔斯泰说，小说不是写出来的，是改出来的……

诗人：你不是托尔斯泰。

对话是使主人公有机会直抒胸臆的最佳方式。在这一部分，听众得以了解部分关于主人公的最关键信息：余纯顺的家庭情况、余妻与他在事业理想上的矛盾，余纯顺的志向以及成年后关于志向的解读。

男友：嗨，余纯顺，最近在看什么书？

余纯顺：最近要应付考试，没看什么好书。

女友：怎么，读夜大也要考试吗？

诗人：废话。夜大学也是大学啊。

男友：白天上班，晚上读书，你真够辛苦的。你老婆没意见吗？

余纯顺：她也要读书。

女友：她也想读中文系？

余纯顺：不，她想学日语，她想去日本留学。

男友：千万别让她去，除非你准备好离婚！

女友：你怎么尽往歪路上想？

男友：真的！何况他们还没孩子……

余纯顺：我怎么能不让她做她想做的事呢？再说，人也有自己的计划。

男友：原来如此，都同床异梦、各怀鬼胎了……

女友：你别老打岔！余纯顺，快说说，你有什么计划？

余纯顺：我想在不远的将来把中国这本“大书”全部看完。

诗人：什么意思？

余纯顺：一个国家好比一本“大书”，每个地方是书的一页，一个人如果只在一个地方生活，等于只看了这本书的一页，其实这本“大书”的每一页都很精彩。古往今来，多少仁人志士都梦想把这本“大书”看完，像明朝的徐霞客走了半个中国，写了《徐霞客游记》；汉朝的张骞出使西域，开通了丝绸之路；唐僧取经，从长安一直到达印度。但迄今为止还没有一个中国人把这本“大书”的每一页都看下来。

诗人：怎么，你想游遍全国？

余纯顺：是的，而且“孤身徒步”。徐霞客走了半个中国，要超过他，只有用对等的方式：走！

【很长时间的静场，只有低低的背景声。】

女友：余纯顺，我觉得只有你能完成这个计划！

男友：阿余，我希望你老婆赶快去学日语。

场景 6

【直升机的飞行声】

飞行员：三号呼叫基地，三号呼叫基地。

【对讲机里的声音：基地收到，基地收到。】

飞行员：报告，燃料快用完，请求返航。

【对讲机里的声音：准许，立即返回。】

【直升机渐渐远去】

飞机螺旋桨的音效代表了一种转向现实空间的符号，救援人员与基地人员的对话给予听众一个信息——余纯顺的获救产生了难度。

场景 7

【汽车在沙漠里的行驶声、风声。】

搜索队员甲：（喊）余纯顺——

【风声】

搜索队员乙：（喊）老余——

【依旧是风声】

搜索队员甲：赵工，咱会不会找错了方向？

赵工：应该没错。看，前面就是为老余埋了食品和水的地方。去看看，他有没有取走。

搜索队员乙：小张，开快些！

【汽车加速声】

【风声】

赵工：停！停！

【众人打开车门，跳下车的声音、跑步声、挖土声……】

搜索队员甲：东西还在，他没来过！

【（沉重地）他肯定是迷路了！风声】

搜索队员乙：怎么办？

赵工：沙暴要来了。

搜索队员甲：什么？

赵工：大家快上车！

搜索队员乙：可这儿……

赵工：留个字条，万一老余找到这儿，让他在原地等我们，千万别走开！

【风声】

赵工：上车！

【跑步声，关车门、汽车引擎的呼啸声、肆虐的风声。两种声音像在赛跑……】

赵工：停车！熄火！关紧窗户！下车！

场景 7 语言零碎，由风沙声和汽车声把戏贯穿起来。此处的音效在录制时分为以下几个部分：其一，汽车从开到停是一块，把汽车的方向路线长短做好，汽车上的人声合上去；其二，下车查看是一块，把人声和跑来跑去的脚步、挖土声做好；其三，上车到下车钻到车底下去是一块，当中汽车有发动、行驶和刹车，人有喊叫和动作；最后，将三块戏连起来，把风声加进去。

【一阵忙乱声……】

赵工：快！大家躲到车底下来！

【互相间的喊声。沙暴声淹没了一切，归于寂静。】

音响与音乐再一次被用作转场。

余纯顺：我在哪儿？我这是在哪里？水，水，给我水，我快干死了，水，给我水！

场景 8

【一个女人的啜泣声。许久，响起一个男人的叹气声。】

女人的抽泣声由远及近，是一种转场。

余纯顺：别哭了。医生说，休养两年，还可以怀孕的。

余妻：不……我想好了……纯顺，我们离婚吧。

【沉默】

余纯顺：非要这样吗？

余妻：本来想有个孩子就能拦住你，就能过正常家庭生活，可没想到十月怀胎，生下来的是死胎……这是天意！现在，没人拦你了，你想做什么就什么吧，我也想走自己的路了。

婚姻，也成为余纯顺奔向理想的“绊脚石”，而这块“绊脚石”终于在无奈之中消失了——为了理想，余纯顺失去了婚姻。

余纯顺：你还是去日本吗？

余妻：是的，家里已经替我做了担保。

余纯顺：真可惜，我们不能白头偕老……

余妻：你真的想和我白头偕老吗？（停顿）别再骗你自己了，你这个人，根本就不该结婚。

余纯顺：也许……你是对的。

【走动声，箱盖盖上的声音。】

余纯顺：你要去哪儿？

余妻：我去我妈妈家住。从现在起，你自由了。

余纯顺：不……我们……都再想想吧？

余妻：还想什么呢？其实你已经想得很清楚了。（停顿）你不必为我担心，我会好好活下去的。我也祝你早日实现你的梦想。再见。

【关门声，回声效果】

场景 9

【演讲厅内潮水般的掌声】

主持人：余先生，请喝点水。

余纯顺：谢谢，我不渴，我发现自己已经锻炼成耐渴的骆驼了，还是来回答各位大学生的提问吧。

大学生甲：请问：你为什么要走？走中国有什么意义？

余纯顺：这个问题我可以讲出很多来，如果连我本人也说不清楚的话，那这件事就麻烦了。不过这件事的意义由我本人来评价似乎不太合适，但我可以向朋友们介绍一下我在走访中要完成的六项目标，也许意义就在这些目标之中吧。第一呢，我要在八到九年内孤身徒步走完我国 31 个省、市、自治区，一个不漏。先把大陆走完，最后走访台湾。当然，台湾海峡我是走不了的。

【笑声】

余纯顺：第二，我想成为我国历史上第一个把 55 个少数民族一个不漏走访下来的人。迄今为止，我已走访了东北、内蒙、宁夏、四川、云南、西藏、新疆等地的 30 多个少数民族。第三，我要徒步到达我国领土的最东端、最西端、最南端和最北端。1989 年 2 月 25 日我到了最东端，就是黑龙江抚远县的乌苏镇。这是全世界最小的镇，小到什么程度呢？只有一个人！那人请我吃饭，祝酒词是："请允许我代表全镇人民欢迎您！"

【笑声】

余纯顺：1989 年 6 月 20 日，我到达了我国最北端黑龙江省漠河乡漠河村，又叫北极村，是我国唯一能看到北极光的地方。最西端我也到过了，那是新疆的红其拉甫。那里有个峡谷，当年，伟大的马可·波罗和唐玄奘都到过那里，如今，我也到了！现在，只剩下最南端了。第四个目标具有国际意义：我的总里程要达到 10 万至 12 万华里，为什么？因为世界上目前走得最远

场景 9 中，主人公的意志魅力得到了最大化的张扬。这是一个悲壮人物应该到达的高度，只有如此，才可与"罗布泊之难"形成强烈的对比，富有戏剧性。

这一场景的录音分为三个层次：第一层：余纯顺以及学生们的语言；第二层：与戏剧相关的群杂声；第三层：含糊不清的增大场面的背景声。

的是阿根廷的托马斯先生，他走了9万6千华里，我自然得超过他。我想世界上走得最远的人最好是中国人，这个“破记录”的任务由我来完成。第五个目标也是有国际意义的。人类已经把地球的南北两极走下来了，海拔5000米以上、被医学界认定为“生命禁区”的“世界第三极”由我来走！现在，我已翻越了海拔5231米的唐古拉山，一步不落地走完了“世界第三极”上的那几条“天堑”公路。

【笑声】

余纯顺：第六个目标是综合性的。我不仅仅是走，我一边走一边进行自然、社会、文化和科学的考察。我发表了40多万字的文章和许多照片。我要写成一部《余纯顺游记》！

大学生乙：你对自己的活法有何评价？

余纯顺：这个问题提得好。事实上，在这八年的风雨旅途中，在无数次艰难、危险的关头，我曾一次又一次地思考着生命的意义……

余纯顺：生命是短暂的，我不想白来这世界一趟。我一直在寻找自己生命的突破口。走中国只是我所选择的一种方式，但这种方式带来的结果却是：整个儿地改变了我。走路是一种修炼，几年前的余纯顺已经死掉，现在是一个新的余纯顺。

该剧在塑造主人公精神内涵时，较为注重人性层面的分析，为其超越常人的行为奠定了逻辑基础。

大学生甲：这么说你纯粹是为了自我完善？

余纯顺：穷则独善其身，达则兼济天下。我想用自己生命的极限，给世界留下点美好的痕迹……

大学生乙：请问：你下一个目标是什么？

余纯顺：（略一停顿，大声地）新疆，罗布泊。

【全场哗然】

大学生甲：那可是个生命的禁区，彭加木就在那里消失了！

余纯顺：彭加木消失了吗？不！他走进了永恒。

主人公的语言较为精炼、诗话。这与其干练的性格、理想主义的特质相吻合。

大学生乙：你从来就没有退缩的想法吗？

余纯顺：没有。我愿是一颗流星，在滑落的

瞬间，给长夜留下一道光明的痕迹。

【掌声如潮】

场景 10

【喘气声】

余纯顺：我真佩服自己。当时能这样、这样干脆地回答。真的没有吗？是真的从来没有退缩的念头？还是从来没有到退缩的关头？罗布泊，我现在就是想退缩，也无法退了。看来这次我……我真的……真的要死了？不，不，我不想死，我不想死！

沉重的音乐、沉重的呼吸、怀疑自己的内心独白让主人公更为人性化，一个英雄似乎正在从高处跌落。

场景 11

【碰杯、喝酒的声音】

诗人：纯顺，我啊，真羡慕你啊！

余纯顺：你今天这是怎么了？

诗人：我活得真没意思，无聊！

余纯顺：你不是写了很多诗，还出了诗集了吗？

诗人：诗集？还记得那次聚会吗？你小子宣布要去徒步走中国，我们都以为你小子是心血来潮，突发奇想，说大话呢！

余纯顺：你还是当我发神经病是不是？没想到！

诗人：没想到你后来还真的找到了我，还要我带你去电台找人发消息。记得吗？

余纯顺：嗯，当然记得，1988 年的 7 月 1 号。

诗人：嗯，真快，真快啊！差不多有 8 年了吧？现在你不一样啦，不需要再找人发消息了，都是别人来找你了。

余纯顺：【叹气】是不一样了。我过去看重的东西，现在觉得都不重要了；过去觉得不重要的吧，现在觉得很重要。哎，我一直有一种后怕。你说，如果当初，我不走出那关键的第一步，我现在会是个什么人？

诗人：也许下了海，发了财？也许下了岗，发了呆。

【笑声】

余纯顺、诗人：来来来，干杯！

诗人：你啊，你小子命大，闯了那么多地方，居然还活着。

余纯顺：你还别说，有好几次，我差点都死了。

诗人：我，我想啊，要是你遇险，在倒下的那一刻，你会怎么想？怎么做？随便说说。

余纯顺：没事儿，我要是给摔死了，或者被野兽吃掉了，那我什么也来不及想，来不及做，是不是？我要是缺氧，或者缺水，那我就会想活，想求生。但是不管怎么样，我倒下的姿势一定像是在走路。而且我的头、我的手必定会指向东方。

诗人：为什么？

余纯顺：因为东方是我的故乡，东方也是太阳的故乡。

诗人：【笑声】你小子，你啊，你才是诗人呢。现在没人读诗了。

余纯顺：你读，我读，这就够了。

诗人、余纯顺：喝酒，喝，来！

【碰杯的声音】

场景 12

【音乐】

余纯顺：东，哪里是东啊？太阳，让我看一眼太阳。我看不见太阳，我找不到太阳。在哪儿？我知道它在哪儿，在我的脊背上。老天爷，你发誓要把我烤成人干儿！

彭加木：你，在找什么？

余纯顺：水，我在找水。

彭加木：别浪费体力了，你的体力已经不多了。

余纯顺：可是我需要水啊。

彭加木：这里没有水。

余纯顺：你是怎么知道的？

彭加木：我找过了。

主人公与朋友小酌，言谈之中对死的探讨给予听众一个心理暗示。这是一种观照听众欣赏情绪的过渡。同时，在余纯顺奄奄一息之时，这种回溯手法比较客观地再现了一个虽然倒下但仍然性格丰满的余纯顺。

此时的转场已经变成了一种现实和过去的残酷对比。

主人公已经有了一种与已故之人对话的错觉。这种处理，一方面可以描述余纯顺在死亡线上挣扎时的心理状态，同时也暗示着其与死神越来越近。

余纯顺：你找过了？

彭加木：整个罗布泊，我都找遍了，找了 16 年了。

余纯顺：你是谁？

彭加木：这里原来都是水啊，好大的一片水。罗布泊，这名字多好啊！可是那么大一片水，却都一点点一点点地消失了，神秘地消失了！当然，那是很久、很久以前的事情了。也许，将来还会有水。应该有的！

余纯顺：会的，会有的。我想，可以把昆仑山的雪水给引进来。

彭加木：哎，你这个想法听起来很不错啊。这里边应该有水，不然，它怎么会有生物呢？我研究了一辈子的生物了，可找水，却找了 16 年！看来还得找下去。

余纯顺：我知道，我知道了，你是……

彭加木：一个找水的。我要去找水啦，我要去找水啦。

余纯顺：我知道你是谁，我知道你是谁！奇怪，我不感觉到渴了，我甚至感觉不到自己的身体了。全身轻盈，甚至清醒，简直是心旷神怡！罗布泊啊，你真是一个让人销魂的地方。

【音乐】

场景 13

【拨电话的声音、电话响起】

余纯顺：喂，找谁？

女探险者：喂？嗨！是余哥吗？

余纯顺：哦，是你啊，我的女探险家！

女探险者：是我啊！喂？能听见吗？

余纯顺：喂，喂，听得见，听得见，你说！

女探险者：咱们很长时间没有通电话了！

余纯顺：就是啊！

女探险者：你又上哪儿乱走了？

余纯顺：你上哪儿乱走了？

女探险者：我刚走了内蒙。听说你到了新疆？他们说你……

余纯顺与女探险者的对话告诉了听众如下信息：其一，罗布泊是凶险的，女探险者的哭泣证明了这一点，听众可对主人公的命运产生不祥的预感；其二，主人公与女探险者有着一段未了的情缘，使本剧又添了一分悲剧情愫。

余纯顺:我现在正在库尔勒。

女探险者:我知道。他们说你要走罗布泊,有这回事儿吗?

余纯顺:有这回事儿,我明天就出发。

女探险者:你真是个疯子!这个季节走罗布泊可不是闹着玩的!那儿的地面温度60多度呢!哎,他们没有告诉过你吗?

余纯顺:那些我都知道。我就是要打破6月份不能穿越罗布泊的神话!

女探险者:不,你听我……

余纯顺:我还要考察那里的地理气候。以后,想开挖人工运河,引昆仑山的雪水,再造罗布泊的辉煌。

女探险者:你的想法我很赞成,但非要现在去吗?你太疯狂了!

余纯顺:【笑声】你不是也很疯狂吗?你瞧瞧你,一个20多岁的小姑娘,孤身一人走陕北,游内蒙,进川藏,入云贵,深山老林、沙漠戈壁……你不也都凭着一股子疯劲儿闯下来了吗?

女探险者:我那是……

余纯顺:咱们俩谁也别说谁。你是小疯子,我是老疯子,咱们俩是一对疯子。

女探险者:我可没工夫跟你笑。穿罗布泊是另外一回事儿。太冒险了!我求你再考虑一下,现在改变计划还来得及。

余纯顺:为什么要改变?

女探险者:我不想,我不想你成为第二个彭加木。

余纯顺:【笑声】小疯子,你别担心。你瞧,风风雨雨,8年都过去了,我经历过数不清的磨难和险情。老余纯顺大难不死,因为有很多事情等着我去做呢。再说,我还有一件心愿没了。

女探险者:什么心愿?

余纯顺:我们俩神交已久,一直是电话遥控,书信往来。老疯子和小疯子未曾谋面,死不甘心哪!【笑声】喂?喂?喂?

女探险者:我们像两列对开的火车,总是擦

肩而过。95 年 12 月 2 日，我早晨离开古城绍兴，下午你就出现在青石板的巷子里；94 年 2 月 18 日，我走进西藏，你扔下长满虱子的衣服走出了阿里高原……

余纯顺：我说，这些，你都记得那么清楚！

女探险者：你记得，我们一共通了多长时间的长途电话吗？132 个小时。

余纯顺：我不会忘记的！我们一定要见面。我非见到你不可！让我算一算，估计 16 号我返回，19 号有北京飞库尔勒的班机。你来，我就想看你一眼！完了我再走丝绸之路。我们约好 19 号见！如果到那一天我还没有回来，你一定要在库尔勒等我！听见吗？我要送你一匹白马，再加一个马夫余纯顺！我们俩一起走一趟巴音布鲁克大草原，怎么样？

女探险者：【哭声】不，不！我要马上和你见面，我要你别去走罗布泊。

余纯顺：别哭，别哭，我一根头发都不会少。

女探险者：我恨你！你为什么这么好胜！你为什么就不能稍稍平淡一些呢！

余纯顺：我会的，我答应你，我会的！等走完罗布泊和丝绸之路以后，我要去找一个山清水秀、与世无争的地方，写一些感动自己的文章度过自己的后半生。相信我，我并不想把自己变成一架走路的机器，其实走遍全中国不是我追求的顶点。当“将军百战死，壮士十年归”的那一天到来的时候，我肯定会以浪迹天涯的众多感悟提醒我自己——生命的底蕴就在于余纯顺保持自然和朴实。因此，走完中国，我从此便不谈走中国。我早就做好了回归平淡的准备。哦，他们来催我下楼了，摄制组在等着我，朋友们也要为我送行，我得走了。记住，一定要在库尔勒等着我。一定，啊！好了，好了，小疯子，别哭！别哭了啊，我得走了。

余纯顺关于想要回归平淡的一番话将自己从巨人的位置拉回到了凡人。这是他对未来生活的期望。然而，期望的不可实现再一次使广播剧平添了一份悲剧情愫。

女探险者：那你路上小心，珍重！

余纯顺：嗯。

女探险者：珍重！

余纯顺：我会的，我会的！你挂电话吧。

女探险者：你先挂。

余纯顺：好。记住，19 号我们见面。一起去巴音布鲁克大草原。等着我，啊！

【挂电话声】

场景 14

【直升机的飞行声，令人疲倦。】

飞行员：（突然地）报告！一号报告，发现目标！

【对讲机里的声音：发现了什么？】

飞行员：一顶蓝色旅行帐篷，好像是失踪者的……

【对讲机里的声音：快，报告位置！】

飞行员：北纬 40°33′54″；东经 90°19′05″！

【对讲机里的声音：搜索队全体向该地点集中！】

【一辆辆汽车的启动声……急促的马蹄声；纷乱的驼铃声……直升机的降落声，震耳欲聋。一切声音嘎然而止，沉入死寂。】

场景 15

余纯顺：【音乐渐起，如同飞翔的精灵，贯穿以下的场景。】我死了，我的灵魂离开了躯壳，无拘无束地飘荡在蓝天之下。我俯视着我的躯体，他展开双腿，仍像在走路，他的脸向着东方，手也指着东方。我实现了我的诺言！我的亲人们哪，不要悲伤，也不必把我的躯体运回故乡去埋葬，就让它睡在沙漠的怀抱里吧。罗布泊，让我继续与你为伴，探寻你的奥秘，追怀你的梦想，融化在你永恒的沉默之中。夜色降临了，我该起程了。

余妻：纯顺！纯顺！

余纯顺：是你吗？

余妻：你还认得出我？

余纯顺：当然，你曾经是我的妻子，你是唯一和我共同生活过的女人。

救援人员的“发现目标”使听众徒增一丝微弱的希望。

马蹄声、飞机飞行的声音代表了救援队最后的努力。

此处到结尾的音乐被创作者称之为“与灵魂对话的音乐”，是死亡的预兆。

首先，音乐和台词把听众带到了空灵的境界，然后音乐主要烘托情感。几个片断由不同的音色主导。与妻子的对话采用了小提琴独奏，显得凄楚动人；和父亲的对话采用了大独琴独奏，表现男性之间的深情；和彭加木的对话采用弦乐声部的歌唱性旋律，衬托出两位择险者直抒胸臆的交流；和小疯子的对话采用了悠扬的钢琴伴奏，则显现出了悲情和地域感。

余妻：你现在满意了吧？你实现梦想了吗？你死了，可你本来是不应该死的。如果当初你肯听我的劝，如果我们俩不分开，如果你……

余纯顺：没有什么"如果"，生活总会有遗憾的。

余妻：可你把遗憾留给了我。

余纯顺：我很抱歉，我身不由己，你原谅我吧。

余妻：你原谅我吧。我是一个平凡的女人，无法承受你的沉重，也无法分享你的欢乐。

余纯顺：你知道，我生前最后一个梦，我梦见我们俩复婚。

余妻：我也有过同样的梦。

余纯顺：永别了。我要你快乐地生活下去。

余妻：你只知道走，走，走！【抽泣】

余父：孩子，你走吧。一路走好！

余纯顺：爸爸！

余父：爸爸不能再跟你一起走了。可是爸爸理解你，你从小经受了太多的苦难。你妈妈有病，不能给你母爱，而我又长期地下放，很少给你父爱。邻里间那些不懂事的孩子们常常欺负你，你便常常躲到别人看不见的地方去。你喜欢一个人爬上屋顶、树梢，对着天空和流云发呆。也许，那时候你就想好了，要走遍远天的底下。

余纯顺：谢谢你，爸爸！谢谢您这么些年来对我的支持和理解。我还记得小时候那个失眠的夜晚，您对我说，世界很大，天地很大。您还提出我们父子双双一起来打破世界历史纪录。在您 65 岁那年，您也踏上了征途，走了 4 个月，行程 3000 里。要不是妈妈生病、家里经济困难，我相信您还会继续走下去的。

余父：是啊，要不是我老了，我也会成为一名壮士的！【笑声】儿子啊，放心地走吧。你是我们余家的骄傲，上海人的骄傲，中国人的骄傲！

结尾处的若干对话不仅仅是煽情而已，尤其是主人公与余父、彭家木的对话，显现了许多生前和死后的信息。

余纯顺：真的吗？爸爸。您真这么想？可我还是很孤独。彭加木：不，你不孤独，你可以和我做伴。

余纯顺：彭加木，是你吗？我知道是你。

彭加木：你怎么知道呢？

余纯顺：我很小的时候就知道了你的事迹。你是一位生物学家，你身患癌症，却长期工作在边疆。16年前，你率领考察队走进罗布泊，考察队断水了，你在大伙儿休息的时候独自出去找水，从此就再也没有回来。

彭加木：我们俩有不少巧合。你来自上海，我也是。你写过书，我作过诗。我在6月中旬的今天，倒在了这罗布泊。相隔16年，你也是……

余纯顺：不不不，我们俩还是有所不同的。因为他们找到了我的遗体；而你的，却至今也没有发现。

彭加木：这，这重要吗？

余纯顺：你说得对，这不重要。

彭加木：当然，我们俩有更多的不同。最重要的是，我进罗布泊是为了工作，可你，你又是何苦呢？

余纯顺：如果我问你，你为什么生了癌还要几次三番地硬要到边疆去工作，你怎么回答？你本来可以出国，也可以留在上海，那儿的工作条件不是更好吗？你又是何苦呢？

彭加木：这……【笑声】算你赢了。看来我们俩是一个脾气啊。

余纯顺：我们俩都做了自己想做的事情，而且都没有做完。

彭加木：可是，谁又能在一生里面把要做的事情全做完呢？毕竟，我们做了。

余纯顺：是的，是的，我们做了。

彭加木：作为灵魂，我们不会惭愧。

余纯顺：不惭愧。

彭加木：作为灵魂，我们是幸福的。

余纯顺：是幸福的！你去哪儿？你去哪儿？别撇下我。

彭加木：我听见有人在呼唤你。你是新的亡灵，有很多人在怀念你。别担心，我们随时都可以见面。时间和空间对于我们已经没有意义了。

女探险者：余哥！

余纯顺：小疯子！

女探险者：余哥，你失约了！

余纯顺：小疯子，你还在乱走啊。

女探险者：我走在巴音布鲁克草原，我孤身一人，没有白马，也没有余纯顺。你失约了，你永远地失约了！

余纯顺：我知道，我知道。可是，我没有想到，我真的是没有想到。其实，我很想、很想和你见面的，小疯子。

女探险者：余纯顺，你说过你从不失约的，可你没有遵守诺言。

余纯顺：我们俩就像两列对开的列车，总是擦肩而过。

女探险者：我没有失去你，我承受不了失去你的巨大悲痛。在我的内心深处，你不能死去，你说过的，我们 19 号见面。

余纯顺：我失约了。

女探险者：你说过，要走向远天的底下，走在异乡没有尽头的路上。你实现了，你永远不会踏上归乡的路。你，永远的异乡人，已与世界合二为一，像一粒沙子归于荒漠。你总算不再走了。可你说过要在我手心停泊，你失约了！你选择了罗布泊湖心，选择了燃烧的落日，选择了遥远的大漠、枯死的胡杨、千年的古城和楼兰新娘。

余纯顺：还有，还有另一颗幸福的幽灵——彭加木的幽灵。

女探险者：你将不再孤独。树倒下了，而山站了起来。余哥，你在听我说吗？你听见了吗？听见了吗？听见了吗？【回声】

【音乐】

女探险者：天空未留痕迹，鸟儿却已飞过。

刚才播送的是：广播剧《走进罗布泊》。

音乐、音响：杨树华；文学编辑：王琪森……

剧中，余纯顺由赵烨欧演播，余妻由狄菲菲演播，余父由孙玉才演播，女探险者由宋亦宁演播，彭加木由余承光演播……

主人公与女探险者的对话不仅是两人情感的发泄，同时，女探险者的话语也代表了一种客观的声音以及一种普遍的态度。

第九章
广播广告节目的策划与制作

何谓广告？广告的英文为 Advertising，是从拉丁文演绎而来的，其意义是“使人周知其义”。我国广告法对广告的定义为：“广告，是指商品经营者或者服务提供者承担费用，通过一定媒介和形式直接或者间接地介绍自己所推销的商品或者所提供的服务的商业广告。”此定义将“广告”界定于商业广告的范畴，广告主即广告客户是以营利为目的的。除此之外，还有的广告主是以非营利为目的做广告的，我们将此类广告称作非营利广告或公益广告。

世界上最早的付费广播广告出现于 1922 年 8 月 28 日。美国电报电话公司在纽约州开设的 WEAF 电台首次正式经营商业广告——以 10 分钟 100 美元的费用为一家房地产公司发布广告。

我国真正意义上的付费广告始于 1934 年前后，当时出现了最早专门承揽广播广告业务的专业广告社。据《申报》1934 年 9 月 21 日第四版载，《中国电声广告社启事》云：“本社承办中央广播无线电台管理处各电台播音广告，效力宏大，取费低廉。作提倡国货之喉舌，现已筹备就绪，定于九月二十三日起开业，十月一日开始播放。如各种正当企业及出品，欲广宣传者，凡蒙委托，无任欢迎。地址：南京中山东路三十三号。”①

① 引自刘家林：《新编中外广告通史》，暨南大学出版社，2000 年版，第 169 页。

广播广告的构成要素包括语言、音响、音乐。广播是为耳朵服务的，所以语言是广播广告最重要的表现手段。广播广告语言的运用既要口语化，又要和广告主题相切合。音响是广播广告中出现的效果声，是指除了语言和音乐以外的一切声音，也包括“无声”。音乐主要包括背景音乐和广告歌曲两个内容，可以增强广播广告的感染力、吸引力和记忆度。

相对于电视广告，广播广告有其优势亦有其劣势。广播广告的优势在于其传播时效性强、针对性强、传播范围广、收听随意、播出灵活、制作成本低廉等；劣势在于稍纵即逝、无法保存、传播方式单一等。

广播广告的节目形态既包括10秒、15秒、30秒等较短的普通广告，也包括3分钟、5分钟等较长的专题广告；另外，还有时长数十分钟，兼备信息服务热线资讯广告以及以特约播出、赞助播出、奖品提供等与电台进行合作的“软广告”等。本章主要介绍前两种形式的广播广告节目的策划和制作。

第一节　工作流程

一、广告的招徕

1. 广播电台广告经营模式

目前，国内的广播电台主要靠自营和代理的方式招徕广告。

(1)自营。广播电台的广告自营又分为两种情况：频率自营以及广告部经营。为了激励各频率自主发展，采用频率自营的电台相对来说较为普遍。

之所以采取自营，主要有三方面的原因：

第一，广播电台难找合拍的广告公司。有经营实力的广告公司认为广播广告利薄，诱惑力不大；而小一点的广告公司客户资源又有限，专业素质未必值得电台信赖。

第二，观念老套。一些电台仍抱着“肥水不流外人田”的想法，担心把广告经营权交给了外人，电台的自主权就会相应缩小，更何况还要分一杯“羹”给广告公司。

第三，害怕风险。电台的经营方式和广告公司不同，代理制是“双刃剑”，广告公司一旦经营不好，双方都要承担后果。

(2)代理。广播广告的代理形式有多种，见下表①：

中国广播电台广告代理制的主要模式

广告代理制类别		广播电台及频率
独家代理	独家年度代理	上海东方新闻台＆都市792频率
	独家买断代理	中央人民广播电台音乐之声、经济之声、都市之声，中国国际广播电台EASY FM和HIT FM
多家代理	多家分行业代理	北京人民广播电台、广州金曲广播、佛山电台
	类别代理	江苏交广网
内代理		广州珠江经济台、广东城市之声
自营、代理混合		上海990新闻频率、交通频率、戏剧文艺频率，浙江音乐台

① 引自丁俊杰、黄升民主编：《中国广播产业报告2004》，中国传媒大学出版社，2005年版，第41页。

■独家代理——独家代理有两种方式：独家年度代理和独家买断代理。

年度代理采取电台按年度制定具体代理指标的方式；独家买断代理则是频率与广告公司确定经营底线，频率出让广告经营权，代理公司需上交的利润在合约期内按照一定比例逐年递增。

■多家代理——多家代理亦有两种方式：分行业代理以及类别代理。

分行业代理即指频率将广告客户按照行业划分为几大类，并将按照行业划分的广告业务交给广告公司代理；广告公司需按照协议规定完成年度广告定额。这类模式应验了“术业有专攻”这句话，不同广告类别可与相应的广告公司匹配。

类别代理即指模糊行业代理公司与非行业代理公司的界限，将行业划分进一步粗略化。这种模式的产生是为了适应一些广告客户资源相对比较少的地区，类别代理不拒绝小广告公司的加入，使电台有机会享有更多广告公司的客户资源。

■内代理——此种代理模式是频率走向市场的一种尝试——将频率的广告部门作为代理公司经营，引进市场机制，促进广告人员的经营积极性。

■自营代理混合——此种方式顾名思义，即是指部分广告自营、部分广告交给广告公司代理。采取此种办法的原因在于频率有机会掌控一部分广告业务，对于软广告以及特约节目的去留保有话语权。

频率最终选择哪种广告经营模式招徕广告，需结合自身的客观情况，比如地域特色、竞争环境以及自身运营状况等。同时，对自营制和代理制进行多方面的比较和衡量，最后制定出最佳效果方案。

二、成立策划小组

频率或者广告公司在接到客户的委托后，要针对一个广告项目组织人力进行有效的分工合作，形成一个策划团队。一般来说，策划小组由以下人员组成：

■业务主管——业务主管在广告行业内被称为 AE（Account Executive 的缩写），指接受广告主各种业务，并负责整体执行的人；

■策划人员——一般由策划部的正副主管和业务骨干担任，主要负责编拟广告计划；

■文案写人员——负责撰写各种广告文稿，包括广告标题、正文、新闻稿等；

■市场调研人员——负责进行各种复杂的市场调查，并写出准确、可信的市场调查报告；

■设计制作人员——按照广播媒体的听觉特点进行各种听觉形象的设计，并提出实现这些设计的途径。

三、进行市场调查

市场调查是指利用科学系统的方法，对有关产品、服务、企业以及企业所生存的市场环境进行客观的测定、分析及评估，并以此为营销决策提供依据和帮助，解决营销问题。

业内人士一般将市场调查的内容分为五项①：

■产品研究——主要包括新产品的开发、测试及现有产品的研发、诊断和改造等；

■企业和品牌研究——主要包括研究企业的知名度、好感度、企业和品牌的认知程度和认知途径，评价企业和品牌的各项指标研究等；

■消费者研究——主要包括对消费者购买行为②和使用行为的研究；

■促销和沟通研究——主要包括对涉及产品推广过程中的多个环节的调查，包括销售渠道和销售方法研究、广告研究、媒介研究、公众关系和公共形象研究等；

■营销环境研究——要结合外在环境和企业内部环境进行深入的调查分析③。

市场调查其实涵盖了广告运作的全过程，比如广告活动之前的调查、广告投放之后的效果测定等等。这里我们主要指广告活动之前的调查。

---

① 引自黄升民、黄京华、王冰：《广告调查》，中国物价出版社，2002年版，第12～13页。

② 购买行为包括6W和2H：买什么（what）、为什么买（why）、购买者是谁（who）、何时购买（when）、购买地点（where1）、产品信息的来源（where2）、购买量（how1）以及如何决策（how2）。

③ 外在环境包括人口、经济和社会环境研究、产品对应市场研究、竞争对手分析等；内在环境包括企业自身的管理和财务状况研究、人员素质和服务以及满意度研究等等。

四、对产品进行定位

产品定位就是根据消费者对于某种产品的重视程度，对企业的产品予以明确的市场定位。[①] 也就是说，研究产品在何时、何地、用何种方式对哪一个消费群体销售是最恰当的。

产品的定位包括以下几个内容：

- ■功效定位——指突出产品与同类产品在功效上的竞争优势，突出其与众不同之处；
- ■品质定位——指突出产品与同类产品在品质上的竞争优势，突出其与众不同之处；
- ■市场定位——市场定位是在市场细分的基础上实现的，通过市场定位，可以将产品放在最有利的市场位置上；
- ■价格定位——价格定位的前提是指在产品的功效、品质以及市场定位与同类产品不具差异性的时候可供选择的一种定位策略，通过产品价格的合理性、适应性以及与同类产品的可比性来增强价格的竞争优势。

五、广告创意

关于广告创意的含义，不同的广告学者和从业人员有着不同的理解，有学者认为广告创意分为动态和静态两个方面。

就动态的角度而言，广告创意是广告人员对广告活动进行创造性的思维活动；就静态的角度来说，就是为了达到广告目

---

① 引自余明阳、陈先红主编：《广告策划创意学》，复旦大学出版社，2003 年版，第 86 页。

的，针对未来广告的主题、内容和表现形式所提出的创造性的“主意”。广告创意在广告实际运作中处于非常重要的位置，因为广告的最终目的就是通过广告作品将广告主所要表达的信息传达出去，因而广告创意可以说是广告的灵魂。

广告大师詹姆士·韦伯·扬将广告创意的过程概括为以下几个步骤：

第一步，收集原始资料。主要包括调动创意人员自身所必备的知识和信息以及与创意相关的各方面问题的资料。需要指出的是，好的创意人员特别注意平常的广泛积累，就像大海中无数珊瑚常年地累积生长，最后才会形成岛屿浮出海面。

第二步，分析、消化资料。主要是对搜集到的资料进行分析和归纳，找出广告商品的特色、优势和最吸引消费者之处。

第三步，合成有效的信息资料。创意人员有意识地合成一些能够引发创意的资料。这一阶段的工作其实就是按照一定的创意主题将不同的事物重新组合起来，比如说我们曾听过的一种“果汽”饮料，这个创意其实就是“果汁 + 汽水”。

第四步，产生创意。即“尤里卡效应”的出现，“尤里卡”是希腊语，意思是“我想出来了”。创意的产生往往是在不经意间闪现、顿悟而来的。有时候很多创意的产生其实源自日常生活中物品用途的转变。举个例子来说，比如在裁纸时，手边没有刀，拿一张名片当作刀来用，这就是一个创意。

第五步，验证创意。将刚出现的创意进行进一步推敲和必要的完善。

六、制定广告发布策略

我们要清楚，广告公司与电台广告部门为客户做广告的目的是为了让客户的产品得到最好的宣传，从而得到听众的认可。因此，在什么时间播放广告、哪档节目的目标听众群最接近广告主消费群等因素就显得尤为重要。广告发布策略是整个广告策划过程中至关重要的一环。

根据广播的特性，广播广告发布策略主要有以下内容：

1. 目标听众群策略

产品要打开市场，就要对市场进行细分，找到产品的目标市场。广告之于广播媒体，就要研究电台的听众群构成，找到与产品消费群体最吻合的目标听众群体。目标听众群体喜爱的电台或节目就是产品所要投放的地点。

2. 区域策略

广播的地域性较为突出，相对于其他媒体来说，更适合实施地域性策略。所谓地域性策略，即是根据产品的特性寻找最适合播放广告的电台，抑或根据目标消费群体的地域性找到产品的最佳诉求点，以求得到消费者的认可。

3. 渗透策略

因为广播广告的时段费相对于电视更为低廉，因此，长时间多频次的广告发布一般可被广告客户接受，加之广播的贴近性与伴随性较强，因而较容易收到“耳熟能详”的广告效果。

4. 时间策略

对于不同类型的产品以及产品所要达到的宣传效果，广告发布时间是考虑的重点。一般来说，广告发布时间分长、中、短三个层次。长期广告一般要两年以上，其目的不仅是要打开销路，更重要的是着眼未来，为产品以及企业营造知名度；中期广告一般为一年左右，其目的是要在限定时间内持续加深听众对产品的认知度，而产品通常是季节性不强的商品；短期广告一般是一年之内按季度和月发布的广告，适用于短期广告的商品多半是新商品或季节性较强的商品。

5. 组合策略

听众对于产品的消费群体来说多半是有限的，为了弥补这一缺陷，可以采取两种方式：一是在电台的自有媒体如网站、杂志中多点投放广告，争取更大的覆盖面；二是广告公司根据产品的目标市场选择另一种媒体进行整合投放，比如，一种女性产品既可以在电台的女性节目中播出，也可以选择一种女性杂志做平面广告。

除此之外，广告的预算也应事先考虑在策略之内，进行预算是为了用最少的资金达到最好的广告效果。广告预算包括广告调查费、制作费、媒体发布费、行政管理费等。一般来说，上述四个方面的支出比例如下：制作费占10%，媒体发布费占80%，调查费占5%，行政管理费占5%。

七、投入制作

广播广告制作是将前期脑力工作最终展现为广告成品的过程。广告制作的过程分以下几步：

1. 确定广告播音文稿

广告策划负责人或导演根据声音传播的特点和要求，对广告文案进行最后的审核和修改，看其是否符合创意的要求、是否符合主题。此外，广告文案在正式录制前应对台词、音乐、音效的表现方式加以注明，导演对广告的整体格调、风格应有所阐释。

2. 确定合适的演播人员

选择演播人员要注意广告中人物的性别、年龄、职业、语言特点等方面。因此，广播广告演播人员的音色、音质甚至性格是否与之匹配非常重要。广播广告的演播要在短时间内用声音传递信息、凸显主旨、强化美感。因此，切忌公式化、刻板化的播音风格，鼓励声音的独特表现。

3. 收集、确定音乐、音响资料

注意所选音乐的主题、风格、情绪等要和广告的内涵、情绪相一致。音响的选用是要为广告整体服务，要能够体现产品特质或者营造环境气氛。要指出的是，有些广告的音乐是专门创作的广告歌，广告歌的创作要注意歌词通俗易懂、旋律朗朗上口。

4. 录音

广播广告的录音分为三步：

第一步，将演播稿交由演播人员，让他们练习熟知，导演或策划人员需与之沟通，使其充分了解文稿。

第二步，彩排。导演或策划人员、演播人员、录音师共同对文稿进行预演。

第三步，正式录音。此时应注重对整体气氛的把握以及对录音技术指标的严格控制。

5. 合成

广播广告的合成是指将语言、音响和音乐等片段，通过音频非线性编辑软件等技术设备剪辑、合成和效果化处理的过程。广播广告的合成要做到语言、音乐、音响衔接自然，配合和谐，音量适中，层次分明，流畅完整，声音不失真，不混入杂音；做到“四个一致”：音量大小一致、音色一致、速度一致、情绪一致[①]。

八、对广告效果进行评估

广播广告播出以后，听众会对其产生某种反应：或者受到其诱惑而购买商品，或者对广告无动于衷，没有付诸消费行为。

对广告进行评估有着重要的意义：一方面，通过对广告效果的评估，策划团队可以科学、量化地了解广告所达到的最终效果以及投资与回报的具体情况；另一方面，可以清楚地了解在整个广告策划与制作过程中究竟哪个环节做得好，哪个环节做得不好，对今后的策划工作大有助益。

事实上，广告效果评估并没有一个统一的法则。具体评估方法应根据不同广告主的需求和不同的广告采取特定的技术。然而，有三项内容是评估过程中要着重要了解的，它们是：调查准备、调查实施和分析总结。

1. 调查准备

该阶段的要点在于调查方案的确定以及测评工作计划的撰写。

所谓调查方案，就是对广告调查的目的要求、具体对象、调查表的制定，调查范围的确定以及调查资料的收集等等。

---

① 引自朱月昌：《广播电视广告学》，厦门大学出版社，2000 年版，第 101 页。

测评工作计划，指对广告调查测评的组织机构、费用预算、人员调度、工作进程的规划。

2. 调查实施

调查可以通过日记、拦截访问、入户访问、电话访问等方式。在该阶段，调查人员会问及听众对广告及其产品的意见以及由此产生的行为。

一般来说，在进行实地调查之前，评估人员会对评估结果做一个事先的预测，预测的目的是为了设计调查问卷。比如，假设我们要问一种保健品在听众中的购买情况，我们就要设想听众之所以买和之所以不买的原因。那么在设计“为什么没有购买”一问时，可以将选择答案设计为：A. 价格贵；B. 不了解；C. 更加信任同类其他产品等选项。

3. 分析总结

对调查结果加以收集、整理后就要静下心来撰写测评报告。测评报告是广告效果分析、检验、评估过程中的书面表达形式。报告通常由导语、正文、结尾以及附件组成。

导语应写明测评的目的、测评的广告对象、测评的方法和步骤、测评的组织及人员情况。

正文应包括测评的时间、地点、内容及分析结果、各种指标的数量关系以及所获资料与原来假设比较。

结尾部分包括经验总结与问题分析以及对策划部门的建议。

附件部分应包括听众样本的选择情况、相关图表以及推算程序等。

第二节 关键点

一、广播广告的语言、音乐、音响的运用

1. 语言

广播广告语言的表达有其特殊性。总的来说，要掌握以下六个要点：

(1)口语化。听觉思维不像视觉思维，不可以靠画面理解语言的含义，因此，在广播中要尽量少用书面语、生僻字以及文言词，同时，要选用便于听觉识别的词。

(2)多用简洁的短句。采用四字格、五字格、七字格等不同形式，使广告词朗朗上口，更容易被听众记住。

(3)注意节奏和韵律。因为广播广告的语言长短有限，所以，短小精悍、朗朗上口十分重要，要在最短的时间内使听众熟悉并受其感染。中国语言特有的节奏和韵律美可以使广播广告语言变得生动而抑扬顿挫。

(4)适度重复。广播广告的时间有限，很难让听众特别是那些在非专注状态下收听的听众记住有关产品和服务的信息。因此，必须恰当地运用重复技巧，使一些关键信息如品牌名称、企业名称、联系方法等在听众的脑海中得到最大化的记忆。

(5)设问。在文稿的开始处为吸引听众的注意力而特意设置疑问句。设问的运用是为了制造“悬念”，以引起听众的兴趣。

(6)科学塑造声音。音质要响亮、悦耳动听，用典型的声音

塑造产品的形象，用独特的声音给人以深刻的印象，使用与消费者相类似的声音，使听众产生亲切感。

2. 音乐

音乐的共通性，使听者无需语言就可以知情会意，而音乐的伴随性则使其与广播的伴随性相吻合。因此，无论是哪种专业电台，音乐都成为电台节目内容中的宠儿。同样，音乐在广播广告中也占有相当重要的地位。它可以增强广告的吸引力和感染力，同时通过对音色、节奏与语言的和谐搭配更容易增强听者的记忆度。

广播广告的音乐分为两大类：背景音乐和广告歌。广告音乐的获得方式有二：寻找资料或自己创作。

运用背景音乐的目的是为了表现主题、烘托气氛。最基本的使用方法就是在广告开始前几秒钟使用一段比较有特色的音乐，然后音乐淡出，入人声。这种表现方式是为了引起听众的注意以及产生美感。除此之外，背景音乐的巧妙使用还可以传递多种信息，起到多种作用：

■显示产品的类别；

■显示产品的出产地；

■针对目标消费者设置音乐；

■塑造鲜明生动的整体形象；

■表现产品的民族特色；

■表现产品的时代特色。

3. 广告歌

广告歌就是将所要传达的广告信息用歌曲的形式表达出来。广告歌的根本属性是广告而不是歌曲，因此在创作广告歌时千万不要忘记其承载商品信息的使命。广告歌的制作要遵循以下原则：

■通俗、易于传颂；

■节奏鲜明、旋律优美；

■广告信息巧妙安插其中；

■与产品的品牌个性相吻合。

4. 音响

对于广播广告来讲，音响的作用并非不可或缺。然而，对于广播，音响则是一种极为有力的表现要素，在一些具有戏剧情节的广告中，音响的地位非常重要。总的说来，广播广告中的音响主要起着以下几方面的作用：

■塑造环境气氛；

■充当广告的主题部分；

■发挥提示作用。

二、广播广告如何表现

基于广播广告的内容、目标消费群体和创意的不同，广播广告的表现方式主要有以下几种：

第一种，直述式。即将广告信息直截了当地叙述给听众。这种方式朴实直接，较容易让人产生信任感。

第二种，对话式。通过演播人员（一般为两名）的一问一答传达产品的信息。

对话式可以营造较为融洽的氛围，容易让人接受；同时，表现方式简单而又灵活，对话内容可以无限宽泛，可以有效地弥补音乐或音响信息的不足。

第三种，场景式。又称戏剧式。这种方式引入戏剧要素，将时间、地点和事件巧妙地衔接起来，将产品信息融入其中。这种表现方式表现力和感染力均较强，较容易产生趣味效应。场景可以用小品、拟人或小故事的方式加以表达。

第四种，歌唱式。将广告信息用歌曲演唱的方式表达出来。可以从头唱到尾，也可以说唱并用。

第五种，韵文式。这种方式较带有中国的民族特色。对仗的文字、韵律协调的诗歌使语言更加优美且朗朗上口。戏曲、曲艺、诗歌等都可视为韵文式的表达方式。

第六种，新闻式。用播报新闻的方式传达广告信息，文体宜短小、精悍，可传达出较为新鲜、真实的感觉。有些新闻式广告还采用现场直播的方式，通过对现场的报道，配以实况音响、人物讲话等素材，令人感到强烈的真实感与生动感。

第七种，证言式。由一名具有权威性的人物如明星、专家或消费者讲述产品的好处，有效地起到告知说服的作用。

附　个案分析

《枫林》等七篇

第一则：北京枫林园林工程有限责任公司① 【音乐】男声：莫奈的《睡莲》、德加的《菊花》②、梵高的《向日葵》……他们是伟大的艺术家，他们的共同之处，在于创作的灵感来自身边的一草一木。人与自然和谐相处。北京枫林园	第一则广告采用了直述式的表达方式。用高雅的小提琴音乐作为背景，用深沉的男中音叙述高雅的名画趣味，指出枫林公司的企业形象与高雅

① 本则广告由北京达人文化有限公司制作。

② 原文如此。德加所作应为《菊花和妇人》。

林工程有限责任公司。

男声：Beijing Fenglin Landscape Company Limited.

趣味相关。末尾的英文口述以及文案的国际品位也显示了该公司的规模与品质。

第二则：网站①

女声：咦，爸爸，为什么天空是蓝的呢？

男声：因为我是男的，所以天空是蓝的。

女声：眼泪要怎样才不会掉下来呀？

女声：那你就倒立啊！

女声：天下的男生为什么总是比女生多呢？

男声：因为天下为公嘛！

女声：为什么每次猜拳我都是输给你？

女声：你忘了你是小叮当嘛！

女声：歪理，歪理，歪理，一切都是歪理。

女声：就是有点歪才正点嘛！

【音乐】女声：现在只要上 www. y. sina. com. cn，事先让你享受年轻人的新活力！

第二则广告采取了对话式的表达方式。言语虽然无稽，却充满了单纯可爱的情绪，这与所要宣传的产品特征相吻合。结尾处的卡通态女声具有特色，容易给听众留下深刻的印象。

第三则：统一火锅面②

男声：新冬季热身运动，来一筒火锅面。

【哨声、吃面声、吃饱满足的声音】

男声：新冬季热身运动，来一筒火锅面。来一筒，真痛快！

第三则广告采用了场景式的表达方式。主要通过典型的音响，而音响的选择照顾到了火锅面的诉求点——痛快！

第四则：乐事薯片③

【时断时续的吉他声】我想，我想，想，想……

【撕碎纸的声音】

男声：灵感快来敲我的门吧！

【门铃声】

女声：来点乐事薯片吧！

【吃薯片的声音】

男声唱：我想要记着每一天，都有精彩灵动

第四则广告采取了场景式与歌唱式相结合的表现手法。情境的主角是一名乐手，创作音乐受阻，而解决的办法就是吃乐事薯片。广告赋予乐事薯片的产品意义较为新颖。最后，广告歌的曲调较为清新流畅，与其宣传的消费体验相吻合。

① 本则广告为台湾时报金犊奖广告作品一等奖。

② 本则广告为北京音乐广播《统一心情世界》插播广告。

③ 本则广告为中国传媒大学 2002 级文编系学生作业。

现。喔，清脆的一瞬间，我的乐事薯片。

男声：灵感无限，乐事薯片。

第五则：金豹润滑油①

男声甲：作为一名相声演员呢，您的嘴皮子得利索。

男声乙：哎！

男声甲：您看我这嘴皮子，吃葡萄，不吐……吃吐……

男声乙：嗨嗨嗨，您这嘴可太皱了，该浇浇油儿了。

男声甲：浇油儿？

男声乙：常言道哇，哪儿不浇油，哪儿不滑溜儿。

男声甲：浇什么油啊？

男声乙：美国金豹润滑油。

男声甲：哇，机油啊！

男声乙：美国金豹机油，质量好，性能优，保您8000公里不换油。金豹金豹，让您安全上道！金豹金豹，给您金钱回报！

男声甲：哦，把我当汽车啦！

第五则广告采取了韵文式的表达方式。这种方法较容易让人进入情境，尤其是相声这种一唱一和的固定模式，更容易通过对话将产品信息介绍给听众。同时，这条广告还巧妙地运用了“抖包袱”的技巧，将趣味性融入其中。

第六则：《中华人们共和国道路安全法》②

男声：新一届长跑比赛开始了，选手是大白兔和小乌龟。

【加油声，欢呼声】

大白兔：上次因为睡懒觉输给你，这次可没有这么便宜了！

小乌龟：我小乌龟这一次也要继续努力呀。

【音乐】

男声：现在选手面前遇到了一条大马路，真是给选手们出了一道难题。

小白兔：啊！人行道那么远，我还是从护栏上蹦过去吧。对，我蹦，我蹦，我蹦。啊！

第六则广告是一则宣传国家政策的公益广告。为了避免教化式的刻板，创作者采用了场景式与新闻式相结合的表现方式。首先，龟兔赛跑的故事早已为人熟知，这为该则广告增加了亲和力；其次，广告内容简单易懂，形式生动活泼，颇富趣味性；再者，将所要倡导的广告内涵与新编故事巧妙地结合在一起，丝毫不觉牵强之意。

① 本则广告由齐齐哈尔交通广播制作。

② 本则广告由天津交通广播制作。

【刹车声、撞车声、惨叫声、救护车声】 小白兔：为什么失败的又是我！ 男声：《中华人们共和国道路安全法》规定，行人不准穿越、攀登或跨越隔离设置，违反规定处以警告或50元以下罚款。	
第七则：珍爱生命，拒绝毒品① 女声：其实我爸为了我付出挺多的，那时候我吸毒最严重的时候，我都不回家了，我爸就什么啊，他担心我，一看电视里面新闻或者哪儿死人了，哪有人抓起来了，女的，他就骑着自行车就去看去，去派出所找，看看是不是我，一看不是我，然后回家，这才放心。 【音乐】 女声：有一阵儿好长时间，我爸我妈都不生灶了，不怎么吃饭，就是为我着急着的。我想对我爸说，最想说一句，就是“对不起”。现在我知道错了。我正在努力做，就想你们别再为我着那么大急，操那么大心了。 女声：珍爱生命，拒绝毒品，北京交通广播！	第七则广告采用了现身说法的表现方式。真实、可信、感人是这则广告的魅力所在。然而，仅仅记录是不足以让人动容的，亲情之爱战胜了毒魔是这则广告的立意点。

① 本则广告由北京交通广播制作。

第十章
广播直播节目的策划与制作

1986年12月5日清晨，以大板块、主持人和热线电话为主要特征的“珠江模式”诞生。在此之前，中国内地广播节目的形态仍以单向传播为主要特征。直播节目的广泛涌现，除了大大聚拢了“人气”之外，也给了电台极大的增值空间，如与移动公司共同经营短信业务，在参与式节目中播出即时互动奖品等赞助式广告等。

直播节目与录播节目相比，确实有其独到之处。首先，直播节目的直观与快捷会产生新闻效应，听众易获得现场感、共鸣感和参与感；其次，直播节目是主持人和听众共同参与节目的过程，因此，可以产生互动效应；再者，直播节目较之录播节目可以产生更大的宣传效力，这与听众对新近发生事件的关心以及自我参与价值的实现有关。

广播直播节目依据播出环境的差异，可分为现场直播节目与直播间直播节目。

两者通常兼而有之，需要现场与直播间进行连线互动。根据具体的工作情况，可将直播节目的工作状态分为以下几类：

■主持人在直播间进行主持，其间穿插已经录制好的节目单元，主持人主要是起到现场串场的衔接工作；

■主持人与嘉宾在直播间交流互动；

■主持人与嘉宾在直播间交流互动，同时接听听众的热线电话（即 Call-in）或者收看听众发送的手机短信并与听众互动；

■主持人在直播间接听听众的热线电话或者收看听众发送的手机短信并与他们进行互动；

■针对特定的话题或事件，主持人在直播间通过电话连线专家、记者或者其他当事人（即 Call-out）；

■直播间多点现场连线进行相互交流；

■对直播间以外的事件现场进行转播（又叫现场实况转播）；

■进行现场实况转播，同时主持人在直播间进行多点连线，对现场实况、事件的相关背景以及内涵进行全景介绍。

第一节　工作流程

直播节目的最大挑战在于它的不可预知性，我们不但要求主持人要有卓越的现场驾驭能力，同时更要强调打“有准备之战”——节目播出前的策划、编辑环节。一档直播节目的前期策划与编辑若周全到位，那么这档直播节目就已经成功了一半。

一、确定选题与关注点

美国学者 M. 德弗勒和 S. 罗基齐曾列出受众对大众传媒的三种需要[①]：

第一，需要理解一个人的社会世界。

---

① 参考〔美〕梅尔文·德弗勒、桑德拉·鲍尔－罗基奇：《大众传播绪论》，新华出版社，1990 年版。

第二，需要有一个从日常麻烦和紧张中逃避的幻想。

第三，需要在这个世界中有意义地和有效果地行动。

这三点指出了受众在接受媒介信息时希望达成的愿望。在广播直播节目中，听众有了更多可以参与节目的机会，因此，提高听众参与度的重要前提就是直播节目是否能够满足听众的需求。在直播节目中，依据节目类型、风格的不同，可将选题立意归为以下三点：以大见大，以大见小，以小见大。

1. 以大见大

对于报道一些重大的新闻事件，现场直播是最有力的表现武器。它可以非常直观地通过现场音响和主持人语言真实地再现新闻事件；强化听众对新闻事件的关注度；并不失力度地对大题材事件给予全方位的报道与宣传。"以大见大"的直播节目一般运作起来较为"隆重"，通常会整合主持人、策划人员、技术人员、导播人员等在直播时全体"参战"，与听众一起通过热线电话或短信进行互动。

2. 以大见小

目前，广播电台的娱乐化氛围较重，主持人的话题设置也较为轻松，面对一些重大的社会事件或者老百姓生活中出现的难题，直播节目的策划点亦开始偏向"以大见小"，即帮助听众从纷繁的世事中解脱出来。直播节目选题的关注点就是要帮助听众解压。听众一般通过热线电话或发送短信的方式参与节目讨论，而娱乐性的广播节目更为青睐这种表现风格。

3. 以小见大

如果说"以大见小"是为了帮助听众解压，那么"以小见大"

就是借直播节目的话题帮助听众对事物的认知进行深入的理解和提升。比如,面对社会上追星、人际关系淡泊、拜金主义等现象,直播节目可从一例小事说起,激发听众的参与热情。主持人在直播过程中通过接听热线电话或者宣读听众发来的短信营造互动氛围。不过采用此种形式,主持人应时刻不忘主题的深刻性,避免人云亦云,尽力显现节目的立意深度。

二、收集资料

无论是现场实况转播节目还是仅限于直播间内的直播节目,参与采、编、播的人员都要针对已经设置好的选题进行重点分析、理解、深化,收集相关知识点。这些"知识点"可以是关于选题的背景资料,也可以是帮助理解选题的相关知识和观点。无论属于哪一类,资料的收集都要注意以下几点:

1. 具体

广播直播节目要和时间赛跑,争取在有限的时间内传达最有效、最准确的信息。在"正在播出状态"的过程中,再聪明的主持人也不可能"巧做无米之炊",因而节目是否有内涵,很大一部分取决于播出前一些必要的具体信息的搜集。具体的信息不是溢美之词,不是煽情的解说,不是"下面为听众放一首表达心情的歌曲"那么简单,具体的信息是靠采编播人员用辛苦搜集换来的。

中央人民广播电台 2004 年 3 月 24 日播出的伊拉克战争特别报道《海湾零距离》,直播节目中,主持人在讲述这一天战况之激烈时,并没有使用空洞的形容词,比如"争战激烈、死伤很多",

而是连线战地记者，拿出相关数据，描绘战争十分激烈的具体真实的景象……

战地记者：23号可以说是英美在开战以来，遇到的伊拉克军队抵抗最顽强的一天……首先，在上午的时候，一架美国的战斗机被伊拉克的防空炮火击落，而且有两名飞行员逃离飞机，但是伊拉克方面很快发现了，并且组织大量的居民在底格里斯河两岸进行搜寻。……另外，当天在纳西里耶附近，美国遭到了诈降的伊拉克军人的伏击，双方随后进行了激烈的战斗，战斗中大约有10名美军士兵死亡，另外有12人失踪……

2. 生动

美国著名作家马克·吐温曾经说过背诵讲稿是“笔写的东西而不是为演讲而作的，因为它的形式是文学的，生硬而缺乏灵活性，无法再通过嘴来愉悦而有效地传达。如果演讲的目的是想让听众感到快乐，而不是说教，你就得把它们变得温和、间接，使之尽量口语化，采用一种就像平时并不怎么经过认真思考就说出来的方式。如果你不能这么做，就会烦死整屋子的人，而不能让他们高兴”。

这句话的核心含义就是在掌握资料和言谈内容的基础上，用生动的、听众容易接受的语言方式将信息传达出去。

首先，参与现场直播的主持人或者记者应该知道如何将已有资料转换成为较为人性化的语言。人性化的语言不是说教，不是自我陶醉似的发泄情感，人性化的语言要谈你、我、他大多数人的感受、故事以及具有实际意义的指导和建议。

其次，由于广播的表现要素是听觉的，没有视觉要素那么直观。因此，在收集信息时，要注意收集那些具体的、可以感知的细节。法国哲学家艾兰说："抽象的风格总是不好的，在你的句子里，应该全是石头、金属、椅子、桌子、动物、男人和女人。"如果在直播节目中可以收集到这些具体的形象，语言就会在听众的脑海里描绘出一幅幅画面。

3. 深入

浮光掠影的资料收集肯定要比深入事实、发掘内涵的收集简单得多。不过，前者给予听众的印象很少，而后者则将给听众一些深刻的思考。

当我们在听一档直播节目时，会对不同的主持人有不同的感觉：有的好似无话找话、自我陶醉、词不达意、评论不能令人信服，有的则言语精辟、丝丝入扣、议论恰当。事实上，直播主持人的成功与否，关键就在于其是否在直播前针对话题进行了深入细致的思考和准备。

三、技术准备

现场实况转播与单纯的直播间直播有很大的技术上的差异。前者，解决通讯问题是关键；而后者，为了确保直播的安全性，延时装置是目前广播电台必备的直播技术手段之一。

现场实况转播与现场报道有很大的差异。现场报道是由记者在事件现场，以记者为主述来源的报道形式，主要声源就是报道的记者，在技术处理上比较简单，记者用电话与直播间进行连线就可以达到现场报道的基本效果了。而实况转播到除了电信线路之外还有不同的方式可供选择：

1. SPS(SOUND PROGRAM SERVICE)

这是一种国内外地区通话的专线装置,电信局称之为“节目传输业务”。该技术的优点在于一旦接通就会保持畅通,也不需要经过拨叫程序,音质十分清晰,但事先必须通过电话局的申请,在两端定点安装收发线路。

2. ISDN(INTERGRATED SERVICES DIGITAL NETWORK)

ISDN 中文名称为资讯整合数字网络。这种基于数字化技术的通讯技术,频宽为普通电话的三倍,所以能够获得很高的音质。

3. 电话专线

电话专线也是通过电信局申请安装的线路,可在电台与转播地点之间架设一条电话专线。经常需做实况转播的电台会在几处比较重要的地点申请电话专线,遇有转播之时,只需连接电话就可以工作了。

4. 移动电话

对于广播而言,移动电话的随机性和时效性最为突出。但其弊病是信号不稳,音质欠佳,电力无法长久维持。

5. 卫星电话

卫星电话重量轻,机动性高,能通过自有的卫星系统达到全球通讯的目的。使用卫星通讯系统可以省去向电信局申请、安装电话的问题,同时可以脱离当地的电信系统。不过,必须在室外才能与通讯卫星连通,昂贵的设备费用和通话费用也是要考虑是否采用该系统的要素之一。

传输问题的解决并不代表实况转播一定会成功，配置成音设备的技术准备是又一要领。以集会形式的现场实况转播来说，必须架设麦克风和布置线路才能采集会场内各处的声源信息。此外，还需准备专供转播记者使用的麦克风以及能混合各路音源的成音控制设备。在进行运动会场的实况转播时，应着重注意现场的背景声音与记者声音之间合理的音量比例。

此外，为了避免在直播过程中出现意外(如将个别听众过激言词即时直播出去)，广播电台都会在直播时采用广播延时器。一般来说，延时器可以通过手动设置将直播节目延时 1～20 秒。比如，我们将延时时间设为 6 秒，当不恰当语言出现时，只要按一下删除键，则此前 6 秒的所有内容都将被清除，接下来的 6 秒将是实时的直播；6 秒后再重播一次这 6 秒的节目内容，则广播又恢复到一个 6 秒的延时。

四、主持人的心理准备

直播节目的同步性与即时性让许多初涉者望而生畏。为了克服这种心理障碍，除了要进行前述的必要的案头工作之外，在平时进行直播过程相关环节的练习也是非常必要的。练习的内容可以包含以下两个方面：

1. 了解焦虑的原因

(1)不熟悉。初上直播节目的主持人一般会有一种焦虑感，这种焦虑感主要来自对直播状态的不了解与不确定。解决这一问题的最好方法就是练习、练习、再练习！熟悉工作流程，熟悉稿件甚至背熟它，熟悉要播放的每一段音乐，甚至用心去领悟、用语言去解释它。这样虽然有些费时间，但多次练习之后，等你熟悉了直播环境，就不会因为无知而感到恐惧了。

(2)害怕丢人。如果在上直播节目时，主持人有害怕在同行、听众面前丢人的心理包袱，那么就会产生焦虑的心理。从生理学上讲，此时就会出现肌肉紧绷、呼吸困难、感觉恶心等症状，进而可能导致思路堵塞、健忘。解决这一问题唯一的办法就是利用知识和智慧。等你觉得自己的知识和智慧完全可以应付直播状况或者意外状况时，就会变得相对轻松了。

2. 平稳情绪

(1)紧张不是个别现象。在众人面前讲话会有点紧张，这是人之常情。了解了这一点，就会让你的情绪稍微平和一些。如果你向直播主持人问及他的第一次直播经历，几乎任何人都会告诉你："节目做得很紧张，糟糕极了。"如果你只是初涉直播节目，绝对的平静和淡然是不可能的，给自己时间让自己成长吧。

(2)一定程度的紧张有益无害。一定程度的紧张状态对直播反而有利无弊。在紧张状态下，肾上腺素由肾上腺释放到体内，使心跳加快，血压升高，人会感觉精力充沛，思维也开始变得敏捷。反之，如果缺乏这种兴奋状态，人的大脑就好像被挖空了一样，思维迟钝。

3. 信心十足

(1)树立信心。让自己对所说的话充满信心。这不仅是心理暗示，同时也是周密地进行前期准备的结果。把自己将要对听众说的先与朋友交流、征求意见，并最终求得令人信服的答案。一定要理解节目主题的深层内涵和价值，知道自己不是浅薄的，争取使听众受到启发或受到感染。

(2)自我鼓励。“告诉自己可以”，这是一种有效的心理暗示，即便“可以”是假的，但这种“自欺欺人”的办法也会令人自信起来。反之，如果总是“告诉自己不可以”，消极悲观的情绪就会慢慢产生，直播的效果多半不甚理想。

4. 集中注意力

(1)培养习惯。许多直播主持人在上节目之前都有自己的某个习惯，目的是平复情绪，让自己的注意力集中。有些人做伸展运动，有些人静坐，有些人听音乐……没有一定之规，但却是可以让自己平静下来的好办法。

(2)“盯”着一个地方。直播时，主持人东张西望、胡思乱想是不行的。这时，主持人需要“盯”住某一个地方，或者是墙壁，或者是空中的一点，也可以是想象中的某一点……这种办法可以使主持人的思维变得集中不易分散。

五、直播环节

1. 控制播出工作站

播出工作站是广播计算机自动播出系统的一环。播出工作站可以实现电台节目的自动播出，电台只要将每天所要播出的节目、广告经编排站、广告管理站编排成节目单和广告单，播出工作站就会根据当天所编排的节目单和广告单进行自动播出。播出工作站适合于直播、录播、定时播等各种情况，同时又具有插播功能，以满足电台临时改动节目的需要。

控制播出工作站是直播主持人的必备能力，能为其省去了不必要的脑力劳动，从而对直播的流程控制有更精确的把握。

2. 充分准备的基础上尽量脱稿

广播虽然“只闻其声，不见其人”，但直播主持人若照本宣科，听众同样可以通过语气、语调、语言的节奏等分辨出来。而脱稿发挥的直播主持人相对来说更有魅力。脱稿可以体现其思维的活跃性以及自身的素质深度。不过，并不是每一个不依赖稿件的主持人都是天生的演说家，事实上，脱口而谈需要掌握一定的要点：就像一个完整的人需要一个完整的体魄一样，一席讲话也需要有支撑其框架的“筋骨”、体现其内涵的“灵魂”以及贯穿其脉络的“血肉”。

(1)提纲是“筋骨”。直播主持人经常会就一个话题与听众展开讨论。因为听众的收听心态以及具体情况较为复杂，所以，主持人一方面要起到穿针引线的作用，一方面又要时刻谨记不被“众说纷纭”的态势冲昏头脑，防止直播节目散“架”。为了避免此种情况的出现，直播主持人在做节目之前就要根据话题和节目内容确定自己的态度和观点，由浅入深、由主及次列出提纲。无论直播过程多么复杂，也要“稳住阵脚”。

(2)重点是“灵魂”。直播节目经常会被听众的提问、短信参与、热线参与扰乱话题中心。遇到这种情况，主持人要把握住一个原则：不要放弃重点。这个重点可以是中心议题，也可以是一种观点，或者是一种目的。重点是“灵魂”，直播节目不能失去“灵魂”。

(3)内容是“血肉”。直播节目的内容不等于主题，主持人向听众提出一个题目不等于就万事大吉了，而应该关注听众的思路，考虑听众的出发点，积极引导听众加深对话题的理解。一个有血有肉的节目应该是深入浅出、内容不断加深和丰富的过程。如果只满足于用话语和音乐来填补时间，那么这档直播节目永远只会是涂鸦一张而不是有色彩有性格的图画。

3. 播放音乐

广播直播节目过程中，音乐的播放需要掌握一些技巧和关键点：

(1)音乐要切合主题。即便是一档要求直播节目主持人不断转动大脑说话的节目，音乐也是必不可少的内容之一。因此，直播节目主持人要手脑并用，着实辛苦。尤其要让语言的主题与音乐的主题结合巧妙和恰当就更加地不易。不过，不要忘记，对于音乐的理解与直播话题的理解本应该在直播节目之前就完成的，这应该是准备工作的一部分。所以，在准备工作之时，就要设计好音乐环节，准备好音乐素材，并且把握播放音乐的契机。

(2)切实掌握淡入淡出的节奏。直播技巧不熟的主持人经常只会一心一用，不会一心二用，即只会不停地说话，而忘记了音乐是最好的逗号和句号。播放音乐可不是简单地将其当作谈话的背景，而是将音乐巧妙地淡入或者淡出，使整个节目显得张弛有度，音乐的点染作用尽显。

(3)语言与音乐的“天作之合”。语言与音乐同属“声音”，它们都具有声音的属性，即音调、音时、音量、音质等。语言与音乐的“天作之合”应是彼此完美的呼应，而不是互不相干的两条平行线。直播时，语言与音乐通过主持人的嘴和手进行调节和融合，使其在表现力与情绪上达到浑然一体的境界。

4. 导播把关

当直播节目有热线电话环节时，导播是必设的一环，他是连接听众和直播主持人的桥梁，同时更是把关人！具体来说，导播的工作分以下几环：

(1)筛选电话。由于热线电话是面向全社会各个阶层的，因此，听众参与的层次多元且复杂。导播要在有限的时间内对热线听众进行判断——是否具有表达能力、目的是否正当、是否对节目主题有所了解等。对那些别有企图、思维模糊的热线听众要婉言谢绝。

(2)简介节目内容。不是每一个打进热线电话的听众对节目的主题都有清楚的了解，因此，导播必须再一次与热线听众进行沟通，向其简要介绍节目的主题，并尽量拓展听众对节目内容的理解，以便听众更好地与主持人进行交流。

(3)舆论导向。导播要有一定的“喉舌”意识，严把舆论导向关。比如，当直播节目对一些社会热点问题进行讨论时，主持人要对那些具有偏激态度的热线听众进行正确的引导或者避免其参与节目，以免造成不可挽回的局面。

第二节　关键点

一、直播节目的经营价值

直播节目的互动特色不但吸引听众，同时也吸引电台和商家、电信部门等。商家可以通过活跃的互动形式使“产品内容”

巧妙地参与到节目内容中（如热线广告、互动节目的赞助）。随着电信移动增值业务的普及，电信部门成为电台经营的主要合作伙伴之一。

电台与电信部门基于移动增值业务的合作主要有以下几种方式：

1. 合作建立短信平台

短信参与节目几乎成为任何直播节目的内容之一。听众用发送短信的方式参与节目，从而带动直播节目的互动，最终为电台与电信部门带来经济利益。短信平台的建立需要电台有相应的节目平台作为支持，同时也需要电信部门给予该节目（或电台）统一的短信代码，听众参与节目发送短信至此号码，电信部门就可依此计算短信额度，从而与电台结算分成。目前，有些电台为了最大程度地获取此部分的收益，专门设计了刺激听众发短信的节目，如中央人民广播电台都市之声的《拇指英雄》。

2. 策划移动增值内容为电台节目内容

随着移动增值业务的种类增加，电台与电信部门的合作不断加深。目前，已有电台看好移动增值业务的彩铃①业务，专门设计了“彩铃欣赏与下载节目”。

3. 通过手机听节目

通过移动增值业务的 IVR 项目，听众用手机拨打指定号码，就可以收听电台节目。电台参与 IVR 项目，其实就成了移

① 彩玲：手机被拨通时，主叫方听到的不是传统的“嘟……嘟……”回铃，而是带有音乐和音响的个性铃声。

动增值业务的内容提供商，身份也有了相应的变化，在电信产业链中充当了重要角色（见下图）。

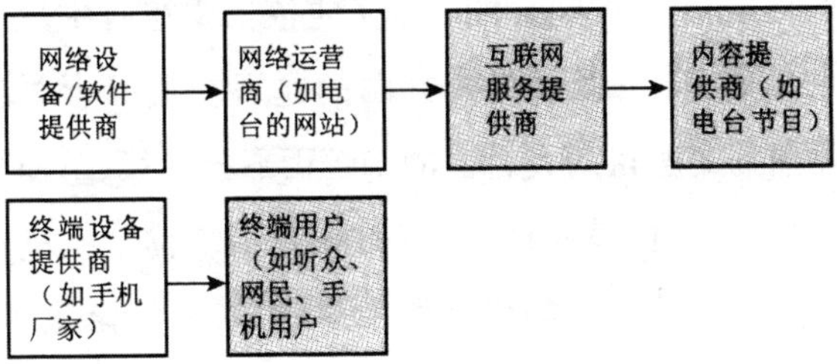

移动增值业务产业链

二、即兴发挥的素质培养

直播节目主持人与录播节目主持人的最大不同在于，前者需要对不断变化的情况机智地应对，这其中既包括对常态情况的应对，也包括对非常态情况的应对。这种即兴发挥可以凸显主持人随机应变甚至绝处逢生的能力。

1. 游戏训练

(1)纸条游戏。对于直播节目主持人来说，最困难的莫过于用最短的思考时间开始一段演讲，纸条游戏就是用来训练这一能力的。

纸条游戏的玩法需要群体的合作——每个人在纸条上写上一个题目，然后让演讲者随机抽取纸条，抽中哪一个题目，就要立刻站起来开始为时一分钟的即兴演讲。

这个游戏很简单，却可以从两个方面得到获益：一方面，锻炼了在毫无准备的情况下随机应变演讲的能力；另一方面，因为题目五花八门，可以锻炼在短时间内搜索整理自己知识的能力。

(2)赢家必备。在纸条游戏中，要想表现得好，有三点要谨记：第一，时刻有站起来演讲的心理准备。要在心中思量：如果要我现在站起来，我最适合哪方面的题目？我的素材有那些？如何将我抽到的题目向我自己的知识面靠拢？第二，举例说明。当表达一个事物时，最有趣、最有力的内容结构就是举例说明。它可以使演讲者从不知如何开始中摆脱出来，渐渐进入演讲状态，也可以吸引听众的注意力。第三，做精力充沛状。无论是有精神还是没精神，都要表现出一种旺盛的精力，这会让听者为之一震，给予你敬业、自信、有活力等正面肯定。

(3)赢家切忌。第一，切忌过于放松而信口开河。很多主持人将挑战紧张作为终极目标，结果却陷入了另一个极端，就是思绪满天飞、胡说八道。所以，在战胜紧张的同时，也要有严谨的思维和固定的话题中心，不要跑题和毫无逻辑。

第二，不分对象与环境。直播节目主持人不能陷入一种自我的状态，即便这种状态可以令自己口若悬河、大展口才。你的听众是谁？他们想听什么？他们的心情又是如何？这些都要考虑清楚。事实上，直播主持人的定位是听众的“服务员”，为他们创造价值，所以时刻不要忘记服务意识。

2. 增强“语智”

一个人智力水平的高低称之为 IQ(英文 Intelligence Quotient 的简称，即“智商”)。一个人自我情绪管理以及管理他人情绪的能力指数称之为 EQ(英文 Emotional Quotient 的简称，而“情商”)。而对于直播节目主持人来说，还应具备 LQ，即

Language Quotient“语言商数”的简称。一名语商较高的直播节目主持人至少应具备三方面的才能：

(1)简。以简驭繁，一语中的。对直播话题能够一语道破玄机，在烦琐的信息中快速地找到关键点。简，是一种智慧，用大多人都可以理解的语言表达方式道出事物的本质。

(2)快。直播主持人经常会挑战思维速度。生发议论，回答问题，临场发挥，即景生情都需要一个“快”字。因此，需要主持人在保持注意力的高度集中之外，训练自己的知觉能力。而整体性、选择性和理解性的强弱可以衡量一个主持人知觉能力的高低。

(3)活。主持人语智之“活”，不仅在于语音的表达方式，即庄子所言“感有万端之异，言有万态之殊”。同时，在直播状态之中，主持人也要掌握应对之“活”，即如何妙语连珠、化险为夷。这是一种“内紧外松”的技巧，通常需要深厚的文化功底和心理素质。

三、有关直播节目的相关法规、条例

直播节目的经营价值是一种利益驱动力，因此绝大多数广播电台会在直播节目中采用拨打电话和手机短信参与活动的方式。然而，不讲播出原则、只求经济效益的情况屡见不鲜。因此，国家广播电影电视总局于 2005 年 4 月下发了《关于进一步加强电话和手机短信参与的有奖竞猜类广播电视节目管理的通知》。通知内容涉及广播直播节目的部分有以下几个方面：

第一，各级广播电视管理部门和广播电视播出机构，必须高度重视加强电话和手机短信参与的有奖竞猜类节目的管理工作，时刻牢记广播电视是党和人民的喉舌，牢固树立政治意识、大局意识、责任意识和阵地意识，将电话和手机短信参与的有奖竞猜类节目，纳入群众参与的广播电视直播节目的管理，切实采取措施，加强管理，把好关口，牢牢把握正确的舆论导向。

第二，电话和手机短信参与的有奖竞猜类广播电视节目包括：以奖品或奖金等各种奖励手段吸引听众、观众通过电话和手机短信参与节目、参与评选、竞猜问题、抽选幸运听众、观众等广播电视节目或栏目；在一定范围内随机抽取电话和手机号码作为幸运听众、观众，并给予奖品或奖金的广播电视节目或栏目；广播、电视机构播出的以有奖竞猜活动为内容的广告；各广播电视播出机构所属网站设立的有奖竞猜板块及作为节目外延的互联网平台等。

第三，电话和手机短信参与的有奖竞猜类节目，要符合社会主义精神文明建设和思想道德建设的要求，导向正确，内容健康，遵守社会公德和职业道德；要有利于帮助人民群众树立正确的世界观、人生观、价值观，有利于在全社会形成良好的道德风尚。

第四，广播电视新闻和新闻类节目（含访谈类节目），一律不得开设电话和手机短信参与的有奖竞猜节目。

第五，广播电视播出机构开设电话和手机短信参与的有奖竞猜类节目，须出自节目自身内容需要，须与节目整体风格一致，不得随意编造，不得含有虚假不实内容。

第六，广播电视播出机构开设电话和手机短信参与的有奖竞猜类节目，应当维护国家尊严、荣誉和利益，弘扬我国优良传统文化，不得含有危害国家统一、主权和领土完整的内容。

第七，广播电视播出机构开设电话和手机短信参与的有奖竞猜类节目，不得涉及政治性、敏感性内容；要慎重把握民族、宗教等敏感问题；不得含有煽动民族分裂、亵渎民族风俗习惯、伤害民族感情的内容。

第八，广播电视播出机构开设电话和手机短信参与的有奖竞猜类节目，必须尊重人格尊严和公民的合法权益，不得围绕灾难事件、伤亡事件等负面信息内容设置竞猜题目。

第九，广播电视播出机构开设电话和手机短信参与的有奖竞猜类节目，必须尊重妇女、儿童、老人和残疾人，不得含有侮辱、歧视、调侃妇女、儿童、老人、残疾人等内容。

第十，广播电视播出机构开设电话和手机短信参与的有奖竞猜类节目，要维护健康文明的社会风尚，不得含有格调不高、内容不雅、庸俗无聊的内容；必须杜绝色情、淫秽、性暗示和含有暴力、血腥、凶杀、有教唆犯罪之嫌的内容；法制类节目和涉案、恐怖、凶杀类影视剧，不得竞猜案件细节、侦破手段、恐怖内容等；不得涉及迷信、邪教、伪科学的内容；不得含有解析姓名、出生日期、测算命运等迷信无聊内容；不得含有赌博及酒精、麻醉品和烟草消费等内容；不得宣扬摆阔、奢侈浪费等行为。

第十一，广播电视播出机构开设电话和手机短信参与的有奖竞猜类节目，不得影响正常节目的播出；竞猜题目设置要体现科学性、知识性、益智性，不能单纯以赢利为目的。

第十二，广播电视播出机构开设电话和手机短信参与的有奖竞猜类节目，不得以高额奖品和奖金迎合或诱发听众、观众的投机、博彩心理；一般节目单个竞猜奖项的奖品、奖金价值总额不得超过 1 万元。

第十三，广播电视少儿节目设置电话和手机短信参与的有奖竞猜活动，以及现场举办的益智竞赛类少儿节目，要注意正确引导，防止刺激少年儿童的投机心理，影响少年儿童正常的学习生活以及正确人生观、世界观、价值观的树立；其奖品不得采用现金形式，奖品价值不得高于其他节目奖品价值，奖品用途应与少儿学习和生活密切相关。

第十四，必须严格控制电话和手机短信参与竞猜内容的播出次数；含有电话和手机短信参与有奖竞猜内容的广播电视节目，30 分钟以下的节目（含 30 分钟），有奖竞猜内容的广播或字幕只能播放 1 次，每次播出时间电视不得超过 15 秒、广播不得超过 20 秒；30 分钟以上 60 分钟以下的节目，有奖竞猜内容的广播或字幕可以出现 2 次，每次播出时间电视不得超过 15 秒、广播不得超过 20 秒；60 分钟（含 60 分钟）以上节目，每超出 20 分钟，可出现 1 次有奖竞猜内容的广播或字幕，但总次数最多不能超过 5 次，每次播出时间电视不得超过 15 秒、广播不得超过 20 秒。电视剧只能在播完一集之后，播出 1 次电话和手机短信参与的有奖竞猜内容，每次播出时长不得超过 20 秒。

第十五，广播电视播出机构开设的各类节目、栏目，不得以赈灾、募捐等公益名义开设电话和手机短信参与的有奖竞猜活动。

第十六，有奖竞猜类节目在介绍相关奖品时，不能对商品做除名称、商标展示播出之外的其他任何形式的宣传；题目设置由广播电视播出机构决定而非赞助企业决定。

第十七，广播电视播出机构开设电话和手机短信参与的有奖竞猜类节目，要向听众、观众说明参与方式、参与程序、资费标准、资费收取方式，表述不得产生歧义。

第十八，开设电话和手机短信参与有奖竞猜类节目要按程序报批，开设这类节目的广播电视播出机构，负有电话和手机短信的选择、编辑、审查和播出责任。

第十九，各级广播电视播出机构要建立健全各项管理制度，严格把关。县级以上广播电视行政管理部门，应当建立对广播电视机构开设电话和手机短信参与有奖竞猜类节目的监听监看制度和受理公众投诉制度，及时发现和处理有关问题。

附　个案分析

《三峡畅想》节选①

第一部分：序 片头：【涛声音效】男声：滚滚长江东逝水，高峡平湖百年梦。蓄水、通航、发电，千古三峡演绎激情三步曲。女声：中央人民广播电台、湖北人民广播电台、重庆人民广播电台联合奉献大型直播《三峡畅想》第二部《通航》。 庞莹：各位听众朋友，早上好！这里是中央人民广播电台、湖北人民广播电台、重庆人民广播电台联合制作的大型现场直播节目《三峡畅想》第二部《通航》，我是主持人庞莹。 大魏：早上好，全国的听众朋友！我是主持人大魏。今天上午8点30分，三峡工程将举行双线五级船闸试通航仪式，断航60多天的长江三峡江段再次通航。在3个多小时的直播过程	三峡通航可以说是中国历史上的重大事件，受到广泛关注。因此，该直播节目的策划就显得尤为重要，既要表现被关注的，同时也不能忽略值得关注的。 节目开始，主持人简单介绍了该节目多元一体化的直播策略——多点联动直播。

① 由中央人民广播电台中国之声制作，本节目曾获2003年中国广播奖一等奖。本个案分析参考该节目主创人员文章《从〈三峡畅想·通航〉看大型现场直播多元一体化发展趋势》，刘涛、庞莹、大魏：《中国广播》，2003年10月刊。

中，我们在整个三峡坝区和库区安排了多路记者，他们将从三峡船闸上、集中控制室里以及水翼飞船上，还有秭归、巫山、奉节、丰都、重庆等地及时发回报道，为听众朋友全方位多角度地介绍蓄水通航前后三峡航道的变迁。

庞莹：同时我们还邀请了权威专家现场即时点评，节目直播过程中还有珍贵历史音响原音重现，更有三峡居民诉说故园情怀。请您锁定中央人民广播电台第一套节目，精彩内容不容错过。

大魏：今天我们演播室请到的专家是清华大学水利水电工程系谷照祺教授。您好，谷教授！

谷照祺：你好。

大魏：谷教授还是三峡工程技术设计审查组成员，也是质量检查组特邀专家。大家对于三峡工程，特别是对于蓄水通航有什么问题，请编辑成手机短信发送给我们，我们将请现场专家和前方记者及时解答。

专家的即时点评与听众的短信参与成为后方直播间的一大亮点，也为长达3小时的通航过程添补了重要的节目“能源”。

大魏：手机短信的发送方式是，先输入字母ZB，就是汉语拼音“直播”两个字的第一个字母，然后输入你要提出的问题，发送到9500168。今天我们的直播节目在三峡工程试通航仪式现场还安排了一个直播间，现在我们把信号切换到前方直播间。

片花：中央人民广播电台、湖北人民广播电台、重庆人民广播电台联合奉献大型直播《三峡畅想》第二部《通航》。

（信号切换到前方直播间）

郭静：这里是中央人民广播电台、湖北人民广播电台、重庆人民广播电台大型现场直播《三峡畅想》第二部《通航》前方直播间，我是主持人郭静。

亦诚：早上好，听众朋友，我是主持人亦诚。我们现在所处的位置，是在三峡工程双线五级船闸三闸室中隔墩，这里也是今天试通航仪式的主会场。

信号切换到前方直播间。前方直播间与后方直播间有着明确的角色定位——前方是核心，后方是外围；前方主持人介绍通航仪式和过闸进展，后方介绍相关背景知识、烘托气氛；前方控制坝区记者，后方控制库区记者。

郭静：三峡工程双线五级船闸分南北两线，它们由西向东、自上而下，各有“一、二、三、四、五”五个闸室，南北两线闸室之间是一个60米宽的平台，这就是中隔墩。我们的前方直播间坐西朝东，就设在三闸室中隔墩北侧靠近三闸首的地方，我们的右侧就是主席台。

亦诚：这里是一个山谷，雾气在江面上浮动，非常漂亮。坝区的天气根据预报，今天最低气温是21摄氏度，最高是31摄氏度，对于试通航仪式来说，是一个不错的天气。

郭静：是的。我们前方直播间有两面窗户，右侧是主席台，可以看到南坡上打出了许多标语横幅，可以看到北线三闸室的情况。透过窗户还能看到三峡工地的制高点——著名的景点坛子岭。今天试通航仪式有两艘客轮从上游驶来走南线船闸，有五艘货轮从下游驶来走北线船闸，我们分别在上行的一艘货船和下行的一艘客轮上以及船闸集中控制室安排了记者。现在湖北台记者洪燕已经登上了南线下行客船“仙娜号”。现在我们连线洪燕，了解这艘客轮此时的情况。洪燕，你好！你们“仙娜号”现在在什么位置？

洪燕：“仙娜号”正停泊在三峡大坝上游茅坪新港。这一带江面非常宽阔，我看见现在水面非常平静，碧波荡漾。我现在就在“仙娜号”船头。“仙娜号”是目前国内内河上规模最大的豪华游轮之一，全长129米，宽是17米，船长是一级船长陈真，已经有20多年的行船经验，能参加仪式他们所有船员都感到骄傲。作为一名有经验的船长，陈真说他并不紧张，但是他说在船进出船闸的时候，由于航道较窄，加上风速、风力的影响，要掌握好航向还是比较困难的。而且在闸室里将船停泊在准确的位置，将缆绳准确地套到系船柱上，这些对于船长和船员的指挥和操作都提出了更高的要求。现在参加南线下行的五艘船都已经准备就绪了，有引航船、护航船、消防艇、“神州号”和我们“仙娜号”都已

前方也有前方，可见直播策划的深入、到位。记者报道也能够抓住细节，较为生动。

经各就各位，准备开始一段具有特殊意义的航程。我这里的情况就介绍到这里。

郭静：好，谢谢。那么这是几艘单船在一起，它们在行进过程中要保持队形，的确在过船闸时是有一定要求的。前方的情况先介绍到这里，现在我们把直播信号切换到后方直播间。

（信号切换到后方直播间）

第二部分：库区航道及航运的改变之一

庞莹：听众朋友，您现在收听的是中央人民广播电台、湖北人民广播电台、重庆人民广播电台大型现场直播《三峡畅想》第二部《通航》。现在由后方直播间大魏、庞莹继续主持。对于三峡航道之难之险可能很多听众早有耳闻，比如什么"滟预大如象，瞿塘不可上"，什么"白帝高为三峡镇，瞿塘险过百牢关"这样的诗句，都说明了三峡之险。我没有到过三峡，谷教授，您多次到过三峡，三峡航道到底是怎么个险法？

谷照祺：上面说"滟预大如象"，"滟预"就是一块大礁石，它在瞿塘峡的上游入口处，正好在航道的中央，水大的时候礁石就淹没了，水小的时候就露出来了。船过的时候先要对着它开，到它跟前的时候，要突然拐弯，就下去了。假如拐不过来，就撞上了，人也毁了，船也沉了。所以说非常危险。那么这样的航道在解放以后，交通部门花了很大力气整治，把暗礁炸掉了很多，改善了很多。不过山窄的地方还是窄，所以三峡川江里有 135 公里路段是单行线，按时间排队等候。

庞莹：有没有出现什么危险事故？

谷照祺：哎哟，那年年有。抗日战争胜利后我们从重庆回上海，有一部分人坐船下来。我父亲很多多年积累的医学标本在船上，最后这船就撞到滟预堆上沉掉了，很险的，人逃命出来，东西都没了。

庞莹：现在有许多听众发短信向谷教授请教问题。手机尾号是 8171 的听众问：为什么永久船闸设计成五级？

该部分由主持人和嘉宾交流介绍三峡航道之险：巫山记者介绍江上旧信号台已经拆除，新的已经启用等；巴东记者介绍航道拓宽给当地旅游业带来的新发展机遇等。上述内容由主持人和嘉宾用富含信息的语言进行串接，同时穿插回答听众通过手机短信提出的问题。这样的内容有机地穿插在新闻事件进展的间隙中，是对核心事件的丰富、解释和烘托，凸显出三峡工程通航对长江流域经济发展、人民生活、社会发展的重大影响。

谷照祺：因为上下游水位差太大了，上游是175米，下游最低62，一般是66，所以差100多米。假如是一级，门就大得不得了，做不了。所以要分成一小段一小段地慢慢上去，这样就变成五级了。

大魏：听众朋友，三峡航道山高谷深、水流湍急，江中弯道和暗礁很多，行船非常危险，人们也一直想办法克服这种危险。比如刚才庞莹提到的滟预堆，在1959年疏通河道的时候就炸掉了。

庞莹：不过这不是从根本上解决问题，在这段水道上还设了很多的绞滩站，还有一些江段需要纤夫帮助拉纤才能通过。随着三峡工程蓄水通航，那绞滩站和纤夫都将成为人们永久的记忆了。

大魏：另外，在蓄水达到135米高程之后，由于航道拓宽、江水变深，许多地方的信号台和航标设施都进行了调整。在巫山，建于(上世纪)50年代的白鸽背信号台也已没入水中，而新的信号台已经屹立在新的岸边。现在重庆台记者赵玉就在那里，我们接通她的电话了解一下有关情况。赵玉你好！你现在在什么位置？

赵玉：我在巫山县。我想许多听众都看过以长江三峡信号台为背景创作的电影《等到满山红叶时》，当年这部电影就是在巫山县境内的白鸽背信号台拍摄的。白鸽背信号台建于上世纪50年代，80年代原来的土瓦房改建成八角形的新型信号台。以前长江航道在遇到洪水时是急流澎湃，而枯水时节又险滩迭出，白鸽背信号台就担负起重要的通航指挥任务。信号员24小时守候在指挥室里，成为在险峻的瞿塘峡中穿行的船只的守护神。由于这个地方的地势非常险要，四周又不见人烟，所以一代又一代信号员只能长年与涛声为伴。在135米蓄水之后，由于水位升高，水流减缓，江面拓宽了，这就大大改善了长江的通航条件，也就不再需要那么多的信号台了。在5月13号，白鸽背信号台

在主持人、嘉宾与记者进行互动时，注重了人文内涵，通过文学与历史相关资料的介绍，使叙述显得饱满而不乏味。

的5名工作人员执行完最后一次任务后，依依不舍地告别了这座他们工作生活了多年的信号台，来到了临时过渡的指挥台工作，到8月份就能到对岸的新信号台工作了。

大魏：是不是巫山县有许多信号台都已经做了调整？

赵玉：据我了解，三峡水库在蓄水到135米水位之后，重庆长江的控制河段已经由22处减少为3处，信号台也由54个减少到7个，全部设在重庆到奉节的长江峡谷中。

大魏：好的，赵玉。谢谢你的播报。

庞莹：刚才我们介绍现在在长江三峡段，水流平缓，河道开阔，已经不需要绞滩站和纤夫了。但是在蓄水达到135米高程之后，巴东县的神农溪又出现了纤夫拉纤的景象。

大魏：巴东是湖北最西部的一个县，是一个旅游资源非常丰富的地方，神农溪就是景点之一。现在，宜昌台记者万静和张六超就在巴东县。我们请他们介绍一下有关的情况。万静，你好！你现在在什么地方？

万静：我和同事张六超站在巴东的水陆客运码头。昨天我和我的同事张六超进到了神农溪，就是巴东最著名的旅游景点，我们看到了纤夫拉纤，现在我们请张六超介绍一下。

张六超：三峡工程蓄水到135米以后，江水就倒灌进神农溪。昨天我们看到那里古朴原始的漂流，非常兴奋。更让我们吃惊的是，我们看到了在三峡地区几乎已经绝迹的纤夫拉纤景象。这是由于水位提高后，神农溪起点上引了5公里，这5公里水段地势险峻，游客需要坐船进去的话，就必须由纤夫把船拉进去，然后再顺水漂流漂出来。这样纤夫拉纤就作为一个旅游项目被开发了出来。

大魏：好的。谢谢万静和张六超的报道。

第三部分：试通航的准备情况及船闸介绍

片头：【涛声音效】男声：滚滚长江东逝水，高峡平湖百年梦。蓄水、通航、发电，千古三峡

整个报道类似于“新闻蒙太奇”，前方、后方介绍相对独立又紧密联系。转场方式自然，

演铎激情三步曲。女声：中央人民广播电台、湖北人民广播电台、重庆人民广播电台联合奉献大型直播《三峡畅想》第二部《通航》。

郭静：听众朋友，这里是设在三峡双线五级船闸三闸室中隔墩的前方直播间，我是郭静。

亦诚：听众朋友，我是亦诚。现在从我们直播间的窗户看出去，出席仪式的人员正陆续进场，他们多数是三峡建设者，其中有三峡总公司的职工、参建单位、设备制造单位和运行单位的代表，总数是1500多人。他们精神饱满，着装整齐，组成几个方队。主席台正对面，武警水电部队官兵组成的军乐队和威风锣鼓队已经就位。听众朋友如果仔细听，可以隐隐约约听到军乐声，这是他们在加紧练习。另外我们还看到一些游客和当地的市民、村民站在船闸南北坡上，准备观看仪式。

郭静：可以说会场的气氛特别热烈，可以看到横幅上写着“衷心感谢全国人民对三峡工程的关心与支持”。今天一共有两艘客轮和五艘货轮要过船闸。现在五艘货轮已经进入三闸室了，这五艘货轮中，有民生轮船有限公司的集装箱船“民联”轮，它是目前重庆—上海航线上最大的集装箱班轮。湖北台记者李伟此刻就在“民联”轮上，我们请他介绍一下货船上现在的情况。李伟，现在挺顺利的吧？我看你们已经进入三闸室了。

李伟：是的。现在“民联”轮正在北线三闸室停泊，我现在在“民联”轮的指挥甲板上。今天早上5点，“民联”轮就从杨家湾码头出发，参加试通航，6点进入五闸室。“民联”轮是目前长江航线上最大的集装箱班轮，在它前面有四条集装箱船，已经进入三闸室。这五条船将一起通过永久船闸。如果把这五条船比作一只舰队的话，“民联”轮就是旗舰。“民联”轮上装载的主要是汽车配件。

郭静：好。我们预祝你今天航行顺利。再见。

使总体结构浑然一体。

第四部分：三峡工程回顾与航道变化之二

片花：中央人民广播电台、湖北人民广播电台、重庆人民广播电台联合奉献大型直播《三峡畅想》第二部《通航》。

庞静：听众朋友，您正在收听的是中央人民广播电台、湖北人民广播电台、重庆人民广播电台联合制作的大型现场直播节目《三峡畅想》第二部《通航》。很多听众发来了短信。手机尾号是4379的朋友说他是重庆到广东打工的三峡移民，三峡已经蓄水，即将通航发电，让人激动不已。想到自己失去的家园，又不免有一些心酸。但为了国家，值！这一条真的让我们非常感动。

大魏：我们在这里也要谢谢三峡的百万移民。那么手机尾号是0350的听众说，三峡工程是世界上最大的水利工程，是中华民族的骄傲，建议将三峡工程各个历史画面编成一部大型纪实片，让国人、让世界全面了解三峡建设的历史。

庞静：蓄水通航以后，离坝区越近的地方，航道的变化也越大。现在湖北台记者梁延就在坝上库首第一县的秭归，我们请她介绍一下蓄水前后那里的变化。

大魏：梁延，你好。你现在在秭归县的什么地方呢？

梁延：我在秭归的新港客运码头，这里距离三峡大坝只有3000多米，我的右前方是隐隐约约笼罩在雾气中的三峡大坝。

大魏：是不是航道发生了很大的变化？

梁延：对，变化非常大。比如说我的右边有个小山叫许家冲，原来那里是大片的麦田，现在是大片的港湾，山头变成了小岛。昨天秭归还在那里举办了非常热闹的龙舟赛。我站的码头原来是一大片桔园，现在已经是一个现代化的港口，包括客运、旅游、货运等五个码头。那么10多分钟前，参加试通航仪式的船队就是从这里出发的。具体说到航道，秭归新港所处的江

从前方直播间转回后方直播间。在此部分，对国家大事的报道没有绝对的宣传教化痕迹，通过与听众的短信互动，道出了点滴民声。

对三峡的过去与现实的对比客观地表现出了三峡通航的必要性，这些信息对那些“通航怀疑论者”具有很好的说服作用。

面在蓄水前只有300多米宽，现在有1200多米宽，而且江水非常平缓，看起来就象一片湖面，上面是一层淡淡的薄雾，烟波浩淼。原来这里江面的航道非常狭窄，航标灯也很密集，现在航标灯减少了三分之一。作为秭归县来说，作为坝上库首第一县，原来有长江主干道是64公里，蓄水后增加了57公里，为水上运输提供了更广阔的空间，为全县的经济发展也创造了机遇。这时一艘客船刚刚靠岸，许多旅客停下脚步看大坝，也有人拍照留念。在我身后的山头上也站满了人，他们也在看水、看大坝。

大魏：好，谢谢梁延的报道。

庞静：蓄水以后，长江支流的河道也会进一步拓宽，一些原来不能通航的河段有可能通航。巫山县的小三峡风景区可能就会因此受益。现在重庆台记者赵玉就在巫山，我们请他介绍一下有关情况。赵玉，你好！

大魏：请介绍一下小三峡风景区蓄水后的变化。

赵玉：好的。我现在在巫山的长江边，我的左手就是大宁河小三峡的入口、宏伟的龙门大桥。巫山长江水位达到135米以后，大宁河与长江就交汇到一起了。过去龙门大桥到巫峡峡口有一段长4公里的狭窄河道，现在这段河道已经变成了1000多米宽的平湖。在前几天，6月12号的时候，旅游船队就浩浩荡荡地驶进了宽阔的大宁河口，揭开了首航式的序幕。在首航式上，可以装载200人的大型机动船也首次历史性地开进了小三峡，长33.8米、宽8.8米的新游艇也代替了原来的柳叶扁舟，这是大宁河第一次接纳这么大的游船。

庞静：谢谢赵玉的报道。

第十一章
网络广播节目的策划与制作

1993年以前，通过网络来收听声音对于大多数网民来说还是一件陌生而遥远的事情。尽管早在19世纪80年代，在技术上就可以实现通过网络传输音频文件，但问题是音频文件一般较大，在当时的网络传输速度下，要想听到一段音乐，就要花费几倍于音乐播放的时间把整个音频文件下载到本地。

1993年，Carl Malamud使用Mbone（IP Multicast Backbone on the Internet）技术，在互联网上建立了第一个网络广播电台"Internet Talk Radio"。1994年，另一位名叫Rob Glaser的美国人首先提出了流媒体的设想——通过网络，压缩和传递音频文件，网络用户使用特定的播放软件，通过缓冲技术，一边收听音频节目，一边不间断地下载文件的剩余部分。这样，听众就可以"实时"收听网络上的音频节目了。

目前，世界上主要的国际广播电台，如英国的BBC、美国的VOA、法国国际广播电台RH，都将注意力放到了廉价的网上空间。BBC已建立了在线新闻网站，美国之音VOA用23种语言在网络上进行音频广播，法国国际广播电台目前用5种语言在网上进行新闻广播；而网络上的个人电台更是不计其数。

1995年2月，世界上第一个24小时播出、真正意义的网络电台Radio HK开始播出。

1996年10月，广东人民广播电台建立网站和1996年12

月中央电视台建立网站，标志着中国广播电视媒体在网络传播领域迈出了关键性的一步。

1996年12月15日，珠江经济广播电台建立网站，成为中国内地第一家可以在网络上播出广播节目的电台。

近年来，中国宽带网络用户数量迅猛增长，据中国互联网络信息中心第16次调查，截止到2005年6月30日，中国互联网用户数达到1.03亿，其中宽带网络用户数已达5300万，首次超过电话拨号上网用户，这意味着网民通过网络收听网络广播节目更加便利了。

第一节　工作流程

一、网络广播的多重定位

1. 门户网站与专门网站

依据网站中广播内容所占比重不同，网络广播网站可分为门户网站和专门网站。

(1)门户网站。所谓门户网站，是指通向某类综合性互联网信息资源并提供有关信息服务的应用系统。门户网站最初提供搜索引擎和网络接入服务，后来由于市场竞争日益激烈，门户网站开始拓展自己的业务空间，加入了新闻、聊天室、广告、免费邮箱、电子商务、BBS、网络游戏、免费网页空间等内容空间。在国内，典型的门户网站有新浪网、网易和搜狐等。

随着网友对网络内容的期望值提高以及流媒体技术的发展，门户网站开始加入音/视频内容。网络音/视频的发展使媒体的门户网站如中央三台(中央人民广播电台、中国国际广播电台、中央电视台)感觉到了发展音/视频内容的重要性，于是纷纷建立网络广播和网络电视。2005 年 7 月 13 日，中国国际广播电台在其门户网站国际在线开辟了“多语种网络电台”；2005 年 7 月 28 日，中央人民广播电台在其门户网站中国广播网开辟了一个专门频道“银河台”。

对于像多语种网络电台和银河台这样的网络广播，其重要支柱是其母体——门户网站，很多信息资源、品牌资源与其母体密不可分，而且，它们也只能称为门户网站的一个频道。

(2)专门网站。专门网站顾名思义，是指通向某类专业性互联网信息资源并提供有关信息服务的应用系统。专门网站相对于门户网站的最大区别就是术业有专攻，专门网络广播网站的名称即为某某网络电台，内容也以音/视频节目为主，如由共青团中央主办、中国青少年社会服务中心承办的中国青少年网络电台“青春之声”，旨在运用网络电台这一新生事物创新工作方法和服务模式，服务广大青少年生活、学习和娱乐之需，促进他们的健康成长。

专门网站依据受众群体的不同、经营目的的不同，内容可以千差万别。随着网络广播的渐趋普及，网络广播作为舆论工具的功能也必然受到重视，如目前已有宗教团体开始建立自己的网络电台，并将宗教故事编排成广播剧的形式进行播出。

2. 广播网络化及网络化广播

从网络广播的网络特性进行分析，可将网络广播分为两个层面：广播的网络化和网络化的广播。

(1)广播网络化。广播的网络化是指将传统的广播节目与网络技术进行简单的嫁接,在网络中播出。这种形式的目的是利用传统广播的节目资源进一步扩大网民收听群,使节目二次增值。广播的网络化可以实现直播或者点播。直播是将电台正在播出的节目通过网络传输出去;点播是将广播节目做成独立的音频个体,网络用户可以通过点击或者下载进行收听。

广播的网络化是一种较为初期的网络广播节目形态,随着对受众需求的重视,网络广播开始关注开发适合于网民收听的广播节目,向网络化的广播迈进。

(2)网络化广播。网络化广播是指针对网络受众,进行网络多媒体信息的独立制作和传播。

网络化广播较之广播网络化有四点不同:

第一,多媒体传播。

网络的包容性使网络广播有了多媒体的发展空间。比如,在广播直播室安装视频设备,在网络中播放节目进行的视频状态;利用 Flash 动画技术,让传统的音乐音频伴随状态转换成音/视频同步的欣赏状态……

第二,私密互动。

传统广播与网络广播都可在直播的过程中与受众进行互动。然而,比之传统广播,网络化广播的互动方式和互动的私密感更加突出。

网络化的广播可以通过网络聊天工具(如 QQ、聊天室)、BBS 论坛、手机短信、热线电话等多种方式与听众进行交流。导播已不是传统广播的"热线专员",而是受众的网络朋友。同时，因为网络的私密性，网络化的广播也附加了这种特性，大多数网友通过昵称与节目主持人进行交流，毫无芥蒂，贴近性更强。

第三，主持与受众共融。

在网络化的广播中，主持人与受众的关系相互交织，联系紧密。主持人在直播的过程中要时常根据受众的意见转换话题，发表看法，也会因为受众的需求转变随机调取资料。同时，因为受众在收听网络广播的时候也可以搜索网络资料，所以，在互动性较好的网络广播节目中，经常会出现“大家帮大家”的节目制作状态。受众的能动性加强，成为节目的制作群体之一。

二、网络受众的调研

网络广播的受众和传统广播的受众有着极大的不同，不清楚地了解这一点，网络广播的节目制作就会与“瞎子摸象”毫无二致。

对于网络受众的调研，要从以下几个方面进行：

1. 锁定目标人群

一般来说，连接于门户网站类型的网络广播，受众很大一部分来自于门户网站的固有用户。因此，调查对象一般锁定于该门户网站的浏览用户，调查问卷一般设置于网站的主页，由用户自由浏览并填写。但要强调的是，这种调查方式不是随机抽样调查，不具有推算总体的作用，但其结果对于评价网站的目标受众还是有相当大的价值。

专业网站类型的网络广播也可在自己的网站首页设置调查

问卷。但是，相对于门户网站而言，专业网站需要时间进行独立的宣传、运营，以赢得受众的重视。所以，在前期构建网站运营计划时，为了更加迅捷地了解网络受众的需求，可以采用随机抽样的调查方法，从而了解更为宽泛的网民状况，若是专业性较强的网络广播，如儿童类网络广播，则可在目标受众内进行抽样调查。

2. 设置调查问卷的结构和内容

一般来说，网络广播受众调查问卷要包含以下几个题目单元：

（1）主测题目。主测题目中应该包括：受众使用网络广播的行为特征，对网络广播提供功能的使用情况，使用网络广播的习惯和偏好，在使用过程中遇到的问题和感受。

（2）受众的个人信息。受众的个人信息应该包括：受众的性别、年龄、文化程度、职业、所在地、媒体接触情况、受众接入互联网的方式等。

（3）开放题目。在开放题目中，应让受众填写对网络广播的具体建议和意见。

3. 评估问卷

在回收问卷之后，要对问卷做出有效或无效的评估，在有效问卷中提取调查结论。一般来说，最重要的一个选取标准就是受众对问卷的填空是否基本完整，并对问卷的回收情况设置一个具体的标准。

三、内容策划

网络广播的内容策划相对于传统广播来说更加立体、更加复杂。

首先，网络广播要根据网络和网民的特点设置节目；其次，网络广播是可视化的，如有可以浏览的页面、可以收看的视频节目，因此视觉信息策划要加以考量；再者，网络广播的贴近性极强，因而其互动更为热烈，播客、博客参与热情高，相应服务也应做到位，如BBS、播客平台的设置等。

具体来说，网络广播节目的策划至少应考虑以下三个方面：

1. 在播节目

根据网络的私密性、资讯的快捷度以及互动行为的方便性，目前，网络电台的在播内容主要由三个主题构成：

(1)情感。情感的抒发是在播节目与网民沟通的最好渠道，情感元素在节目中所起的作用主要体现在两个方面：一方面，网络电台的节目风格可以倾向于情感的抒发——主持人的语言、节目音乐牵动网络听众的收听情绪，共同营造情感环境；另一方面，无论是娱乐、资讯还是情感节目，听众都可以通过互动渠道“传情”，面向现实中的朋友、网友、主持人、导播等。因此，网络广播的“人物关系”是“网友对网友”的友情氛围，这与传统广播主持人与听众的身份区隔大不相同。

(2)资讯。网络广播节目的资讯内容含有大量的资讯信息，除了娱乐信息，也包括正统的新闻信息。然而，不同的网络广播因受众的不同，对资讯类型的需求也有所不同。比如，中国广播网的银河台因受众年龄偏小，因此，对娱乐资讯的需求量比较大；而国际在线网络电台则因受众年龄偏大、受教育程度较高，对新闻资讯的需求量比较大。

(3)互动。网络广播节目的互动不仅是一种直播现象的体现，同时也是一种必然。因为较之传统广播，网络的互动渠道众多且早已成为一种网络生活方式。通过 QQ、MSN 等即时通讯软件聊天，在 BBS 上“灌水”，网络广播的主持人可以与受众进行无障碍的交流。同时，因为一直以来网民习惯于主动搜索信息，因而网络广播节目的互动内容也将略显无主题的自由分散状态。

2. 互动渠道

网络广播的互动渠道设置是否全面是赢得网络广播受众群的重要砝码之一。网络广播的互动渠道有五种可作为参考：其一，即时通讯工具，如 QQ、MSN；其二，聊天室；其三，BBS 论坛；其四，手机短信；其五，热线电话。

在互动过程中，导播的工作有了更加丰富的体现，导播要架起热线电话与主持人之间的桥梁，同时，他更是通过即时通讯工具与受众聊天的网友、BBS 论坛上的版主/聊天室的主持人。

3. 播客服务

网络广播的互动参与性使其渐趋向着“全民动员参与节目”的态势发展。这种参与不仅是作为听众的参与，同时也是作为主持人的参与。目前，网络广播大多设置了便于网友上传自创节目的“绿色通道”，由此 BBS 成为了具备多媒体信息的论坛。不仅如此，为了培训网友速成自主创作节目的播客，播客培训知识专栏也成为网站的附属服务项目之一。

四、制作与播出

网络广播节目的制作与播出是一种兼容并包的综合架构。

1. 网络点播的自由

网络广播在播出形式上既有传统广播的录播、直播形式，也因网络具有搜索、下载功能，因而可以将节目存载于服务器中，供受众进行点播。点播功能同时配以 BBS 论坛，方便受众发表意见和感受，从而轻易地形成了节目评价体系中重要的一环——听众反馈。

2. NJ[①] 群

在点播节目的范畴中，播客自创节目与网络广播固有节目平分秋色。正是因为这种全民参与制作的环境，使网络广播的 NJ 群有了更为灵活的人力资源结构。在网络广播 NJ 中，主要分三种类型：专职、兼职、业余。由于网络广播受众参与意识较强，对 NJ 品评较为活跃，各类 NJ 受褒贬的程度很快便可以通过论坛直观地表现出来。于是，表现突出的业余 NJ 便有可能成为专职或者兼职的 NJ，而这一点亦成为网络广播的另一种魅力——平民 NJ 可以参与网络广播主持人自由竞争。

3. 原生态制作

网络广播的制作环境没有统一的限定。在线直播节目一般

① NJ 全称 Net Tockey，意为“网络骑士”，翻译成中文是“网络广播主持人”。

在网络广播电台的直播间进行播出，而广播节目制作爱好者却可以在家进行简易的录制与合成。对于网络受众来说，这种制作方式反而具有一种亲和力。主持人语言发音的不标准、情绪的失控、录制效果的不完美反而成了一种带有原生态意味的自然美。

第二节　关键点

一、一份来自“国际在线多语种网络电台”[①]、“银河台”[②]的调查分析报告

2005 年 9 月 20 日 23:00 至 10 月 8 日 9:00，中国国际广播电台、中央人民广播电台、中央电视台三台联合中国社会科学院新闻与传播研究所网络与数字传媒研究室共同进行了一次关于“国际在线、中国广播网、央视国际网络网络电台、网络电视现状研究”的调查。其中，某些调查数据和结论清晰地勾勒出了目前中国内地网络媒体的现状。以下将有关网络广播的数据提炼并加以分析。

1. 受众人群特征

(1)受众性别——男性超过三分之二。调查结果显示，网络

① 国际在线多语种网络电台(Inet Radio)于 2005 年 7 月 13 日正式开播，由中国国际广播电台国际在线网站主办，包括汉语普通话、英语、德语和日语四个语种，其中汉语普通话网络电台的听众已遍及世界 107 个国家和地区。节目内容主要包括资讯、娱乐、音乐和语言教学四大类别。

② 银河台于 2005 年 7 月 28 日正式开播，由中央人民广播电台的中国广播网主办。银河台强调个性、时尚、互动，在中央级媒体中首次推出博客、播客栏目。

广播的受众以男性为主体，男性平均占到76.4%。国际在线网络电台男性受众的比例为64.4%，银河台男性受众的比例为85.7%。

(2)受众年龄——更为年轻化，28岁以下为主。调查结果显示，18～38岁的青年网民是网络电台受众的主体，18～27岁的网民是受众中最主要的部分，而且受众年龄有更年轻化的趋势，18岁以下的受众比例明显高于39岁以上的受众。银河台18～27岁受众的比例明显高于其他各台，18岁以下受众的比例也比较高，这与银河台以青少年为主要受众的目标定位是吻合的。

(3)受众教育程度——普遍具有大学及以上文化程度。调查结果显示，大学及以上程度的网民是受众的主体，平均占74.1%。中学及以下学历的用户所占的比例不大。国际在线绝大部分(91.4%)的受众具有大学及以上文化程度。银河台有一部分中学文化程度的受众，这和银河台的青少年定位有关。

(4)受众平常接触最多的媒体——互联网。调查结果显示，互联网是网络电台的受众接触最多的媒体，也有一部分用户有接触相应传统媒体的习惯，比如，银河台受众的31.5%有接触广播的习惯，国际在线的受众中72.5%具有收听本台广播节目的历史和习惯。

2. 受众行为特征

(1)使用习惯

第一，访问频率。三分之一的受众每天访问，形成了稳定的受众群。

第二,访问时间。晚上收听率最高。

第三,节目偏好。由于各台提供的音乐、娱乐类节目都比较多,银河台以音乐类节目为主。相对而言,纯粹新闻类节目总量较少,但是本次调查结果显示,新闻类节目的收听率还是很高的。国际在线新闻类节目的受欢迎程度达到 57.4%。

第四,对主持人的评价。尽管各台主持人的数量不同,安排主持节目的时间和内容也不同,但本次调查数据显示,每个台都有一位主持人受欢迎程度明显高于其他人,至少能够影响三分之一的受众,其余的主持人影响力则差不多。

第五,收听状态及方式。调查数据显示,有 80%以上的受众一般是随意收听,但同时也要注意到其中也涵盖了部分忠实受众。

第六,再传播情况。调查结果显示,受众本身已经成为网络电台节目再传播的重要渠道,仅有 12.8%的受众没有进行过再传播。

(2)互动情况

第一,关注网站论坛情况。受众对网站开设的 BBS 或者博客关注度达到了 80%以上,经常发贴或更新博客的受众也达到了 10%以上,大部分人还处于只看不说的状态。

第二,网络电台提供的点歌功能颇得受众青睐,有近二分之一的受众通过网络电台点过歌。收集短信成为重要的点歌渠道。其他通过互联网点歌的方式的比例,一方面取决于各网站提供的不同方式的便捷性,一方面取决于用户的个人习惯,但是总体来看年龄越小的人越倾向于选择 QQ、MSN 等即时通讯工具。

第三，参与互动情况。网络电台开办的各种形式的互动活动受到了网民的喜爱和支持，参与度达到了88%。网络通讯是受众进行联络互动最主要的途径，手机短信成为受众参与互动的重要媒介。

第四，做NJ的欲望。平均81%的受众表示愿意尝试做NJ，这一方面可能是由于两个网络电台一直在对外招聘专、兼职的NJ；另一方面也反映了年轻人表现自我、接触大众媒体的愿望。

第五，对播客平台的期望。70%的受众希望网络电台能够提供播客平台。

这进一步表达了受众参与互动、展示自我的强烈愿望。

(3)使用感受

第一，评价NJ的指标。受众对网络电台NJ的要求和评价的基本指标是相同的，但是侧重点各有不同。国际在线受众认为节目内容更重要，银河台受众认为声音好听是关键。各台的差异一是由于各网络电台本身的工作性质、工作定位的不同造成的；二是由于各台受众的差异、年龄分布的差异，产生了不同的亚文化群体，形成了各自的群体性格。

第二，对网络电台点歌优势的评价。受众认为在网络电台点歌的最大好处是简单方便，其次是速度快，马上能播，免费也是一个重要的因素。而网络电台提供的不同于传统广播的"可以查询点过的曲目"这一特点，受众则不是很在意。

第三，对网络电台优势的评价。"不受播出时间限制，可以随时收听”是受众公认的网络电台的最大优点。“可以实时互动”是受众认为的第二大优点。而“可以将自己的作品上传发布”也是互动性的一个重要体现。

第四，使用过程中遇到的问题。“传输速度慢，断续不连贯”是困扰受众接受网络电台的主要问题。不过，传播者方面导航不清、内容匮乏以及技术障碍等问题也不容忽视。

第五，认为网站最需要改进之处。增加内容、节目多元化成为受众认为各网站最紧迫的任务。其他任务则由于各台现已达到的实际情况不同而受众的希望各有不同。

3. 受众的意见、建议

在问卷的主观题部分，被调查受众填写了众多关于网络广播内容、制作、主持等方面的建议，主要为以下几点：

(1)希望节目内容多元化，如信息量的增加、时尚元素的增加、音乐类型的增加等；

(2)希望进一步突出互动性，如增加视频互动功能；

(3)技术服务尚不能令人满意，如节目单需要更新、网站导航系统要更加先进、网速需要提升等；

(4)对主持人的期望，如希望主持人更加风格化、避免雷同、发音更加标准、增加幽默性等。

二、网络广播的技术搭建[①]

1. 系统架构

一个中型的网络广播系统平台由管理服务器、采集服务器、

---

① 本部分参考董旸、曹飞:《网络广播建设可行性报告》,2006年1月执行。

存储服务器、音频发布服务器(流媒体服务器)、www 服务器等组成。

(1)管理服务器——主要负责整体网络,包括采集服务器、发布服务器、存储服务器的数据管理、调度转发/存储、日志管理、权限管理、系统维护等任务。

(2)采集服务器——主要是利用采集软件同时将单路或多路信号经过压缩编码后传送到发布服务器。

(3)存储服务器——主要是通过大容量、高性能的硬盘组成 SCSI RAID 存储服务器,用来存储采集、播出的音频节目及相关数据的备份。

(4)音频发布服务器——主要是使用微软的 Windows Media Service 或者 Real Networks 公司的 Real Media,将采集到的数据流采用单播、组播、多播的形式发布出去,从而实现实时直播及日后的点播服务。

(5)www 服务器——主要提供文字和图片的新闻发布、网页浏览、音频节目的链接等服务。

2. 硬件需求

正如发布网页要有 HTTP 服务器一样,开设网络广播,就要有网络广播服务器,才能够把流媒体内容通过互联网传送给用户。尽管目前的 PC 机功能越来越强大,已经可以用其作为要求不高的服务器,但毫无疑问,要进行高质量和大规模的网络广播,则专业的服务器能给我们带来更多的性能上的保证。鉴于不同层次和规模的网络广播的硬件需求不尽相同,计算机硬件也在飞速发展,我们在这里就不给出详细的配置。但对于一台网络广播服务器来说，高主频的CPU、相匹配的总线传输速度、性能优异的内存、稳定可靠、高转速的大容量的硬盘或磁盘阵列、千兆网卡等还是必须要重点考虑的。一个总的原则，就是要根据不同的实际需求，购买性价比最佳的硬件设备。

3. 软件环境

如果说硬件设备是网络广播的骨架，那么软件系统则是网络广播的灵魂。在服务器操作系统的选择上，建议初学者使用操作简单、稳定性强、使用广泛的 Windows NT 系列的操作系统，推荐使用最新的 Windows 2003 Server。在流媒体服务器软件上，我们就以使用最广泛 Real Networks 公司的 Helix Server 为例，来看如何安装和配置网络广播服务器。

Helix Server 目前分为两个系列：免费的 Helix Server Starter，Helix Universal Server Starter 和付费使用的 Helix Server Unlimited，Helix Universal Server Unlimited。免费的 Starter 版功能非常有限，只适合个人用户或小规模的网络广播；Unlimited 版则兼容多种操作系统和流媒体格式，功能强大。RealNetworks 公司在其网站(http://www.real.com)上提供了 Helix Universal Server 的 30 天免费有限功能试用版，使我们可以初步体会一下 Helix Universal Server 的强大功能。

在网站下载时，必须要首先填写一份简单的个人资料，注意 E-mail 地址一定不要填错，否则就收不到授权的文件(.lic)。下载完安装文件后，安装过程非常简单；启动安装程序后，选取好授权文件，按照提示，依次设置好管理的用户名和密码以及各个传输协议的端口号即可。这里特别提醒大家：Helix Server

的端口设置容易与系统发生冲突，特别是 http 和 mms 协议端口，若系统中安装有 IIS(默认端口 80)和 Windows Media Services(默认单播端口 1755，Web 管理端口 8080)，为避免冲突，请将这两个端口改成其他数值，如果没有安装，使用默认端口即可。

安装完成后，桌面上出现两个新快捷方式，一个是 Helix Server，一个是 Helix Server Administrator，这时要把计算机重启，之后双击打开桌面上的 Helix Server Administrator，输入安装 Server 9 时设定的用户名和密码，点击“确定”进入 Server 9，也就是电台服务器的管理页面。

服务器端的设置比较复杂，这里只是简单介绍一下基本的设置。首先点击左边的 Server Setup，在扩展的菜单中点击 IP Binding，在右边的窗口 Edit IP Address 处填入 0.0.0.0，让其自动寻找本机的 IP 地址，并点击 Apply，然后重新启动服务，使新设置生效。

设置完 IP 绑定以后，架设网络电台所需要的 Server 基本设置就完成了。

4. WEB 页面的制作

一般的流媒体发布系统都会提供一些简单的网页生成功能，但这对于建立一个完整的网络广播网站来说，是远远不够的。要成功地制作网页，首先要学习一些基本 html 语言，理解 html 是如何工作的。如果想在网页上添加图片、动画等元素使整个页面图文并茂、更具表现力，还要学会使用 Photoshop，Flash 等一些软件，进行简单的图片处理。如果还要让网页具有一定的交互性，并能提供数据检索、节目点播等一些功能，那么就要进一步学习 java、asp、cgi 或 php 等语言以及数据库的一些相关知识。

html 是网页制作的一种规范和标准，虽然其语法并不复杂，但要直接使用 html 语言来制作网页也是一件非常不容易的事，因此我们还要选择一款可视化的网页制作工具。目前主流的网页制作软件有 MacroMedia 公司的 Dreamweaver 和 MicroSoft 的 Frontpage 两种。Frontpage 虽然比较简单易用，但在功能上远不如 Dreamweaver 强大，因此我们首选 Dreamweaver 来进行网页设计。Dreamweaver 虽然有大量的菜单和不同的选项，但大多数操作并不复杂，只是一个熟能生巧的过程。

在稍加练习、掌握了 Dreamweaver 的基本使用方法后，就可以开始网页设计了。不同类型的网络广播，自然需要不同风格的网页。记住，千万不要使用网上提供的各种模板，更不要模仿其他网站。千篇一律的模式化网页，只能使你的网站毫无特色和生机，难以给人留下深刻的影响。网页设计和节目制作一样，一定要有自己的风格特色。不过，尽管网页要追求自己的个性，但在网页设计制作时，还是有一些规律要遵循的。

首先，网页的内容结构要层次分明，布局要简洁明快，页面样式统一，色彩和谐一致。其次不要在网站的首页使用大量的图片或动画，因为对一部分低速率的用户来说，漫长的等待会让他们失去耐心，应把首页的大小控制在 60k 以内。另外，在制作网页的时候，要充分考虑到不同浏览器之间显示效果的差异，一定要遵循 W3C 标准(World Wide Web Consortium 万维网组织)标准,尽量避免使用框架之类的特殊结构和弹出菜单等非必要的特效。这些在 Windows 和 IE 界面下看起来生动多彩的效果,在其他浏览环境下很可能变得面目全非,甚至无法显示。最后,要学会使用样式表来控制页面效果,同时保持源码的注释清晰,这会给你现在和以后的修改工作带来不小的便利。这些网页设计的基本原则一定要牢记。

5. 网络环境的搭建

做完配置服务器和制作 WEB 页面的工作后,我们还要申请域名和 IP,才能把我们的成果通过网络发布出去。像传统广播必须有电台名称一样,网络广播也必须有自己的域名。域名是互联网络上识别和定位计算机的层次结构式的字符标识,与该计算机的互联网协议(IP)地址相对应。简单地说,域名就是 Internet 网络上的一个服务器或一个网络系统的名字。现在不少广播电台都已经在互联网上拥有了域名,建立了自己的网站。

域名可以说是企业的“网上商标”,在为网络广播申请域名的时候要注意,域名既要与网络广播的内容和性质相符,又要尽可能简洁、易记。考虑到网络广播的全球化受众,域名应以英文字母或缩写为主,不要使用汉语拼音或缩写。

实际上,对于计算机网络通讯来说,域名没有任何意义。输入域名后,网络会自动通过域名解析服务器(DNS-Domain Name System),将其转换为计算机网络可以识别的 IP 地址。这就像收听广播节目,我们必须知道广播电台的播出频率,而不是名称。每一台主机与网络都有一个 IP 地址，也就是说，每一个 IP 地址都对应着一个网络接口。之所以我们使用域名来访问网络资源，主要是因为域名直观、易记，还有一定的意义。

还有一点不要忘了，如果我们要利用网络广播来发布新闻或进行网站经营，还要申请相关的“营业执照”。根据国务院新闻办公室和信息产业部发布的《互联网站从事登载新闻业务管理暂行规定》，在国内从事登载新闻业务的互联网站，应当报国务院新闻办公室或者省、自治区、直辖市人民政府新闻办公室审核批准。根据国家广播电影电视总局的相关规定，要在网上发布音/视频新闻，还要获得《网上传播视听节目许可证》。

另外，根据国务院的《互联网信息服务管理办法》，经营性网站必须向当地通信管理局申请，办理 ICP 证，否则就属于非法经营。只有这些相关材料都审批完以后，一个网络广播媒体才能正进行式发布工作。

6. 测试与发布

正如报纸在出版之前要有校对，电视台在正式播出之前要试播一样，网络媒体正式发布之前，也要进行细致周密的测试。在一个网站建设的系统工程中，测试是保证整个网站质量的重要一环。广义上讲，测试是指网站生存周期内所有的检查、评审和确认活动；而我们一般所说的测试，则是指在网站正式发布前对其进行的一系列检验和评价。对网络广播系统来说，测试就是对服务器硬件、Web 服务器和流媒体服务器等网站整个系统平台进行整体检验，及时发现可能存在的各种问题，以保证用户能够正常浏览和使用。

对网站硬件功能平台和软件系统的全面测试，主要包括功能测试、性能测试、安全性测试、稳定性测试及链接和网页兼容性测试等。这里的功能测试主要是对被测服务器的硬件系统的可扩展性、可用性、可管理性进行综合评价。性能测试主要包括网站的链接速度测试、负载测试、压力测试、数据库性能测试等。目前网络安全问题日益重要，特别对于有交互信息的网站及访问量大、影响广泛的媒体的网站来说，网站的安全测试更应引起重视。网站的稳定性测试，则是测试网站在运行中整个系统是否运行正常，目前主要采用让受测试服务器长时间运转进行测试的方式。对于网站用户而言，超级链接意味着能不能流畅地使用整个网站提供的服务，因而链接的测试也不容忽视。尽管目前 Windows 操作系统和 IE 浏览器占据了大部分的市场份额，但也不要忘了那些使用 linux/unix 类操作系统或 Netscape，oprea，firefox 等非 IE 浏览器的用户。因此测试的最后一步，就是检验网页在不同的操作系统、浏览器和显示器设置的浏览环境下的兼容情况。

网站测试是一个复杂的系统工程，它需要一定的专业知识和长期积累的经验和能力。因此在大多数情况下，需聘请专业技术人员或网络公司来完成测试工作。测试是对受众负责，更是对网络广播本身负责。问题发现得越早，解决的代价就越小。因此，绝不能忽视网络广播系统发布前的测试工作，只有等一切测试正常之后，才能正式进行发布工作。

附　个案分析

《网络调频》[1]

片花：男：夜彷徨 【音乐】 女：夜迷茫 男：夜流光 女：夜畅想 男：《网络调频》，每晚夜未央。	该节目的抒情气氛由片花起始贯穿整个节目的每一个细节。
杨晨：你好，这里是《网络调频》NETFM，我是杨晨，阳光清晨。我们的节目来自中国国际广播电台，在北京地区的播出频率是 FM91.5，大家晚上好。首先和大家分享的是素心漠然写来的《你听，风来了》：嗨，风，你还好么？夜里趴在冰冷的床上给你写信，希望你收到信的时候是阳光明媚的早晨。小的时候喜欢光着脚在草地上去追一只白色的蝶子，怎么也追不到，心里安慰自己，给它们自由吧，于是同样快乐地回家。有的时候天晴了，喜欢站在阳台上吹泡泡，喜欢在阳光下看它们在阳光下焕发的彩色。于是现在每天依然平静地生活，平静地咀嚼盘中的食物，平静地看身边的每一个人。在平静里微笑着，在平静里落着泪，在平静里睡着了。可是你知道吗？这是个恋爱的季节。 【音乐】	开宗明义，这是一种以读网友美文为主体的节目。
有的时候，冷漠的脸没有温度，有的时候、在别人看来我和别人没有什么区别，我是指同龄的，会简单地快乐着，会喜欢写幼稚的英文，喜欢零食与花草。可是风，你知道么？我养的一缸金鱼最近全死掉了，就是在春天快要来的时候，一只也不剩，准确地说，活了一只，是被其他咬掉尾巴的那一只。心里想着一点儿也不	主持人的音质低沉清晰，营造沉思氛围；风格诚恳亲切，增强心灵交汇的可能性；语言简练流畅，与节目的意境相辅相成。

① 本节目是 2000 年 7 月 20 日至 2003 年 4 月 31 日间播出于中国国际广播电台的日播节目，播出时间周一至周五 20:30～21:00 周六、周日：20:00～21:00，主持人杨晨。

美，心一狠，倒了。可是就在水往下冲的时候我看到了它的挣扎，你知道吗？我立刻就后悔了。我甚至可以想象鱼的眼睛那么绝望，我可以想象下水道里的黑暗、阴冷以及潮湿，于是，我不能原谅自己。

【音乐】

也许有很多人爱我，只是我不爱自己吧，是这样么？我想我可能太孤独、太忧郁。始终微笑着，却并不快乐。只想说给你听，不过我想我会好起来的。

《网络调频》，以上是素心漠然写来的《你听，风来了》。和和的回应：希望我们真的能够快乐起来。《网络调频》，要听一首歌叫《花太香》。

【音乐】

片花：【音乐】

女：24岁，我梳了一左一右两个小辫儿，旁若无人地在人多的地方穿梭。

【音乐】

男：26岁，我骑着单车带着她在通往郊外的公路上游荡。

【嘻笑声】

女：28岁，我大学时代的爱人还安守在自己的身旁。

【音乐】

男：30岁，我还有着大笑的激情，和对别人单纯的依赖。

男：我们是同一类人！

【音乐】

杨晨：《网络调频》接下来和大家分享的是roniho写来的《未知》：我曾经在一篇文章里说过，有些东西就像从20层扔下的烟一样，无法挽回，惟一可做的就是忘记它，再点上一根。的确，很多东西就是无法挽回的。对我来说，这个城市有太多的无法挽回，于是，我决定再点上一根，去远方流浪。

【音乐】

我来到了一个完全未知的城市，我甚至不

片花的结构是群像式的，用音乐和音响效果间隔开来。片花的结尾口号颇具号召力——单纯、率性、品味生活是该节目对受众的潜在定位。

知道它的名字。在那儿,一切的一切都是未知:未知的道路、未知的路灯、未知的人、未知的眼神,甚至连香烟也是未知的。就在那时,我点上一支未知的烟,对自己说,这就是你要的,一切都是未知,没有欺骗,没有那么多的无法挽回。我的脸露出了笑容,一种不知道是麻木还是未知的眼神,我只记得我的嘴角露出了笑容。

【音乐】

在这个未知的城市我开始了我新的生活,忽然我发现,连我的生活也是未知的。在这里,真的没有伤害、没有无法挽回吗?我不确定,我在怀疑,开始探索这个未知的世界。我知道了这个城市的名字,每条街道都留下了我的足迹,每个路灯下都有我匆匆的背影。我开始惊惶,这个城市是多么地熟悉,连人们的眼神都是那么地熟悉,就像我来的城市。原来人们都生活在一个圈子里,只是他们选择了面对,而我选择了逃避。

【音乐】

我又回到了我的城市,熟悉的城市,熟悉的道路,连眼神都那么地熟悉,惟一陌生的是我自己,一个完全陌生的我。我买了一包熟悉的香烟,来到了那个熟悉的21层,我要试试是否有的东西真的无法挽回。我点上了熟悉的烟,站在了熟悉的窗口,重复做了无数次的动作,扔了下去。惟一不同的是,我冲了下去,站在了香烟落下的地方张开双手,香烟竟然落到了我的手中,我抽完了那根烟。对我来说,没有什么是无法挽回的,哪怕是21楼落下的香烟。

《网络调频》,刚才是 roniho 写来的《未知》,却让我觉得熟悉。真的在一个远方就没有不可挽回吗?在歌曲中间会分享他的签名档以及大家的回应。

【音乐】

《网络调频》,现在和大家分享的就是刚才的回应人之一 LZG2168 的签名档:百合的山谷,那个时候我好像与你相恋着,所以你说的话我都不想争辩,所以你说的美好事物不能长久,

节目用了大量的抒情音乐作为间隔和背景音乐。本期使用了大量的小提琴曲。在节目的末尾,主持人对背景音乐做了点滴介绍,表示了自己对其的认同,使主持人的制播合一形象得到加强,增强了情感沟通的可信性。

节目与网友、听友的互动主要依赖于 NETFM 和西祠胡同的论坛。主持人从论坛或征稿中择选文章在节目中朗读,

所以你说的我们终将分离，所以，你在我的睡梦中说，到百合开放的山谷去，便能找到你。我爬山涉水，一心一意寻找你，没有见到百合的山谷。我逢人便问，都说不知道。我进入泰山中，又迷失于寒冷的幽谷里，醒来看见冰花，竟以为是百合，才知道根本无需找寻。春夏秋冬，想念的时候我的心便是一座芳香的山谷，开满百合。

【音乐】

《网络调频》，接下来是腐烂柠檬写来的《缺一人》：缺一人，很奇怪的名字，一个没有翅膀的人，神话当中，天使有着白色羽毛的翅膀，很漂亮。不知道是否因为个性使然，我却很欣赏天使之城当中那些穿着黑衣的天使，也因此，我常对别人说，我心中的天使是黑色的。其实每个人心中的天使都是不同的，但他们都有一个相同的特点：就是他们都是完美的化身。

【音乐】

觉得人应该有一双羽翼，虽然不能奢望如天使般飞跃那九重天，但也希望像飞鸟一般与恋人一同飞舞，或者在某一刻降临在你爱人身边。这是一个梦，一个希望能够飞翔的梦。梦中的人很美，在时时刻刻纠缠做梦的我还有做梦的你。我曾经说过，我的梦是有颜色的，因为我缺少脱离现实的梦，渐渐依赖某种白色的化学组合。我缺少梦中的那双羽翼，因为我相信，你们都有一对很美丽的羽翼。美丽并不是因为颜色的鲜艳。单纯的白色，我自己觉得是最完美的。你有一对最完美的羽翼，纯白色最完美的，你可以在梦中看见。但是在梦醒后，或许是因为世俗让你的双眸不再清澈，因此，你忽略了，甚至无法再看到你身后那对完美的白色羽翼。

【音乐】

我总是在喝咖啡，无论是碾磨的还是速溶的，还有罐装的冷咖啡。咖啡真的不是什么好液体。在液体当中，我不知道为什么会偏爱它，或许是因为它会令我更清醒，也或许是因为它会让我在深夜当中更加忧郁。选择一首怎样的情歌

网友受到感染继续写文章。节目末尾处也提到了“网感”一词，这种基于网络的情感互动效应使网民和听友自动形成听友联盟。该团体部分听友直到今天依然“追随”节目主持人，并关注他的动态。

在节目中，网络文学是文章的属性。内容的虚无性、情感性、自白性以及意识流式的表达方式是绝大部分网络文学的特征。这种特征贯穿于网名、书写方式、思想内涵等各个方面。在网络文学中，自我的情感宣泄、展示甚至张扬，被认为是合理的和是有美感的。

给今夜的我？随便了，反正爱情都只是点缀。

【音乐】

当我拉开易拉罐装的咖啡，那一刹那，你想我最先听到什么样的声音？他对我说是气泡的声音，而我却对他说，是我心动的声音，为了一个不喝咖啡的他而心动的声音。这是一种诱惑，用文字编撰的、让他掉落陷阱的诱惑。

【音乐】

缺一人，能否想象成为被记忆遗弃的人，缺少记忆的人。是人在制造记忆，还是记忆在操控人！很简单，人是记忆的角色，记忆是人的另一个世界。周遭总是有太多人说“如果……”“如果”只是一个假设，因此，所有可以用“如果”来设定的故事都没有被现实所接纳。我是缺一人，因此我无法实现自己飞翔的梦想。我在听那耳畔风的叹息，没有悲伤，只有无奈。这些都只是梦，梦醒了，人哪？会散么？或许这个梦中真的没有过他的存在，一个背影、一段文字、一罐开了的冷咖啡，还有什么呢？一个没有梦的我么？

《网络调频》，NETFM，刚才和大家共同分享的是收音机的一位听众朋友写来的，写在我们的网站上，《缺一人》，作者是腐烂柠檬。她的签名档是：我相信徒步穿越爱情还是可能的，不必等到海枯石烂，因为，有你。

【音乐】

【广告】

【音乐】

杨晨：桂花树开花的季节里，空气当中会悄悄弥漫着香气，有一种微微的醉意。天气是坏的，下着小雨，到处都是湿漉漉的。毕竟要过中秋节了，空气里还会传递着一些热闹的元素。我很努力地微笑，对每一个人不留痕迹。其实，我已经不能准确地知道这微笑的背后究竟在掩饰着一种什么样的情绪，而只能那样地坚持着，直到自己下一个让步。就会泪如雨下，我不想清楚这眼泪背后的意义。初阳离开的决心是我早就知道的真相，也许是从我们第一次见面起吧。那个时候这样的预言在我的心底还只如幽暗中生长的花，不经意之间竟也长成了今日的一抹艳红。而就是这样一抹艳红，如血液一般注入我身体，生生不息起来。

《网络调频》，刚才为大家念的是来自依然雪写来的《遥望》的第一段和第二段。还记得么？节目中曾经播出过大家喜欢的《信》，有连载，叫做《给初阳的一封信》。这个《遥望》来自依然雪的文章，和那个《给初阳的一封信》如出一辙。明晚我们会在《网络调频》中和大家共同分享。另外特别值得一提的是，大家注意到了今天我们的 background 音乐有了一些改变，第一次用小提琴作为背景音乐；而更加值得一提的是为你推荐这来自塔尔曼刚刚出版的一套双张 CD 当中的精选，叫做《塔尔曼纯粹经典》，如果你现在去各大正版音像店，应该可以看到。我为你推荐，如果你想要好听的小提琴音乐的话，接下来不听歌，继续来欣赏这一段美丽的旋律。

【音乐】

《网络调频》，NETFM，在今天读过的一篇当中找到了自己一直想表达、但没有表达出来的情绪，还记得那一句话么？“是人在制造记忆还是记忆在操控人？”很简单，人是记忆的角色，记忆是人的另一个世界。谢谢大家写来的精彩，希望每一段精彩我们都会有共鸣，被我们称之为“网感”的东西。同时，请你记得我们的论坛是 NETFM915. 126. COM，那里有我们更多互动的精彩。写信过来可以到中国国际广播电台英语中心《网络调频》，邮编是 100040。接下来欢迎大家继续收听来自 CRI 的精彩节目。如果此刻和你说晚安有一点早，那就留到你入梦的时候带给你甜蜜吧。拜拜，晚安！

【音乐】

节目与本书定义的网络广播形式略有区别，它不是依托网络进行广播，然而，它的内容主体以及目标受众群却有着很显然的网络化痕迹。

第十二章
“播客”音频节目的策划与制作

网络媒体已经从某种程度上颠覆了人们的生活习惯。普通人可以通过网络重新获得属于自己的身份定位，诸如闪客、黑客、博客、播客……通过网络，每一个独立的个体都有机会张扬自己的价值观；通过网络，无数网民在“享受”海量信息（包括各种视、音频）冲击之时，也在重构自己对世界的认知，重新考量自我价值实现的方式。

关于“播客”的定义，目前仍无定论，播客的推动者 Doc Searls 认为，播客是个人能自由选择的数字广播，人们可以选择收听的内容、收听的时间以及收听的方式。Dave Shusher 在其《Podcasting（播客）的定义》一文中认为，播客必须具备三个要素：第一，必须是一个独立的、可下载的媒体文件；第二，该文件的发布格式为 RSS 2.0 enclosure feed；第三，接收端能自动接收、下载并将文件转至需要的地方，放置于播放器的节目单中。在 *Wikipedia，the Free Encyclopedia* +（《维基自由百科全书》）中，对“播客”的定义是：“Podcasting”①（播客）是一种将文件上传至因特网，允许使用者订阅和自动接收新文件的方式②。

① Podcasting 一词在 2004 年因为音频文件的大量使用而流行起来，它是苹果电脑的 IPOD 音频播放器和广播一词的混合词。

② 有关播客的定义，参考互联网文章《“播客”现象与传播学观照》，引自 2006 年 2 月 wikis. com. cn 网站。

根据 Feedburner 截止到 2005 年 5 月 2 日的统计，“播客”站台已经超过了 5300 个，半年来的增长率达到了 2400%。市场调研公司 Forrester 公布的一项新的研究报告《数字音频的未来》中预测，到 2010 年将有 1230 万美国家庭使用 MP3 播放器收听广播节目。博客 Richard Gayle 说：“如果说博客是新一代报纸，那么 Podcasting 就是新一代广播。”美国权威的商业周刊《Bizreport》惊呼：播客已在一夜之间成为主流。

“每个人都是生活的导演，带上‘播客’面具，每个人都是明星。”这是国内知名播客网站“土豆网”的宣传口号。播客代表着一种独立精神——做自己的节目，让别人去说吧；代表着一种新的收听行为——让选择性收听广播成为可能；代表着一种独立制作广播的技术——简单的麦克和制作软件便构成了一个私人的录音系统。

播客相对于传统广播，有着“去中心化”的反叛意识，让凸显主导色彩的传统媒体不得不重新审视和估量自己的综合能量。播客之于大众，无疑是一种现代广播的全民总动员。

对于网络来讲，播客的作品可以是音频的，也可以是视频的、动画的……本章主要研究播客音频节目的制作。

第一节　工作流程

一、技术实现

在成为真正的播客之前，需要掌握一些基本的技术制作流程：

第一步，准备一台能上网的电脑、一个耳麦。

第二步，下载一个免费的录音软件[①]（录音软件除了录音还需要具有声音控制、剪切、混音的基本功能。）。

第三步，开始录音。

下面，就以录音软件 Audacity 为例介绍一下录音软件的基本操作规范：

■打开录音软件 Audacity 的界面；

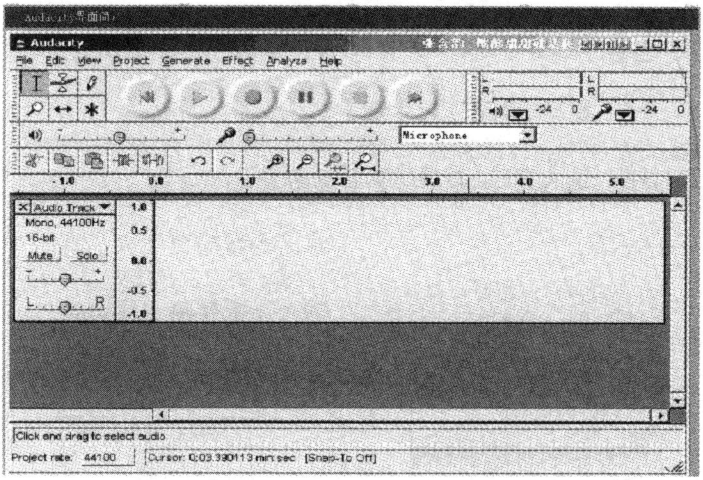

■双击屏幕下方喇叭按钮，选择属性，选择“录音”，然后在“选择下列音量”控制处选择“麦克风”；

■熟悉软件上的这些功能键：

 后退到声音文件起始点

① 目前，许多播客采用 Audacity 录音软件，想制作复杂音效的播客则可选用更为复杂一些的非线性编辑软件，如 Cooledit。

 播放声音文件

 录音

 暂停录音或者暂停播放

 停止录音或者停止播放

 到声音文件终点

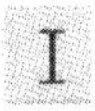 编辑状态或者录音状态

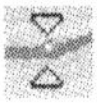 调整部分音频声音的大小

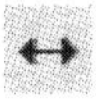 拖动、移动音频片断

 放大音轨，做精确剪裁音频用

 输出音量控制

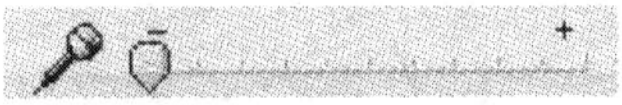 输入音量控制

选择你要调节音量的名目。录音时选择 Microphone，Stereo Mix 与 Mono Mix 为内录

 剪辑音频片断

 复制音频片断

 粘贴音频片断

 保留选择的音频片断

 删除选中的音频片断

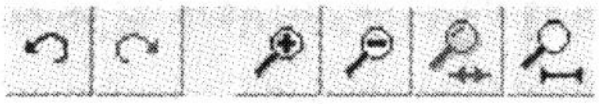 分别是：向前撤销操作、向后撤销操作、放大音频片断、缩小音频片断、选择音频片断填满窗口、恢复正常。

第四步，保存。

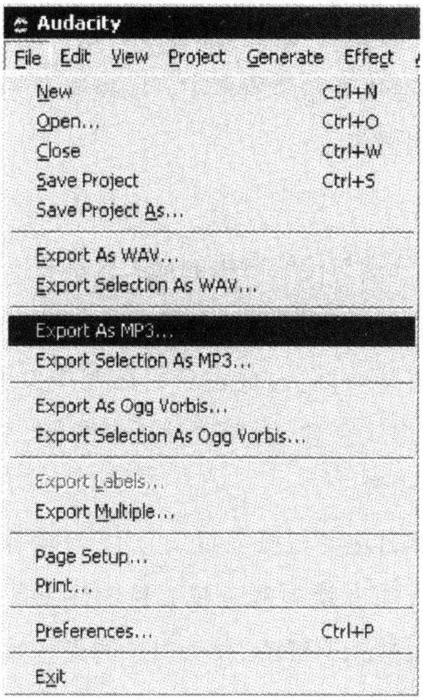

打开 File 栏，选择 Save Project，这样就可以随时打开这个原始的音轨文件来修改或重新剪辑。然后再存成 wav 格式或者 mp3 格式①。

第五步，上传。一般来说，播客网站允许播客通过两种方式上传文件：http 方式和 ftp 方式。http 方式可以在发布作品时，

① 如果你想存成 mp3 格式可以选择“Export as MP3”，但需要下载 lame，并解压到某个目录。在第一次压 mp3 的时候，Audacity 会问你“lame_enc. dll 在哪里”? 你只需指向你解压的那个目录，点选文件 lame_enc. dll 即可，以后 Audacity 就不会再问你了。

在自己的电脑上选择好文件后实时上传；ftp 方式使用第三方 ftp 软件上传。为了更好地吸引播客加入，网站通常会设置播客教程和软件下载区，方便播客速成。

二、形式与内容

播客产生于民间，其形式与内容多样繁杂、百花争鸣。然而，因网民群体名有其特色与爱好，因此，播客节目在特定“供需关系”的影响下，形式与内容也开始有所集中。以播客音频节目为例，主要以以下四种类型居多：

1. 谈话类

播客音频节目的谈话节目与传统广播的最大区别有三点：

其一，互动模式由直播互动向网络互动转化。传统广播的互动有即时性，互动是节目的一部分，促动节目的顺序发展；而播客音频节目的互动是网络式互动，诸如在论坛中留言、用 QQ 聊天方式直接与创作者沟通等。

其二，传统广播谈话节目主要以服务听众为主，注重听众的参与以及主持人的亲和力；而大量播客音频节目则注重展现自我、张扬自我，甚至将“一石激起千层浪”作为追求的最佳效果。

其三，播客音频节目的谈话话题包罗万象，主要为吸引网友，通常也追踪热点。不过，与传统媒体不同，播客的表现方式更加放松，或嘻笑怒骂，或情绪更为激烈，较之传统广播谈话节目更具“色彩”。

2. 娱乐类

播客音频节目的娱乐性有两个特点：

其一,小人物的欢喜。播客音频娱乐节目的定位是小众的,它的初衷是不求“收听率”,只求同道中人的共鸣。因此,节目的主题千差万别,有大量娱乐题材取自个人生活中的点滴小事,用普通人的口吻叙述普通人的生活娱乐,成为了一种小人物的欢喜模式。

其二,恶搞。播客娱乐节目的恶搞模式主要是一种“反热点”的荒诞艺术,比如著名的《一个馒头引发的血案》就是反电影《无极》的恶搞短片。播客音频节目的恶搞模式因为只有声音作为载体,因此,恶搞的娱乐元素多突出声音的塑造能力,比如人声的模仿与效果声的制作,而有思想目的的恶搞节目通常会在节目的开头或者结尾开宗明义地向听众阐明自己恶搞的初衷。

3. 音乐类

目前播客音乐节目主要有两个侧重:

其一,唯美表达。网络不仅是传达音乐的有利媒介,也是人们传达音乐感悟的有利媒介。因此,在播客节目中,通常会通过一些技术手段对音乐进行介绍或艺术化的加工,比如通过Flash软件制作图配乐的影像或者像“后舍男生”一样,听着音乐对口形恶搞……播客音频节目则因完全诉诸听觉的关系,大多数播客愿意通过这种纯粹的方式展现音乐的美,通过独白或解说的方式表达内心。

其二,自我展示。网络面前人人平等,在网络上人人都可以通过上传文件来表达自己。一些“身怀绝技”或怀才不遇的音乐爱好者通过将作品传至网络赢得了自己的第一批受众,并通过网友的品评让作品广为流传。杨臣刚凭着《老鼠爱大米》在网上走红，使本来名不见经传的他一而成为知名歌手，甚至登堂央视《春节晚会》，这一事实也证明了网络可以捧红音乐人才的功能。

4. 故事类

播客音频故事节目既有传统文艺广播的痕迹，也有自己的实验性，主要有两种类型：

其一，广播剧。因为播客的制作条件有限，因此广播剧的制作效果一般无法与专业电台的制作水准相比。但是网络广播剧也有自己的优势：勇于释放感情，真挚感人，个人特色鲜明，差异化突出。

其二，原生态纪实。电视有纪录片，广播也有自己的纪实作品，只不过广播电台囿于频率资源以及精品意识的局限，不能给普通人展示原生态生活提供较多的机会，但是网络却可以做到这一点。目前，已有播客上传自己原生态的声音纪实，用一个侧面或者典型事件表达自我，展现其人生戏剧性的一面。

三、思想认同

一名播客的产生需要经过一番思想的洗礼，面对可以张扬自我的网络，是否可以做到展现真正的自己？发挥自己的潜能，通过网络释放张力？在准备将自己的声音录制成文件并上传至网络之前，你是否已经过了以下四个“思想关”？

1. 勇于表达

自我表达是每一个人的需求，这也是博客、播客风起云涌的原因所在。然而，并不是每一个人都敢于表达真实的自己。对此，准播客们应该意识到以下三点：第一，网络是提供给大众实现话语权的言论平台，这是播客最重要的价值所在；第二，网络的隐匿性可以消除节目创作者对于“抛头露面”的恐惧，但不可毫无顾忌；第三，播客的任务不应只是张口说话，而应该表达出某些思想内涵，提升自己的社会价值。

2. 非“中庸”

何为“中庸”？孔子曰：“不偏之谓中，不易之谓道。中者，天下之正道。庸者，天下之正理。”孔子在强调个人修养方面时也特别注重“中庸之道”：“喜怒哀乐之未发，谓之中，发而皆中节，谓之和。”这不偏、不易、隐藏、节制之道适于建设和谐的氛围。在网络中，不同声音的展现成为一种独特的风景，这种“自由”的氛围也是网络的魅力所在。因此，播客在这种氛围之下所做的节目往往会更加释放自我。但正因为如此，播客才更要把握好一个尺度：不能为了特立独行而生硬地摆出非“中庸”的姿态，播客应该秉持良知，将既合情合理又可以代表自己的观念融入到节目制作中去。

3. 多维艺术思维

想成为一名播客容易，但想成为一名受欢迎的播客却不是一件轻而易举的事。播客的价值虽说在于一种自由表达的可能，但播客的作品也客观地体现着制作者的素质和水平。为了展现主题所需要的构思相当重要，因而诉诸于多媒体的播客应具备一种“多维艺术思维”。换句话说，也就是播客的作品也是一种媒介产品，而媒介产品的表达需要艺术与技巧，这一点，与传统媒体并无二致。对于播客音频节目来说，语言、音乐、音响三要素仍是节目制作的基石。

四、播客的运营

播客的制作虽然是一种个人行为，初衷也只是自娱自乐，但当播客成为一种引人瞩目的群体行为，播客们为此而付出成本(如精力、财力)时，势必会涉及到运营问题。

目前，播客的运营空间尚不明朗，但有几种“出路”可以探讨。

1. 收费

2005 年 6 月 11 日，Wired News 网站刊登了 Randy Dotinga 写的一篇名为“Radio Sets Eyes on Podcast Profits”的文章，概述了播客的商业化运作，主要是向下载音频文件的受众收取一定费用，如美国圣地亚哥一家商业电台“KFMB-FM/100.7 Jack”试验性地向下载早间节目的听众收取每月 5 美元的费用。美国著名清谈节目主持人 Rush Limbaugh 做的部分播客节目“Rush 24/7”也在 2005 年 6 月开始付费订阅节目，定价为一年 50 美元。

但将播客收费必须符合一个确定的标准：精品节目。而对播客音频节目的“精品”的理解，有以下几个含义：其一，实用价值，即对听众的生活有一定的指导意义，比如英语教学播客节目；其二，名人播客，即知名人士开办自己的网络播客，因为访问量比较大，有收取费用的基础；其三，高质量节目，节目质量确实卓越，导致访问量大，有收费的资本。

2. 广告

播客的风起云涌，引起了商家的关注。2004 年 11 月，喜力啤酒赞助了著名的播客节目来进行 Thirst 品牌的全球酒吧推广活动；2005 年 8 月，曾经联手投资了 Google（谷歌）的两家美国顶级风险投资商 Kleiner Perkins Caufield & Byers 和 Sequoia Capital 再次联手，向美国先锋播客网站 PodShow 首轮投资 885 万美元；通用汽车公司和百事可乐集团也开始利用播客来推广他们的产品。

对于广告主来说，播客具有以下几个价值：其一，播客节目是小众定位，这与广告主时下的市场细分经营策略相吻合；其二，播客节目收费低廉，能节约宣传成本；其三，某些特殊商品（比如性用品）通过网络宣传要比通过传统媒体宣传更加便利得体。

3. 衍生品

随着 MP3 和 iPod 等便携终端的发展和普及，播客产业也相应地蓬勃发展起来。据 eNet 硅谷动力消息，苹果表示，2005 年第一季度公司总共销售了 530 万台 iPod，与 2004 年同期相比，iPod 音乐播放器数量增长了 5 倍。据互联网调查公司 Pew Internet & American Life Project 调查，2.2 千万拥有 iPod 或者 MP3 的美国人中，超过 600 万的人已经收听过播客。在现如今的美国，使用 iPod 等播放器已成为一种独特的文化现象，人们不仅用它来听音乐，还用它来听文本、听演讲、听学习节目等等。[①] 因此，未来播客节目的发展不仅要依赖于民间自发，同时，便携终端设备生产商（包括手机）及各种商家为了促销自己

① 参考《播客现象与传播学观照》，http://www.wiski.com.cn.

的产品都有可能开辟网络播客节目，以赢得网友们的关注。

第二节　关键点

一、说文解“客”

网络的出现使许多人找到了自己在网络中的身份定位，他们通过共同的信念从事同类型的活动。活动往往是自发的，但凝聚力却很大。除了播客，维客、闪客、博客、黑客等都是“客”之族。

1. 各类“客”族[①]

(1)维客。“维客”是英文 WikiWiki 一词的音译(通常人们将 WikiWiki 简称为 Wiki)，WikiWiki 一词来源于夏威夷语的“wee kee wee kee”，原本是“快点快点”的意思。Wiki 是一种多人协作的写作工具。维客站点可以由多人(甚至任何访问者)维护，每个人都可以发表自己的意见，或者对共同的主题进行扩展或者探讨。Wiki 其实是一种超文本系统，这种超文本系统支持面向社群的协作式写作，同时也包括一组支持这种写作的辅助工具。维客们可以在 Web 的基础上对 Wiki 文本进行浏览、创建、更改，所有参加 Wiki 某一主题写作的网友自然构成了一个社群，Wiki 系统为这个社群提供简单的交流工具。基于 Wiki 最庞大的应用是维基百科(wikipedia)。从 2002 年 10 月至 2005 年 3 月 21 日，维基百科通过全球维客的自由书写已经累

---

① 本部分参考《互联网周刊》2005 年 3 月 28 日文章《你是什么客?》。

积了 503597 个英文词条和 22661 个中文词条。

(2)闪客。“闪客”一度被称作“快闪一族”。意即集聚起来做某一个行为然后迅速消失，闪客活动通常通过互联网组织。

第一次闪客行动发生在 2003 年 6 月 2 日的纽约曼哈顿，一位参与者事后说：“6 月 2 日下午大约 6 点半……我来到中央车站的餐厅，根据组织者事先在 E-mail 里写的，我们应该找一个带着一本《纽约评论》的男人，听他传达我们下一步的行动。我坐在角落里开始看我的《纽约时报》……这时有几个早就来了的人向我走近，并问我是不是行动的参与者，于是我开始和他们一起找那个拿着《纽约评论》的人，最后我们跟着人群冲向一个角落。在那里，我们的指导者给了我们每个人一张写着指令的小纸条。7 点零 2 分时，我们一大群人聚集在了海厄特大剧院的大厅里；7 点零 7 分，大约 200 人沿着楼梯冲进了楼上的包厢；7 点 12 分——这是个绝对准确的时间——我们鼓了 15 秒钟的掌；然后人群就像来时一样快地消失了。”闪客的创始者 Bill 并没有在互联网上留下他的全名，他对闪客行动的定义也极其简洁：“暴走，没有理由。”

在中文语境中，Flash 的创作者也被称为“闪客”。

(3)黑客。“黑客”英文为 Hacker，该词来自动词 Hack，有“砍伐、雇工、干咳”等多个含义。Hacker 与计算机发生关联的时间可以追溯到上世纪 60 年代的麻省理工学院，那里的学生用 Hack 表达“用简单却不雅的手段来解决问题”，同时也指那些聪明的恶作剧，而搞恶作剧的学生则被称作 Hacker。比如学生将警车偷偷摸摸地弄到 10 号楼的屋顶上，这件事就可以叫做

Hack。在计算机和互联网的语境下,“黑客”指代两种人:一种是聪明绝顶的程序员和技术专家,比如 Linux 的创始人 Linus Torvalds;另一种,也是被误用的一种,指那些入侵他人计算机进行违法勾当的人,正宗黑客给这种人起了一个名字叫做 Cracker 或者 Black-hat。

(4)博客。“博客”英文名称 Blog,Bloger,源于 weblog,意为发布在网页上的记录。这个词是由 John Barger 在 1997 年 12 月提出的。其简化版 Blog 是由 Peter Merholz 在 1999 年创造出来,因为他当时将 weblog 一词分开作“we blog(我们记博客吧)”。1999 年,Pyra Labs 公司开办了第一个提供博客服务的网站 Blogger. com,并在 2004 年被 Google 整合到其服务中去。

著名 IT 记者和专栏作家保罗·安得鲁斯认为,博客以及其他网络新闻的崛起,在一定程度上是因为媒体巨头在公信力方面的快速衰落:“新一类新闻记者正在兴起,他们以直接来自新闻源的‘原始素材’为基础。这些记者正在进行新的试水……是对体制官僚化的媒体的报复性破坏……博客改变了‘新闻’从个人传播到公众的信息流动的本性……只要一摁‘张贴’键,任何人都可以出版自己的作品,这将改变传统媒体出版模式。”①

2.“客”之特性

从各类“客”族(包括播客在内)的来源以及行为方式,我们可以分析出“客”族有以下三个特性:

① 引自《什么是博客》,博客中国网站。

(1)个性化。无论是哪一类“客”族,都希望可以通过互联网这一媒介平台制造出具有个性意识的举动。博客,用文字和图片展现自己;播客,用声音或图像展现自己;闪客,用行为艺术展现自己;黑客,用恶作剧的方式展现自己;维客,用个人抒写的方式展现自己。

互联网给予每个人平等的机会与空间来表达自己的思想,有些未经编辑,有些经过些许加工,这些思想就像是“思想泡泡”[①],虽不起眼,但汇集起来也规模巨大。

(2)交流性。基于互联网的“客”族都具有交流性和分享性,只不过介质(如文字、声音)、技术手段、行为方式各有不同而已。虽然“客”族大多秉持着我行我素的本色,但是“同族”人的认同对他们来说也是相当重要的。再者,网络的交流性更趋向于真实、自然与毫无保留。

(3)凝聚力。一个事物之所以能够聚揽“人气”,原因是该事物是一部分人的共同关注点。网络“客”族之所以成群,其中一个最重要的原因便是通过网络,任何人都可以展现自己的个人价值。传统社会是展现个人价值的平台,但网络社会是一个更加轻松、坦率的平台,它的竞争环境相对单纯,技术门槛相对较低,而因网络传播带来的社会价值的提升愈发强烈,比如,某些文字、图片、音像、行为通过网络的广泛传播就会引起传统媒介和社会舆论的关注。

① “思想泡泡”一词引自 James Snell 关于博客的认识,“博客是互联网上独立的思想泡泡”。

二、传统广播与播客的竞合关系

播客的产生本与传统广播无直接的关系，然而，播客音频节目的日益火爆确实争夺了一部分传统广播的听众群，同时也使传统广播的传播优势、制作优势等相应减弱。近来，播客音频节目与传统广播也出现了融合的态势，表现出播客与传统广播渴望打破常规、争取双赢的合作趋向。

1. 竞争

播客相对于传统广播，有以下几个优势：

(1)播客无需资格认证。播客无需科班出身，无需普通话认证，只要有想通过网络发出声音的意愿，人人都可以成为播客。同时，由于传统广播的频率资源有限且为国家所有，因此，节目资源的总量以及行为方式都会受到一定的限制，而播客在这一方面就相对宽松得多，由此，思维方式、节目样式也更加生动、自由。

(2)播客音频节目的制作、收听门槛低。对于播客音频节目的制作者来说，其制作门槛即是简单的电脑操作，无需大费周章便可“交卷”。而传统广播节目不但要保证制作设备、发射设备，还要争取一定量的听众主动利用收听设备收听节目。同时，随着便携终端设备(如 MP3)的普及，以移动人群为主要收听群体的传统广播也会丧失一部分移动听众群，因为现在人们可以下载节目并随身携带了。

(3)播客音频节目的主动收听。传统广播节目的流程是线性传播，节目内容转瞬即逝，听众的收听行为较为被动，等待收听、错过收听、听到不喜欢听的节目、广告节目被动收听等现象时有发生;而播客音频节目是一种主动选择式收听。这是一种进步的趋势,恰好与未来数字广播的发展趋势相吻合。

既然播客音频节目具有如此明显的优势,那是不是说它就没有缺点了呢?不是。目前的播客也有它自身的缺陷。

相对于传统传播,播客的最大缺陷在于它招商困难,没有资金的支持。播客的规模虽大,但仅是整体效应的大,单个节目的制作水平却普遍不高,与传统广播的精良制作还无法比拟。

2. 融合

(1)节目互相渗透。播客与传统广播原本就有着亲缘关系,它们的亲缘性源于它们都是传播声音符号的媒介。对于听众来说,他们并不介意是在播客中听到传统广播节目还是在传统广播中听到播客节目。对他们来说,最重要的是听到好听的节目。因此,在播客还没有像现在这样声势巨大之时,许多网友喜欢把传统广播的优秀节目录制下来上传至网络与人共享。如今,网络中的传统广播 FANS(粉丝)仍不少见,只不过播客的“草根精神”推动了他们“小试牛刀”。

在传统广播中,应用播客节目已不再稀罕。在美国,公用无线电台是较早使用播客节目的。英国的 BBC 电台也于 2004 年 10 月在 Five Live’s Fighting Talk 节目中进行了播客试验。在我国,北京人民广播电台文艺广播也于 2006 年推出了《“播客”风暴》节目。

(2)经验借鉴。对于播客节目来说,传统广播的成熟策划以及节目质量管理上的规范最值得其借鉴;而对于传统广播来说,播客节目的创意以及受众吸纳方式最值得其借鉴。因此,在国内一些比较大型的播客网络,如“土豆网”、“播客天下”等,便采取了栏目化的节目分类方式,规范节目的上传,以方便受众查阅、收听,同时,在网络中采取节目排名制,以促进节目质量的提高。而传统广播为了促进节目的多元与丰富,吸引网络受众的关注,也开始制作播客节目上传至网络,试图双管齐下,兼顾网络市场。

(3)第三方调和。播客节目的合法性问题开始受到关注。根据国家广电总局《关于加强影视播放机构因特网等信息网络播放 DV 片管理的通知》的规定:“个人拍摄用于电视台播出、电影院播放、因特网传播以及参加评奖和展播用途的 DV 片,要经过审查,有关申请向省级以上广播电视部门提出,并按管理部门要求出具相关材料。”根据此规定,播客的音/视频作品都涉及内容审定的问题。因此,某些播客网络为了避免惹事生非,开始严格监管本站的内容或与传统广播合作,向其提供播客节目,而审定责任则交与传统媒体。同时,国家为了规范播客领域,也鼓励主流媒介接近网络播客,如中央人民广播电台网络电台“银河台”的出炉便是出于此目的。

附 个案分析

《有一说二》①

片头:【音乐】最敏感的话题、最鲜明的风格、最真实的声音,不用选择沉默,大家和我一起"有一说二"。	该节目有着典型的脱口秀特色。从片头的措辞来看,其风格和价值观一目了然。
主持人:各位听众大家好,我是主持人胖大海,您现在收听的是精品短片集。	开宗明义,解析本期节目的主题——偶像。
"偶像"一词由来已久,中国人的独特心理又喜欢崇拜偶像,而且,按时代划分很有鲜明的特色。就比如古代吧,因为那个时候的人不像现在的人可以实现很多自己的个性梦想,那个时候的人只知道交租、纳粮。在书生的眼里,状元就是偶像;在武夫眼里,侠客就是偶像。所以那个时代的偶像基本算是家喻户晓型的。	
而在建国后呢,我们中国人拿英雄当偶像,像什么雷锋、董存瑞、邱少云之类的,以至于那个时候的小朋友一问他长大了要当什么,一要当兵,二要当科学家。所以,那个时代的偶像政治色彩比较浓。	节目从叙述不同年代"偶像观"开始,直指当今的偶像现象。
80 年代早期,那个时候人们的偶像就是"二道贩子"甚至是"卖羊肉串"的,简单地讲那个时代人们开始拿"小老板"、"万元户"、第一批"下海打鱼"的这些人当成偶像。	
而进入 21 世纪,随着西方文化的大规模入侵,很多人崇拜的偶像也发生了巨大的变化。现代的年轻人更多地愿意拿歌星、影星当偶像,当然也有一小撮人马拿另类一点的人物当偶像,比如像这个希特勒,还有一些更前卫的朋友拿木子美、流氓燕、芙蓉姐姐当偶像。而且,每个人也都是各有各的爱好,萝卜白菜各有所爱嘛,可选择性也比较多。更何况还存在那些不拿别人当偶像,自己才是别人的偶像的人……也就是说这个时代的偶像属于小众型的,不是	主持人的语言表达虽"贫"但不缺乏观点。语言通俗易懂,直接明了,拉近了与网友之间的心理距离。

① 播客"胖大海"制作,本期节目制作于 2005 年 7 月,原载于"播普播客"。

大众型的。

这说明我们处在一个“个性时代”！

就比如很多手头不富裕，但是属于怀才不遇的那些人，就比较喜欢比尔·盖茨式的人物，更爱拿“财富论坛”上的成功人士作为自己的偶像。而那些处在恋爱或失恋的阶段中的人，更愿意拿唱情歌的歌手当偶像，因为他们的歌多多少少可以和他们找到些共鸣。要不说是情歌千百首，必有一款适合你呢。这就好像初恋的时候比较喜欢听《爱如潮水》；遭拒绝的时候喜欢听《我爱的人伤我最深》；如果不幸被甩就会唱“你这个骗子、骗子、骗子……”呵呵，这年头写歌多容易呀。当然也有一部分人更愿意听一些更欢快一些的情歌。不过，这都以个人喜好为标准，更何况如今歌坛上全是帅哥和美女，谁不愿意做一个帅哥和美女对着自己唱情歌的梦呢！是吧，所以，祝这些朋友好运！

再比如那些天生舌头不大好使、咬字不清楚、但是醉生梦死地要当歌星的这些人，终于找到了学习的对象——周杰伦！因为这厮没有几首歌可以让别人听清楚是在唱什么。不过，至少他用实际行动证明了“不管你听不听得清，只要会咳嗽就能当歌星”的伟大理念。哼哼呗，这多个性呀，这多自我呀。于是乎，中风患者似地歪着嘴，支支唔唔、念经式的风格终于流行起来了。所以，我也建议很多杰伦迷们，每天你也回家冲个凉水澡，对着电扇使劲吹，争取早日中风，成为歌星。当然，有些人肯定说我不了解他，呵呵，不过听说他还算得上是一名原创歌手，比较有才，多数歌曲都是自己写词、自己谱曲，而且，他选择了一条走自己音乐风格的道路。据说他的歌会把现代社会上流行的N种音乐风格融为一体。这也就难怪他为什么会唱得不清楚了，毕竟他每次唱歌的时候，都要把各种音乐元素放在一起，怎么也得在嘴里咀嚼一番，再搅拌一番，再连干的带稀的吐给大家吧。看！多好的一份音乐沙拉呀！祝各位乐迷们好胃口。

进入话题的中心——个性化时代的偶像问题。语言风格辛辣。

主持方式自如、释放。在有力抨击的同时不忘大度收尾，舒缓了收听情绪。

情绪在点评周杰伦之时再一次被刺激起，情绪节奏再一次紧张，观点激烈。

而眼前最出名的，恐怕是一个有争议的人物——“芙蓉姐姐”，“芙蓉姐姐”的出现，也正式宣布“审丑时代”和“做秀时代”的来临，而她迎合的正是那些无资本做秀或者有资本也不敢做秀的中国女性和另外一些有强烈偷窥欲的龌龊男。

为什么这么多人追捧她？甚至有人拿她当偶像？其实细想只是满足了自己的私欲罢了。或明挑大指称赞其为最自信的人；或没事偷着乐全当是场猴戏。呵呵，不管怎么说吧，至少有一部分女性同胞要谢谢她的，因为看着这种自信得近乎变态的行为和这种勇于释放自我、表现自我、从小到大照着哈哈镜长大的这个女人……终于，很多女人一瞬间平衡了，很多家庭一瞬间又幸福了。为什么呢？因为她彻底地毁掉了男人心目中所谓身材一流、貌美如花、温柔可爱的“良家妇女”的形象。更有一些男性朋友听见“芙蓉”两字就打哆嗦，很多企图“吃着锅里，占着盆里”的男人就表态呀，现在回头再看看家里的黄脸婆，依然是那么那么美女……所有偷腥的念头全没了，而那些曾经自认为自己是“世纪丑女”的女性同胞们也像《唐伯虎点秋香》里的石榴姐姐一样，大声疾呼——

【声音剪辑】呵呵，有人出丑了！有人出丑了！

主持人：听听，人家多过瘾呀，终于找回了自信了吧。

其实要说呢，中国人历来是以“藏”为乐的民族。正所谓：闭口而藏舌；金屋可藏娇；朦胧才是美嘛。但像这个“芙蓉姐姐”吧，非要做才女加美女，还把自己的玉照贴得哪儿哪儿都是。按常理来讲，就算是个才女，就算是个美女，也得别人夸不是吗？哪有自己猛夸自己的呀！这不是王婆卖瓜、自卖自夸嘛！人家不夸你，你就把人家门口的门神撕了，换成自己的照片，这又何必呢！有人说“芙蓉姐姐”是自己的偶像，她也要走“芙蓉姐姐”的成功之路，更有些朋友说“芙

对“芙蓉姐姐”的批判使其脱口秀达到了预想的收听效果，具有个性思维的批判——不留情面、嘻笑怒骂，触动听者的思维神经，或者引发共鸣，或者引起反对之声。

加入电影剪辑，对于策划者来说，这是一种多媒体讽刺手段。

主持人在向偶像目标“开火”的同时，不忘督促听众反观自身。这种大胆“攻击”的主持风格换来的是收听率与网络点击率。但要强调的是，这种“攻击性”只是一种个人风格，在网络上也遭到了很多网友的批判。播客的价值在于个人发表言论的平台拓展，但并不意味着就可以“恣意发泄”。主持人的表达方式虽贫但不缺乏观点。

蓉姐姐”是个疯娘们儿。其实，要我说，我们完全可以对这种无聊的行为置之不理的，我们完全可以不以此为乐的，但是我们没有这么做，很多朋友都没有这么做。也许，她才是理智的，其实，是我们疯了。朋友们，选择偶像是个人的事，我无权干涉，但是我想说一句，咱们不要再这么疯下去了好不好？要知道，也许毁掉“芙蓉姐姐”的那些人就是我们。你们感觉呢？	
今天就到这里，谢谢您的收听。如果您有什么问题，可以来我的网站 www. yyse. net，或者加我的 QQ×××××××。	QQ 等通讯方式也是播客区别于传统广播主持人联系听众的方式。

第十三章
广播节目的制作要素

第一节　技术是基础

第二节　声音素材

对于广播节目的生产过程来说，制作设备是基础，它既包含了制作环境如直播间、导播间；也包含了硬件设备如调音台、麦克风、声音存储设备，软件设备如计算机操作系统、数字音频工作站、音频非线性编辑软件等。相对于技术基础而言，语言、音乐、音响是广播节目的制作素材，而所有的策划思想及内容都需要技术与声音素材的相互合作。

第一节　技术是基础[①]

一、制作环境

没有接触过电台制作环境的人会有一种恐惧感——机器上那么多按钮要如何操作？事实上，了解这些制作设备确实需要一个过程，但这个过程并不复杂。

1. 直播间

直播间是专业制作广播节目的场所，它的建设要求符合一定的技术指标，同时像家庭需要装修美化一样，直播间的装修也

① 参考庄克仁：《广播企划与制作》，（台湾）五南出版社，2003 年版；刘建顺：《现代广播学》，（台湾）五南出版社，2003 年版；《AIR2000 产品手册》、《LINK2000 用户操作手册》，杭州汇联电子技术有限公司。

自有其风格。见下图。

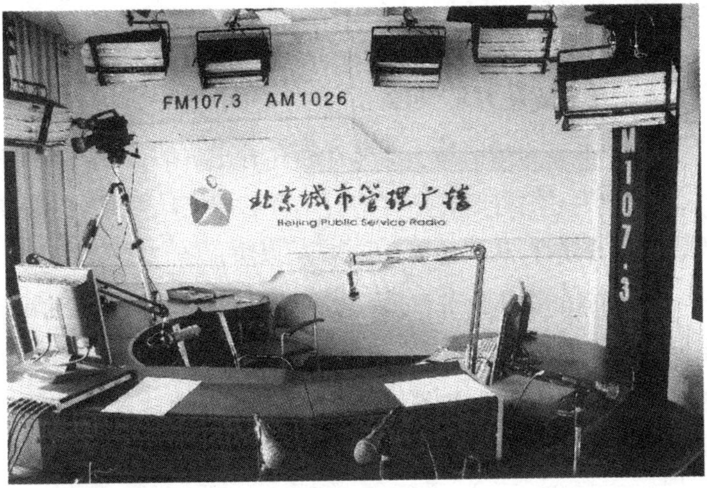

一般来说，直播间的装修也是一种“包装”，直播间的色调、字样、宣传口号等往往和电台的离播包装保持风格一致。

除此之外，直播间建造的技术指标也要有所依据，因为直播音的效果直接受这些技术指标的制约。这些技术指标包括：

(1)回响。回响即指音波受到阻碍经过反射所产生的余波，余波过大或者过小对声音的清晰度都会造成伤害。因此，必须找到最佳的回响时间①。直播间的回响时间要视直播间的材质(如墙壁、地板、天花板)以及直播间的空间大小而定。

根据美国《无线工程手册》，直播间的规格，在高、宽、长上有一定的比例：

① 所谓的回响时间，就是从声源发出的声音终止那一瞬间起到原音的余波衰弱消失为止的这段时间。

■播音用 1∶1.25∶1

■一般节目制作用 1∶1.60∶2.5

■长方形 1∶1.25∶3.2

■天花板较低 1∶2.50∶3.2①

(2)隔音。直播间是不能受外界声音干扰的，因此，其地板下、天花板上、墙壁内外、入口的门都要利用钢丝弹簧、水泥、炭渣块等隔音建材，其间还要有空气层，以防止杂音渗入。

(3)吸音。为了调节音量以及回响时间，直播间通常使用蔗泥板或吸音棉外加不织布来减少声音的回响，避免声音在空间交错。如果吸音过度，容易使声音中的高音被吸收，这种状况可以借由频率等化器加以补救。

2. 导播间

导播间位于播音间的隔壁，中间有双层厚玻璃窗相隔，因此声音无法进入直播间。导播间的设备主要包括：录音设备、报时或对时装置或时钟、消防设备、通讯装置、电话录音或对讲设备(其中也有部分设备放入直播间中)。传统的导播人员的工作旨在指导和协助播音员和主持人的节目制作——用手势指导节目工作人员提高或降低音调，示意节目的开始或切断或播放唱片等。因此，导播间可谓是广播电台节目制作的神经中枢。不过，近年来的广播趋势已经开始倡导主持人自行掌控播出和录音进程，导播人员的主要工作是监听与热线电话的接入。

---

① 引自庄克仁：《广播节目企划与制作》，(台湾)五南出版社，2004 年版，第 207 页。

二、制作设备

1. 调音台

在直播间，调音台是最核心的设备，因为节目的播出、声音的录制、调试都与它息息相关。

(1)调音台的功能

调音台又称混音器，其主要功能有以下四个方面：

■**调音**。一部调音台通常有若干个声音信号输入(如CD，MD，TAPE)，为了将每一个声音信号整合到统一的标准中，必须在输入或输出时将声音信号扩大或缩小。在调音台上，有基于对声音信号源调整的"推子"，可将音量扩大、缩小或切断；也有基于整个节目播出的"调音推子"，可控制节目录入和输入的音量。

■**配轨**。声音信号通过调音台的配轨控制装置，可以使节目主持人或制作人同时进行多种工作，诸如试听、监听、播出等，而不必中断节目的制作或者播出。

■**混音。**即将来自麦克风、CD 或者效果机等的各种声音信号混合为既定系统的广播节目。

■**效果制作。**某些调音台配有制作回响或滤音等效果的装置，以便制作出相应的效果。

(2)数字调音台

目前，广播电视技术逐渐向数字化靠拢，调音台的数字化亦成为一种趋势。数字调音台分为两种：数控调音台与全数字调音台。

数控调音台即音频信号处理采用模拟方式，控制部分采用数字方式。数控调音台与普通调音台的区别在于数控台没有音频信号通过，数控部分的功能实际上是将数控台上各种控制键、钮和推子的状态由计算机“译为”数字信息对音频处理柜进行遥控。音频处理柜包含了所有的音频处理电路，它从数控台接收数控信号，使音频处理结果按控制台控制的结果进行相应的改变。由于音频信号不经过控制台，因而通路变短，声音质量大大提高。

全数字调音台的音频信号处理和控制部分都采用数字方式。全数字调音台是由运算速度较高的专用数字信号处理硬件构成的，而信号处理的实现则完全由软件进行，调音台控制面板与装有高速运算电路的计算机相连接。数字调音台的技术指标很高，功能强大，操作便利。

2. 麦克风

麦克风是电台制作节目时不可或缺的声音接收器。不同的

数字调音台

空间环境、不同的语境应采用不同的麦克风。

麦克风的工作原理是：不同频率的音波向麦克风冲击时，会引起麦克风内装置的一片金属薄膜震动，从而转化成电波讯号。

(1)麦克风的种类

目前常用的麦克风的种类可以依照以下方式划分：

■依转换方式分类

动圈式。让导体在磁场中移动，就会产生电能，这是发电机的工作原理，而让金属线圈在磁场中运动，就会产生电流。动圈式麦克风就是采用了这样的原理。动圈式麦克风的振膜上粘有一个金属线圈，声波使振膜产生振动，振动所产生的电流的强弱因声音大小的改变而改变。动圈式麦克风的优点是频率特性较好，坚固耐用，但使用时必须注意避免接受外来的磁性噪音。

电容式。电容式麦克风的振动膜片是被蒸发到金属上的一层塑料膜，它经过高压电场驻极后与另一金属板间形成两边带有异性电荷的驻极体电容。当声波作用于振动膜上时，电容量随着振动而变化，使两边电荷量也发生变化，从而产生音频交流电压输出。电容式麦克风的特点是轻便，且因震动膜很薄，因此与声音变化的震动顺从性很高，收取的音质较好。缺点是在高温潮湿的地方使用时容易产生杂音。

■依方向特性分类

全指向。全指向型麦克风对来自所有方向的声压的变化都具有相同的灵敏度，其结构通常是压强式的，对来自各个方向的声音都可以均衡地拾取。实际上，由于传声器的外壳多少具有隔音作用，因此对于来自后面的声音，灵敏度会下降 5dB 左右。

双指向。这种麦克风的结构是压差式的。声波从振膜的前后两个方向驱动振膜。由于声波抵达振膜前后的距离不等，振膜受到前后声压差的作用而振动，当声波从振膜的正前方或正后方入射时，声压差最大；从左右两侧与振膜平行方向入射时，声压差最小。由于其拾音的特性，这种麦克风最适合收录对话的声音。

单指向。单指向型麦克风对正前方的声音灵敏度最高，它能收录麦克风所指特定方向的声音，且能屏除一些外在的杂音，因此在较为嘈杂的环境中可以使用这种类型的麦克风。单指向型麦克风按照指向性的尖锐程度不同，基本上可以分为以下几种类型：

第一种，心型。心型麦克风对于正向大约 160 度的圆锥形宽范围内的入射声波灵敏度都很高，而对两侧的响应迅速减小，在正后方时灵敏度最低。

第二种，超心型。超心型麦克风对正向入射声波的灵敏度范围比心形还要窄，故称超心形。

第三种，超指向。比心型和超心型收录的方向还要狭窄，由于其音源纯净，不易收取环境杂音，故在电影外景收音、新闻采访及体育节目现场收音这类收音活动中，都采用这种类型的麦克风。

(2)使用麦克风要遵循的原则

第一，声源必须在麦克风的拾音范围之内。

第二，如果声源离麦克风太近，便容易产生咋唇音或呼吸喘息的杂音；而距离过远，声音就如同自空旷之处发出，听上去虚软无力。因此，声源与麦克风之间必须调整出适当的距离，以拾取最理想的音质。

第三，播音员与麦克风之间的最佳距离为 20～30 公分，歌唱者为 45～91 公分。不过到底什么距离适当，还需视麦克风的性能以及说话人的具体差异而定。

3. 声音的存储与重现

对于广播节目而言，声音的存储与重现有着不言而喻的重要作用。以下是目前广播电台最常用的声音存储方式。

(1)碟片

其一，压缩碟片(CD)。

目前的广播制作中，CD 和数字音频磁带(DAT)已经基本取代了较为初级的唱盘、盒式磁带等。压缩碟片的出现提供了更高的音乐再现能力，因为它可以存储和快速恢复声音细节，存在 CD 上的信息可以被 CD 播放器中的激光束读取。数字碟片能产生更清晰的数字声音信号，而且很容易找到所需曲目，且可以选定开始和结束的时间，在时间控制上有很大的优势。同时，使用 CD-ROM 碟片可以自己进行烧录并存储节目，仅需一台刻录机和一台配有大容量硬盘的计算机就可以在一张 CD-ROM 上记录 74 分钟的数据。

其二，迷你磁碟片（MD）。

MD 具备 CD 的优点：第一，两者同样由激光束读取数字记录，再转换成音波播放，因此，它的音质接近于原音；第二，两者都是用数字方式进行存储，因而可以很快地找到所要播放的曲目。除此之外，MD 还有比 CD 更加突出的地方：第一，可录可放，使用方便；第二，使用的磁碟片直径约为 6.5 公分，只有 CD 唱片的一半大小，携带方便。

（2）磁带

磁带是一种单面附有“铁氧体”（铁锈别称）的带状物质，铁氧体微粒在电磁场中形成排列并记录下磁信息。

广播电台基本上有四种磁带：带身宽、磁头大、音质好的盘式带；适用于盘式机的卡式带；磁带头尾两端联在一起的匣式带；采用了数字采样和编码方法的数字带。

（3）无带录音

无带录音是指利用计算机磁盘存储声音，经过采样并转换成二进制的声音信息。录音笔、数字音频工作站等是实现无带录音的手段。使用无带录音，节目制作者可以更轻松地对声音信息进行编辑。这项技术的主要优势在于利用计算机链接作为设备中枢的自动命令功能，只需简单进行两个声音元素交接处的数字交叉衰落调节，不管交接有多紧密，甚至可以编辑难以检测的部分。如果对编辑的东西不满意，可以删除然后恢复成编辑前的状态重新开始。一旦满意了，就可以保存结果。不管怎么编辑或录制多少遍，都不会影响声音的质量。

4. 数字音频工作站

数字化带来的是一种人工智能化的方便与快捷，数字化系统结合计算机网络技术，使广播节目的采集、录制和播出变得一"键"可得。数字音频工作站覆盖了从管理工作到制作工作到播出工作等电台工作的各个环节。通过该系统，电台工作人员可以实现数字音频节目的共享、无带传输、网上调用以及自动播出。

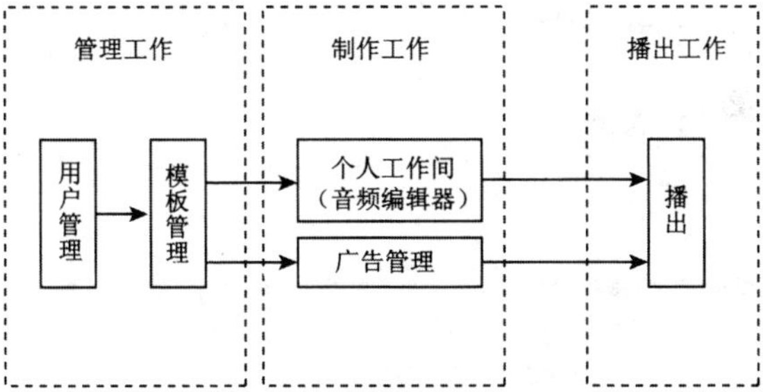

数字音频工作站工作流程图

如上图所示，按照电台的业务流程，数字音频工作站可以分成三个部分：管理部分（包括用户管理和播出单模板管理这两个模块），主要完成用户管理、用户权限管理、节目单的管理以及栏目权限的分配；制作和编排部分（包括个人工作间和广告管理这两个模块），主要完成节目、标头、资料、广告等音频资料的管理、审听和编排；播出部分（包括播出管理模块），主要完成各种播出要求，如录播、直播等。

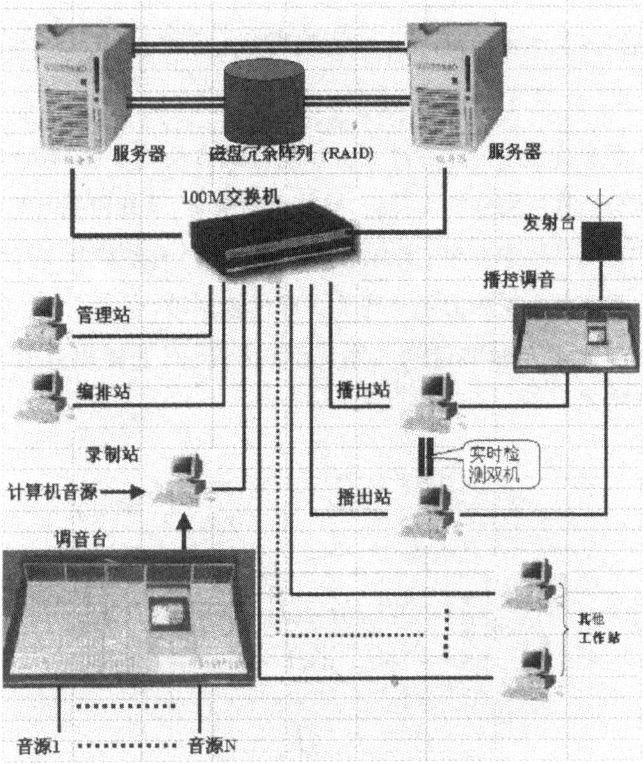

数字音频工作站网络系统图

数字音频工作站按结构可分为“集中式”和“分布式”。“集中式”播出系统是将所有的音频接口集中在一台主机中，各工作站在操作时只是通过网线给主机发出各种命令，所有的音频输入输出均在主机上完成。早期的播出系统大部采用这种方式。它有一个缺点，即主机一旦出问题，将造成整个系统瘫痪。“分布式”播出系统是在每台计算机上加装音频处理卡，构成相对独立的音频处理单元，通过网线传递数字音频文件和读写数据库。这类系统安全性好，结构灵活，施工维护都比较简单。

根据专业频道的内容设置，数字音频工作站的工作流程可以归纳如下：

(1)节目的录入和制作。节目录入和制作可分为两大类：一类为音频资料的灌入或精品节目的制作，这类节目一般需要长期保存，用于播出或节目素材保留；另一类节目为播出用节目，这类节目时效性强，不需要长期保存，一般在播出后即可删除。

在节目录入过程中，先将节目直接录在本地硬盘上，录音完毕，经编辑、处理后形成一个成品节目，储存在本地临时库中。经部主任、系列台总监或其他权限人员审听确认，根据节目类型发送到音频资料库或播出库中。对发送到播出库中的节目，可同时将其编排进节目单中，以实现自动播出。

对新闻类实时性要求比较高的节目，可在录制完毕后直接在录制站上审听，确认后发送到播出工作站，实现即时播出。

(2)节目单的编排和审听。节目单的编排有两种形式：一种是通过编排站从公共音频资料库、本台音频资料库或播出库中选取所需节目，按头尾相连的形式编制播出节目单；另一种是用节目编辑站将几个节目按播出顺序和交差叠混的要求进行音频编辑，生成一个待播节目组发送到播出单中。每天各栏目的播出内容经总监或相关权限人员审听批准后生效。

(3)节目预载。播出工作站根据预先设置，提前将次日或几天后要播出的节目内容从中央音频资料库中预载到播出工作站的本地硬盘上，以保证在网络因故瘫痪时也能正常播出。

(4)节目播出。播出工作站从播出节目库调入节目，按节目编排站设置自动播出或由主持人手动播出。对事先编排好已预载到本地硬盘中的节目，播出时直接从本地硬盘中读取数据，不再通过网线播放；对于临时选择播出的节目，系统自动从服务器中央资料库调取，以最大限度地满足播出要求。

5. 非线性音频节目制作软件

非线性音频节目制作软件又称音频节目编辑器，它的主要特性是可以进行多轨录音，并可以方便地用最快和最有效的方法对音频材料进行剪切、复制、粘贴和合成。它是广播节目制作过程中“将原料烹制为成品”的一环。音频编辑器最大的优点是系统运行稳定、可靠，使用起来方便且功能非常强大。它的设计可以使音频处理工作变得简单而有效，制作者可以快速而又方便地使用其菜单、工具栏、对话框及其他软件功能。

以下以 AIR2000 制作软件为例，介绍非线性音频节目的制作过程。

(1)登陆主窗口界面

双击 C:/S1/Air2000_S1. exe 的图标，出现 S1 Navigator 如下图：

点用户登录：

出现下图：

输入用户名和口令(第一次运行要查看配置服务器,若服务器名正确,则登录;若服务器名有误,请输入正确的服务器名),然后点“Save”,再点“登录”。

之后,S1 Navigator 的图标出现如下变化：

点音频编辑器图标：

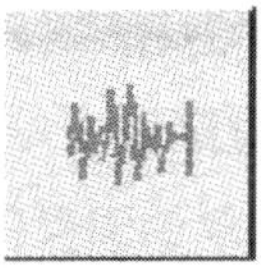

出现下图：

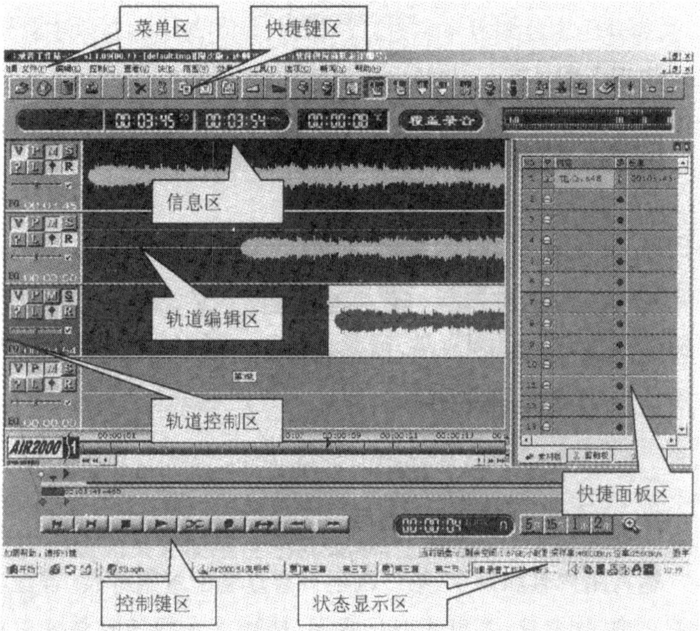

至此，主窗口页面就成功地打开了。

(2)录制一个新的音频文件

先选择某音轨的录音通道，在“轨道控制区”按下 R 键。

然后将磁头线定在要增加录音的音轨位置，就是指音频开始播放或者录音的位置，在其“控制键区”按下“录音”键。

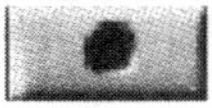

此时处于预录状态，可以通过“信息区”右边的 VU 表，观察输入信号是否正常。一般情况下，信号到 - 18 左右时状态最佳（见下图）。

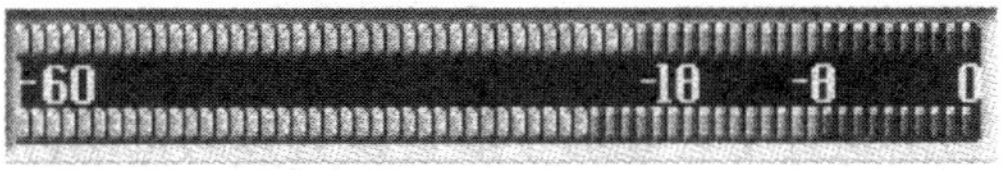

调节好输入音量的大小（这里一般是通过调节外部设备来实现的）。

然后再按“放音”键，开始录音。

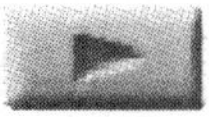

再然后用鼠标单击“停止”键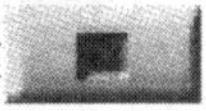，停止录音，将录音保存成音频文件，命名为“我的音频资料.s48”。

(3)录音模式切换

音频编辑器提供三种录音方式，分别是覆盖录音、插入录音和切入/切出录音。

覆盖录音与插入录音的切换：在“信息区”用鼠标单击“覆盖录音”或“插入录音”，两种状态可互相切换。

三种录音模式的操作方式如下：

覆盖录音。选中录音轨道，定位磁头线，从磁头线位置开始录音。录音的同时即抹音，录到什么地方，抹到什么地方。

插入录音。选中录音轨道，定位磁头线，从磁头线位置开始插入录音，后面不抹，直到停止录音。

切入/切出录音模式。在节目长度不变的情况下，抹去选中范围的录音，录上新的内容（用新的内容替换选中的内容）。执行菜单→控制→切入/切出录音，在这一选项打上对勾，即可以开始进行切入/切出录音了。先选中被替换音频的范围，把磁头线定位在选中范围的开始部分的前面，在“控制键区”按下“录音键”，当前状态不录音，只有当磁头线走到选中范围的开始位置时，才开始录音，当磁头线走到选中范围的结束位置时，才停止录音。

（4）编辑已存在的音频文件

先调入音频文件。调入已存在的音频文件，单击主界面快捷工具栏上从左起第二个按钮“调入音频文件”或者选择菜单→文件→从文件调入音频选项，系统弹出，打开对话框。

选择我们通过外部录音方式得到的音频文件（我的音频资料.s48），使之变蓝。单击“打开”按钮，将之调入音频编辑器轨道上。当然，也可以从数据库中调入已存在的音频文件，单击主界面快捷工具栏上从左起第三个按钮“数据库调入”或者选择菜单→文件→从数据库中调入音频选项，系统弹出，打开对话框如第387页图所示：

然后编辑调入的音频文件。常用的编辑手法有如下几种：

■磁头线定位

第一种：拖动鼠标定位。

方法一：在绿色中心线下方按住左键，将磁头线拖动到指定

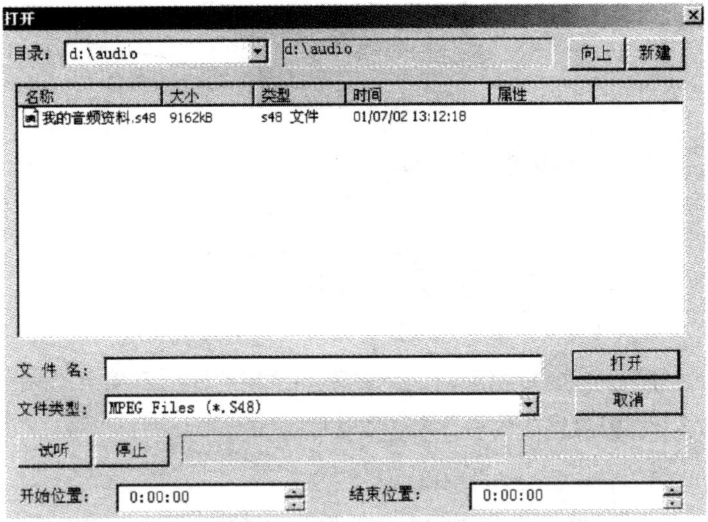

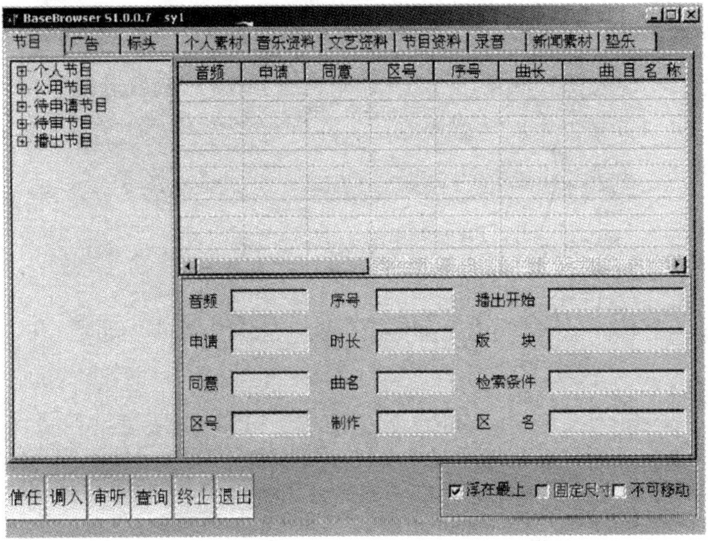

位置，可以通过观察“时间标尺”或者“当前磁头位置”来确定。

“时间标尺”见下图：

“当前磁头位置”见下图：

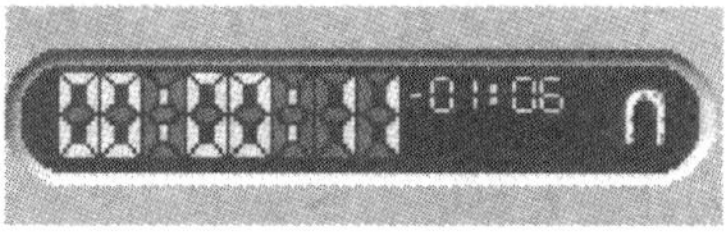

方法二：直接找到指定位置，在绿色中心线下方单击鼠标左键，也可以将磁头线置于指定位置。

第二种：标记点①定位。

方法一：自动标记点定位磁头线。先选中编辑的轨道，在“音轨全貌显示区”用鼠标左键单击自动标记点，即可定位磁头线。

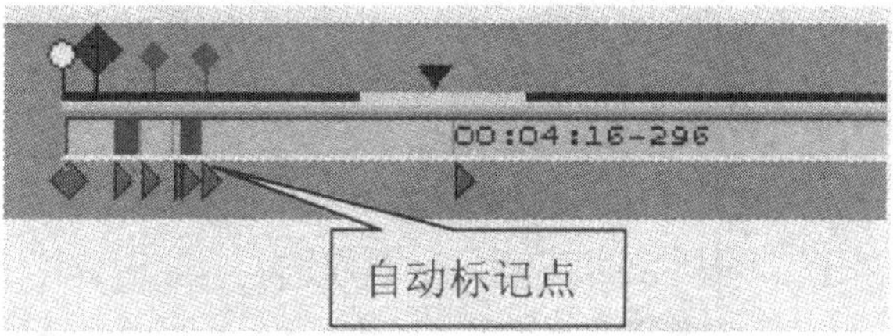

方法二：手动标记点定位磁头线。先选中编辑的轨道，在“音

① 标记点：记录音轨某处位置的点，标记点分为自动标记点，手动标记点和移动标记点。手动标记点：用户可以通过下面几种方式手动找到标记点：1. 将鼠标移动到控制区的〈标记〉按钮上，单击鼠标右键可以出现这一轨的所有标记点列表；2. 通过鼠标来选择某个标记点，则该标记点所对应的波形将移动到屏幕上，用户可以对该点处的音频进行修改；3. 通过点击音轨全貌显示栏上的标记点，也可以选中该标记，使该标记点对应的波形移动到屏幕上。自动标记点：用户执行了剪切、复制或粘贴后，就会在音轨全貌显示栏上增加一个自动标记点，鼠标左键单击自动标记点则该点对应的位置就会移动到屏幕上。

轨全貌显示区”用鼠标左键单击手动标记点，即可定位磁头线。或者先选中编辑的轨道，在“轨道控制区”的“标记”位置单击鼠标右键，出现如下界面，用鼠标左键单击选择需要定位的标记点：

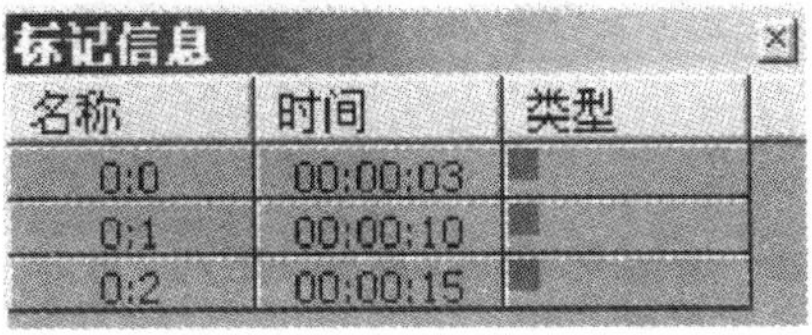

标记信息

名称	时间	类型
0:0	00:00:03	
0:1	00:00:10	
0:2	00:00:15	

方法三：设定步长[1]法定位

可以使用滚动条的跳进按钮来定位磁头线。

跳进按钮，包括：

左长跳进：将磁头线向前置位，根据参数设置中跳进步长2（如上图）进行跳跃。

左短跳进：将磁头线向前置位，根据参数设置中跳进步长1（如上图）进行跳跃。

右长跳进：将磁头线向后置位，根据参数设置中跳进步长2（如上图）进行跳跃。

右短跳进：将磁头线向后置位，根据参数设置中跳进步长1（如上图）进行跳跃。

或者，可以设置跳进按钮的参数设置位置：菜单→选项→编辑和控制参数设置：

① 步长是指磁头线每跳跃一次的单位长度（单位为秒），这个单位长度可以通过参数设置进行自定义。

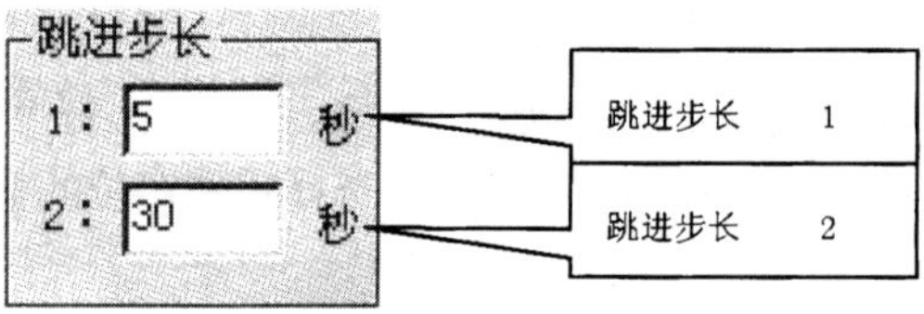

■微调

先选中范围，用鼠标左键（右键）按住“显示选中部分的开始位置”，可以微调选中范围的开始部分；用鼠标左键（右键）按住“显示选中部分的结束位置”，可以微调选中范围的结束部分。

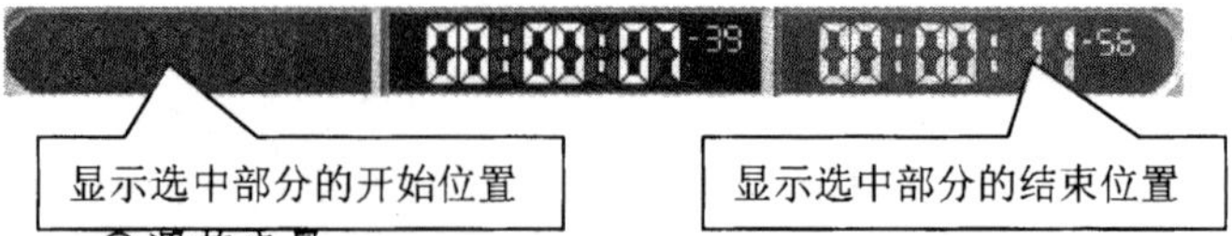

③调节音量

■调节音量

A. 调节选中的部分音量

第一步，选中音轨范围[①]。

---

① 选中音轨范围问题：选中范围是编辑操作时的基本单位。编辑时必须选中一段范围，它包括“小范围选中”、“全部选中”以及“大范围选中”。“小范围选中”是指选中编辑的轨道，用鼠标在“轨道编辑区”拖动选中编辑轨道的上半部分（音轨的中心线上半部分）；“全部选中”是指选中编辑的轨道，在菜单→编辑→全选，或双击“轨道控制区”空白处；“大范围选中”可以选中大范围，但不是全部。选中范围有两种方法：方法一：按下 Shift 键不放，用鼠标左键来定位磁头线（即定义选中部分的开始部分），用鼠标右键来定位磁头线（即定义选中部分的结束部分）；方法二：先用鼠标左键来定位磁头线（即定义选中部分的开始部分），在“快捷键区”按下“设置左范围”，用鼠标左键来定位磁头线（即定义选中部分的结束部分），在“快捷键区”按下“设置右范围”。

第二步：调节音量。单击音量锁（去掉对勾），用鼠标左键拖动音量滑块来调节音量大小，与此同时，其音频波形的幅度也随之变化。

在轨道控制区上：

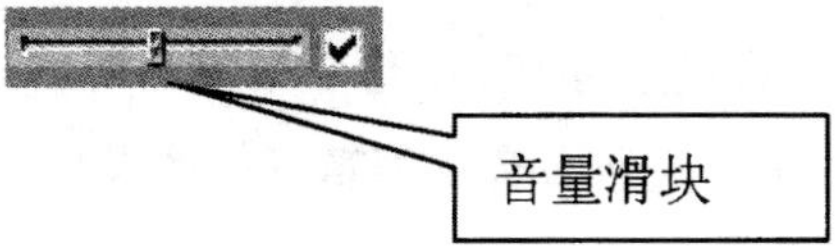

B. 调节某点音量

第一步，在这个点上打上音量点，即增加音量点：

方法一：使用工具栏中的快捷按钮。

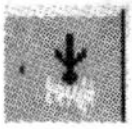

方法二：在音量线上左键双击增加一个音量点。

方法三：使用默认快捷键 F9 增加一个音量点。①

想要删除音量点，就在音量点上右键双击删除一个音量点即可。

想要调节音量点，则有两种方式：

左键调节：左键按住音量点上下拖动调节该音量点的音量。

右键调节：右键按住音量点上下和左右拖动调节该音量点

① 增加一个音量点时，这个音量点的电平位置默认设置在磁头线和音量线相交点上，即音频波形的实际位置；也可以通过在菜单“选项”→“音量相关参数设置”中设置为自动调整到与前一个音量点一致位置。

的音量和时间位置①

第二步，调节音量。用鼠标左键按住音量点上下拖动，调节此处的音量大小。

第三步，恢复原始音量。选中当前音轨，在菜单→编辑中单击“设置为0db”选项，使当前音轨的音量保持为0db。此时该音轨上将没有任何音量点存在，其电平与录入时的电平一致。此功能请慎用，以免丢失所有音量编辑点的效果！②

■撤销、重新执行、删除、剪切

撤销，点快捷键撤销本次操作，回到上一次操作环境中，撤销的次数没有限制。

重新执行，点快捷键恢复上一次操作，使上次的撤销操作无效。

删除，点快捷键删除选中音频内容。可以同时删除几轨内容，如果要恢复，只能通过撤销操作进行恢复。

剪切，点快捷键剪切选中范围放到临时空间。被剪掉的内容在允许使用剪裁板的情况下，将被放在剪裁板中。剪切时只能剪切单轨的内容。

■复制、粘贴

复制，点快捷键复制选中范围放到临时空间，被复制

---

① 调节过程中，系统始终显示当前音量点的实际音量位置。

② 所谓原始是指对录入或调入的音频的音量未经过任何编辑处理。

的内容在允许使用剪裁板的情况下，将被放在剪裁板中，复制时只能复制单轨的内容。

粘贴，点快捷键将最后一次剪切或复制在临时空间中的内容放在当前轨磁头线所在位置上。

(5)音频块[①]的一组操作

■前提

先选中编辑的轨道，在“轨道控制区”按下“L”，L凹下表示在“轨道编辑区”可以移动音频块，L凸起表示在“轨道编辑区”不可以移动音频块。音频块的移动必须把L按下，L凸起表示在“轨道编辑区”编辑音频块。如果不移动音频块，请及时把L按起(凸起)。

■向后移动音频块

按下“向后移动当前及后面所有块”按钮(要保证“轨道控制区”的L处于凹下状态)，鼠标在音轨中心线上方形成小手图标，用鼠标拖动(按住鼠标左键)当前音频块到目标位置，即可将当前及其后面的所有音频块集体移动。

■向前移动音频块

按下“向前移动当前及前面所有块”按钮(要保证“轨道控制区”的L处于凹下状态)，鼠标在音轨中心线上方形成小手图标，用鼠标拖动(按住鼠标左键)当前音频块到目标位置，即

① 音频块是在移动编辑时所用的最小单位，每个音频块是独立的。

可将当前及其前面的所有音频块集体移动。

■左右移动音频块

按下“移动当前波形块”按钮（要保证“轨道控制区”的L处于凹下状态），鼠标在音轨中心线上方形成小手图标，用鼠标拖动（按住鼠标左键）当前音频块到目标位置，即可实现当前音频块的移动。

■中间同时移动多个块

按下“中间移动多个块”按钮（要保证“轨道控制区”的L处于凹下状态），鼠标在音轨中心线上方形成小手图标，用鼠标拖动（按住鼠标左键）选中音频块（一个或多个）到目标位置，即可实现选中音频块的移动（选中音频块方法：按住CTRL键不放，用鼠标来选择，如下图）。

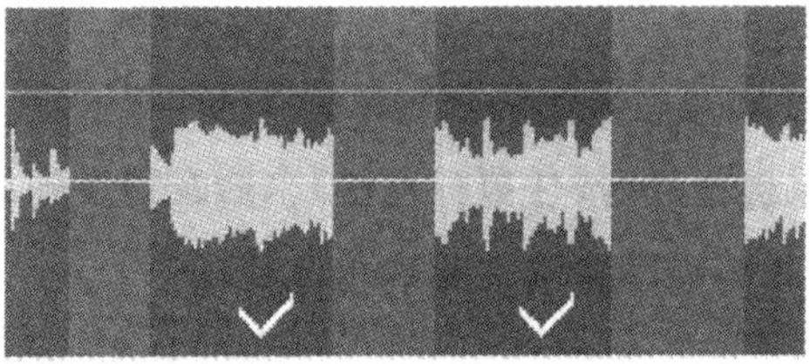

■分开块的操作

先选中编辑的轨道，在“轨道控制区”把“L”按下，把磁头线定位在需要移动的位置上，在“快捷键区”点“分开块”键，把鼠标放在磁头线定位的右边，鼠标箭头变成小手，在轨道的上半部分按住鼠标左键不放，左右拖动，即可移动。

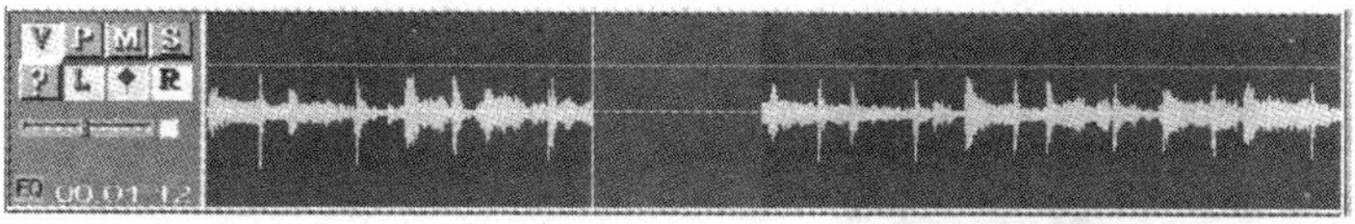

以上介绍移动的范围比较小。大范围移动可以通过移动标记点来实现。

■通过移动标记点来实现块的转移

先选中编辑的轨道，在“轨道控制区”把“L”按下，把磁头线定位在需要移动的位置上；在“快捷键区”点“移动标记点到磁头位置”键，再把磁头线定位在需要移到的位置上，在“快捷键区”点“移动标记到磁头位置”键，OK。

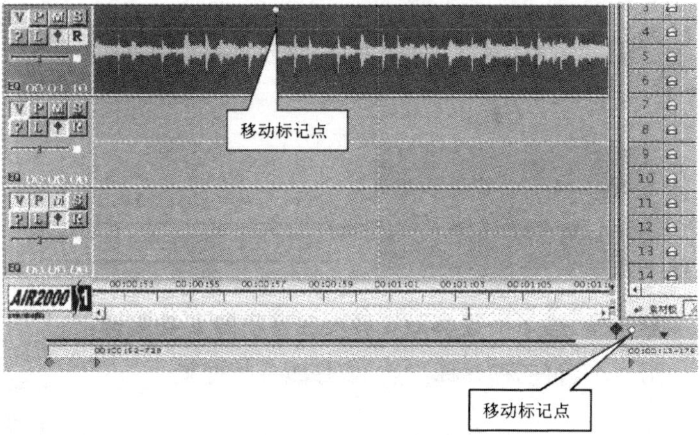

具体使用包括以下四种情况：

第一种，将移动标记点所在波形位置向后移动与磁头线所在位置对齐，如下图：

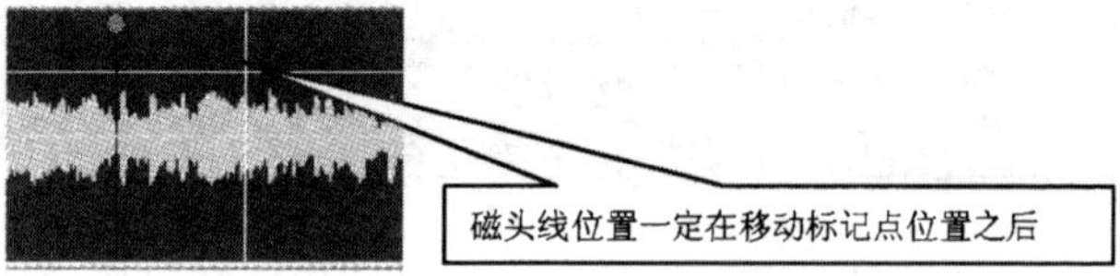

第一步，按下所要移动音频所在音轨的 L 功能键。

第二步，打下移动标记点，定好磁头线位置。

第三步，按下快捷工具栏的方向键“移动当前波形块”按钮。

（注：针对移动目标音频块的距离，请注意留有移动空间，否则目标音频块无法移动。）

第四步，操作完成！

第二种，将移动标记点所在波形位置与磁头线所在位置对齐，如下图：

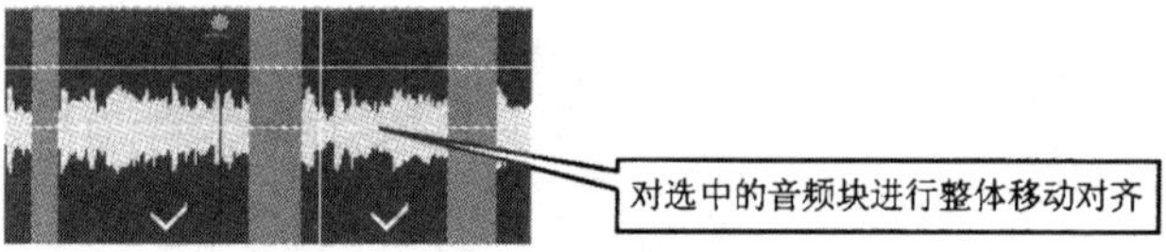

第一步，按下所要移动音频所在音轨的 L 功能键。

第二步，打下移动标记点，定好磁头线位置。

第三步，按下快捷工具栏的方向键“中间移动多个块”按钮。

第四步，操作完成！

(6)特殊效果处理

■单轨淡入淡出

两个办法，一是选择不同效果的参数曲线；一是自定义曲线——调节音量点。

■轨交叉淡入淡出

同时选中相临两轨音频块，该功能默认设置，使上面轨的音频块淡出，下面轨的音频块淡入（也可以在菜单“选项”→“音量相关参数设置”中修改设置）。

■时间拉伸

由于广播节目有很严格的时间限制，所以利用时间拉伸功能可改变音频块的时间长度，而对声音的音质不会改变，仅仅是改变声音的语速。

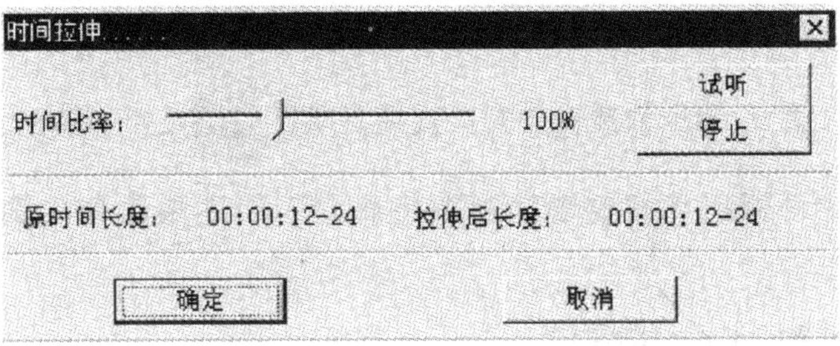

■变调

转换后的效果音频将被放在素材板中，用户可以根据需要进行替换。

(7)其他

■导语标记点的使用

导语标记点主要是用于录制新闻。将一组新闻一次性语音

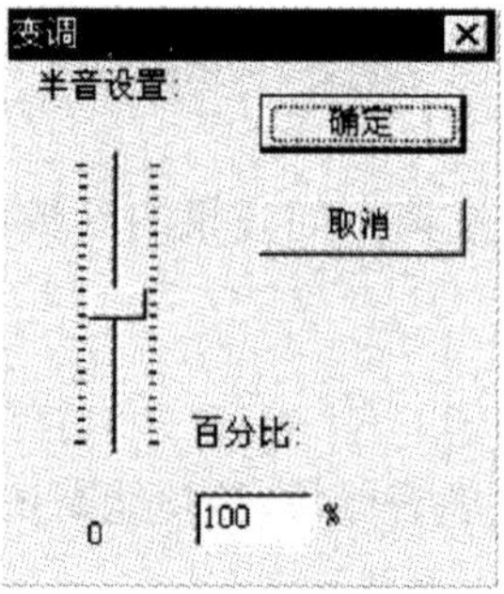

录入，最终可以分条保存成独立的新闻素材。

具体操作方法如下：

第一，先将标记点类型设置为导语标记点类型，在菜单中“选项”→“标记点类型”→“导语标记点”。

第二，在进行新闻录入的同时打标记点，即在每条新闻后面打上标记点。

第三，单击快捷键分割音轨到新闻板按钮，系统会按照导语标记点的位置和顺序将所录新闻逐条保存在素材板上。

■电平推子的使用

主要用于调节输入、输出的电平，使输入输出电平达到平衡（比如都保持 0db），使输入的音频信号在输出时不出现衰减或增益现象。电平推子的界面如下：

■EQ（均衡）效果调节

EQ 的调整是针对选中的某一轨。先选中编辑的音轨，在“音轨控制区”点“EQ”EQ，出现如下界面：

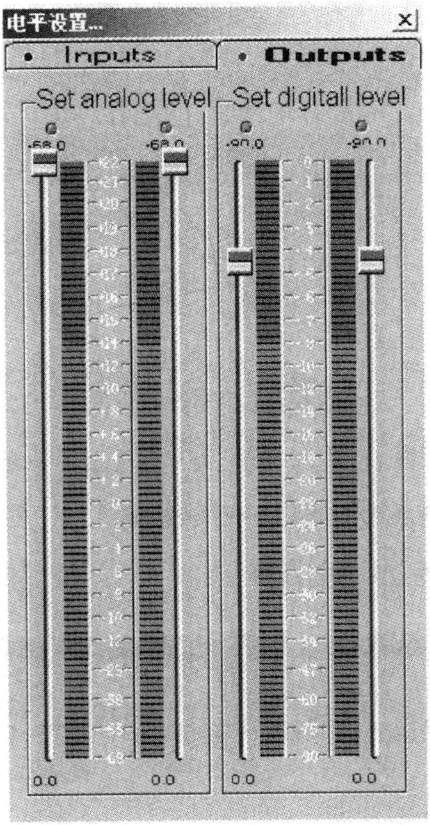

用鼠标左键按住小滑块上下拖动，就可调节 EQ 效果（EQ 效果是实时的）。如果想要恢复到初始状态，请在 0db 前面打上勾。

(8)输出音频文件

输出音频文件就是保存合成。制作节目完成后，我们需要将几轨的音频编辑合成在一起，即把几个轨道合成一个立体声的.S48 文件（也可以叫节目文件），以供播出站上播放。合成后

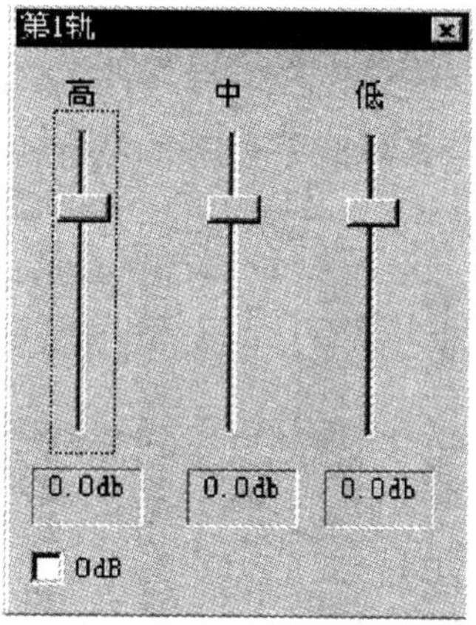

的立体声文件是不能再分开的，如果再要进行编辑，只能作为一个独立素材对其进行编辑。在“快捷键区”点“另存音频文件”键，出现保存文件对话框。

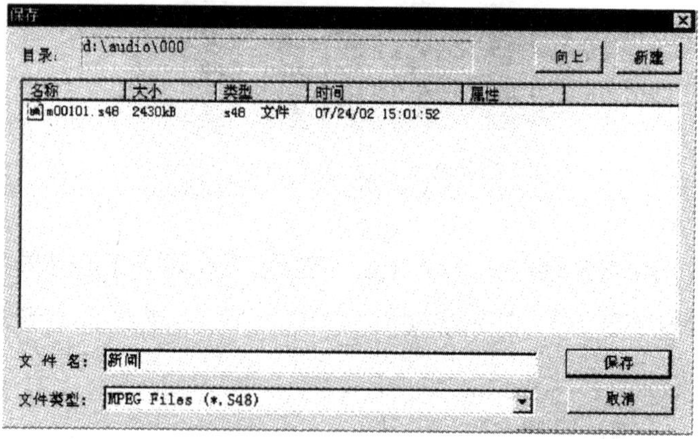

输入文件名，点“保存”，出现如下界面：

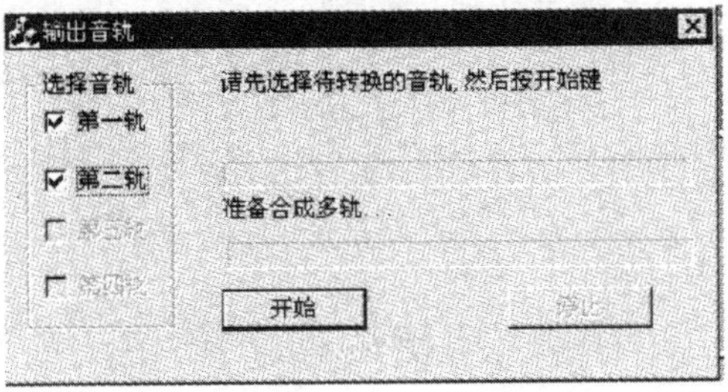

在“选择音轨”中选中要保存的轨道，打勾选中，灰的表示此轨没有音频，然后点“开始”。

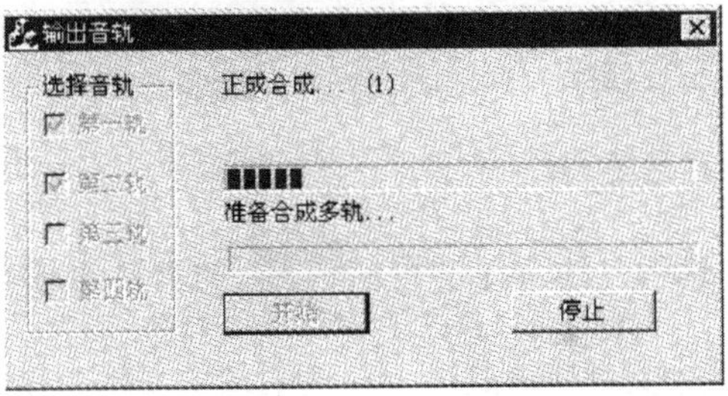

最后出现合成完毕对话框，点“确定”，合成完毕。合成后的音频是你选中的音轨的叠加。

(9)项目文件的操作

■新建项目文件

使用编辑器中的功能，首先要创建一个项目文件。这个项目就如同搭建了一个工作的环境。项目文件建立起来之后，显示四个音轨，也就是说，我们可以同时使用四个音轨进行节目的制作。

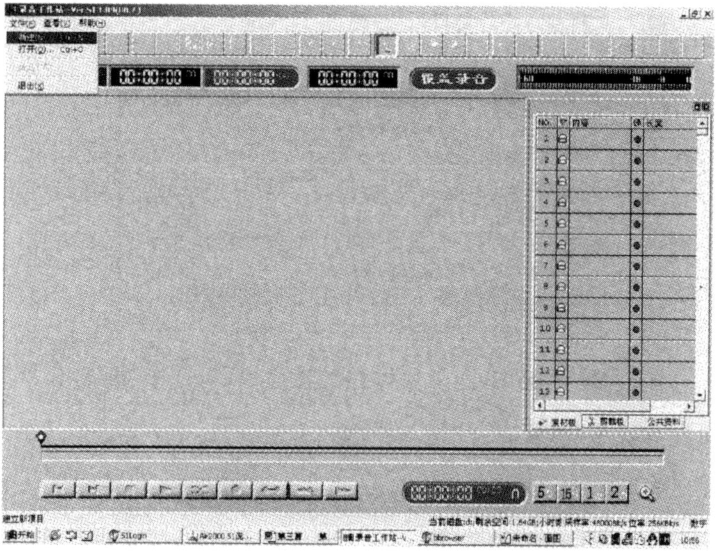

■打开项目文件

单击工具条上的快捷键按钮，打开一个保存的项目文件，请注意这个文件应该是以.dav为后缀的文件。在这个打开的对话框中始终有一个文件夹History Project File，它是系统默认生成的，里面存有最近的五个项目文件(还可以自定义设置)。

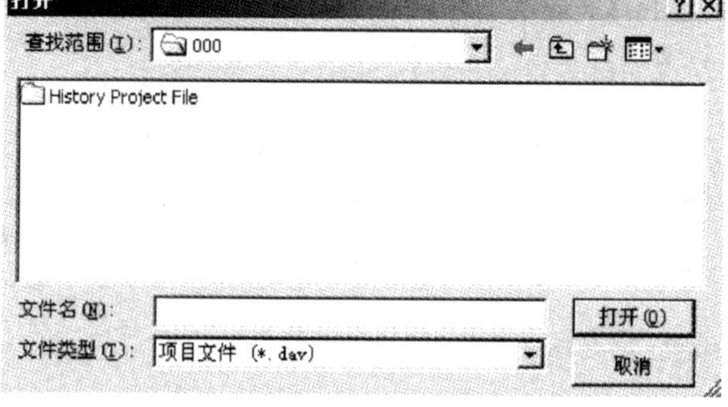

■保存项目文件

如果需要保存项目，则在这里选择保存项目。但通常，如果节目已经编辑完成，则建议不保存，因为项目文件会占用大量空间。

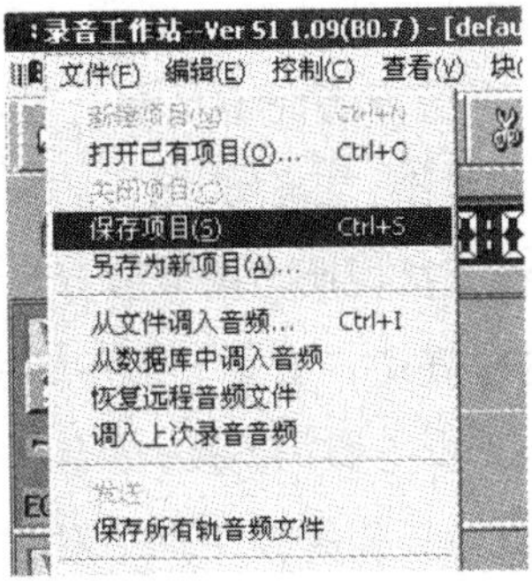

至此，一个完整的非线性音频节目就在电脑中编辑完成了。

第二节　声音素材

广播是听觉的艺术，语言、音乐、音响是其工作的基本要素。然而，这看似简单的三种元素其实内涵相当丰富，每一个要素下都包含着更多的类别。因而，将这些成百上千的语言、音乐、音响进行创造性的排列组合便会产生意想不到的效果。

一、语言

广播中的语言，是指广播节目中各种角色（人类或非人类角色）发出的有声语言。在广播节目中，语言是各角色之间进行信息及感情交流的重要手段，因为音调、音量、音质、音时的作用，语言的表达方式和含义也会大大地丰富。

按照人员参与的程度，可以将语言分为叙述性语言、对白以及群声。

1. 叙述性语言

叙述性语言通常是描述性的。也就是说，叙述者在事件之外加以描述，充当一个旁观者而不是参与者，因此又称为旁白。叙述性语言包括三种类型：直接的、间接的和对位的。

“直接叙述”是指直接说明当前能被看到和听到的场景。比如，我们在广播中这样表达：“王女士买完菜后正往家走，突然迎面驶来一辆面包车，王女士躲闪不及，结果被车身擦倒在地。”这样的叙述就是直接叙述。但是换下面一种方式表达就是“间接叙述”：“正在马路上走着的是王女士，她神色匆匆，可以看得出来，她刚买完菜正往家走，也许是孩子快放学了，要急着回家做饭。……”在叙述过程中，可以感觉叙述者离被观察对象有一定的“距离”，这样的“距离”可以为听众提供更多的信息。

那么什么是“对位叙述”呢？举例说明，“2004 年希腊奥运会的圣火熊熊燃烧，有多少中国人会在脑海中期待着 2008 年北京奥运会的那一激动人心的一刻！”所以，对位叙述即是为了这种复合的陈述而采用的对位叙述和场景。

2. 对白

对白即两个或多个人之间的谈话。交谈的内容是意思表达的基础，但是一些非内容因素也会影响语言的含义，比如口音、语速、重读、用词等。

(1)口音。口音能够告知听众“这个人”是从哪里来的，受教育程度如何等信息。目前，国家提倡广播节目、影视剧等节目中使用普通话来传达。但不可否认的是，口音将带给语言更丰富的色彩，尤其是在艺术作品中。

(2)语速。语速能传达多种信息，如激动、愤怒、平淡、快乐等。比如：

女人：你出去！

男人：不。

女人：请你出去。

男人：决不。

女人：你必须走。

男人：啊哈。

这个对白里没有太多的语言内容。以不同的语速和不同的方式演绎这部分对话，所表达出来的意思会大为不同。如果女人用很快的语速来叙述，整个场景会让人感觉这个男人已经没有了“退路”，是非走不可的了。如果女人用语速很慢的表达，则会让人感觉让男人走或许并不是女人真正的目的。

(3)重读。重读就是强调一个音节或一个词。比如，“我喜欢这么做”这样一句话，如果不加任何重音，可能就是表达一种平常的态度。一旦加上重读，含义就可能发生变化。如将重音放在“喜欢”二字上，表达的时候是一种强烈的意愿，将重音放在“这么”二字上，表达的就是对自己行为方式的强调。

(4)用词。不同的用词会给人不同的感觉。比如“进餐”这个词就要比“吃饭”这个词听起来更文皱皱一些。如果想强调动作性，则用“吃饭”更贴切。“兽性的”肯定比“残忍的”给人的听觉效果更刺激。

3. 群声

又称为群杂或背景人声。是处在环境次要或背景位置、不在主体位置的若干个群众角色进行交流时发出的各种语言声音。群声在广播节目中的主要作用,是表现广播节目现场的环境气氛。

二、音乐

1. 音乐

音乐大体分为两种:乐曲与歌曲。

乐曲是一种有组织的艺术,它是以节奏、旋律及和声等为基础,作曲家按照一定的编曲顺序编织而成的。乐曲的种类极多,常见的有奏鸣曲、序曲、协奏曲、交响曲、交响诗、组曲、歌剧、室内乐等。

歌曲是由歌词和音乐共同结构而成的一种声乐体裁。歌曲的种类包括民谣歌曲、艺术歌曲、现代歌曲等。

目前,广播电台各系列台中,音乐频率的受欢迎程度持续升温,各类节目中也越来越不能够缺失音乐。一般来说,音乐有如下功能:

(1)作为节目的一部分。无论是哪种类型的综合台或专业台,音乐都是其节目组成的一个部分。电台将录制好的音乐(CD、盒式带、唱片等)交由节目主持人或节目制作人进行播放。当然,电台会根据电台受众群体的不同而对音乐有所选择。

(2)作为节目的主题、标识。为了吸引并抓住听众,或加深听众的印象，使听众容易识别节目，各节目在开头或结尾通常都有一段固定的音乐作为节目的标识，就像企业视觉识别系统会设计“LOGO”一样，电台的主题音乐即是电台“听觉识别系统”的一部分。例如中央人民广播电台音乐之声的“我要我的音乐”，主题曲就给人以鲜明的印象，独特的性格起到了标识的作用。

(3)确定现场。许多音乐风格和主旋律对于特殊的地域来说是固有的，通过回忆这些音乐风格和主旋律，或者模仿一种乐曲的原作，音乐能告诉我们这是哪里的音乐，比如亚洲的、美国西部的、维也纳的、前苏联的、夏威夷的、都市的、乡村的、海洋的，通过对这些音乐的识别，听众可以感知自己“身处何地”。

(4)描述情节、渲染气氛。音乐对于事件有描述功能，同时又能渲染感情。几乎每一首乐曲都能够代表某一种情境或气氛。音乐能渲染快乐的、浪漫的、舒缓的、积极向上的情感，也可以描述暴躁的、冷漠的、痛苦的情绪。在一些广播节目中，比如广播剧或者广播谈话节目，经常会利用音乐来充当语言的背景和衬托，由此更可以表情达意，使节目元素多样化、不枯燥。

(5)控制步调。音乐主要通过节拍和韵律来控制步调。慢节拍表示高贵、重要或无聊，而快节拍则表示欢快、活泼或琐碎。节拍由慢变快表示升高步调，增强情节；节拍由快变慢表示降低步调、风声变弱或终止情节。规律性的节拍表示稳定、单调或简单；而无规律的节拍则表示复杂、激动或变化无常。

(6)间隔音乐或桥梁音乐。无论是广播剧或各种形式、性质的节目，在一个完整的节目下，常分有几个小段落，节目与节目间或节目内的段落与段落间，可用音乐来联接，表示节目的情绪变化，就如文章里的标点符号一样。优秀的节目制作人或导播能由节目的标识音乐开始，完全以音乐完美、自然地引导着节目的背景、转场、效果及结束，制作出一个尽善尽美的节目。

(7)充当音响效果。某些音乐可以更好地实现音响效果的表达，比如，在表现一个人从高楼上掉下来时，用快速旋转的音乐节奏从高到低直至以撞击声结束，这是一种很有表现力的方法。

(8)用作节目结尾的补充。在广播节目中，经常会出现还有一两分钟节目就要结束而来不及展开下一个话题的现象，此时，主持人经常会采用让音乐作为节目最后补充的方法，使整个节目浑然一体，并自然过渡到下一个单元。

3. 音响

一般来讲，音响是除语言、音乐之外的其他声音的统称，这是视听艺术特有的一种声音类型的称谓。

(1)音响的类别。根据音响的发声属性，通常可将音响分成动作、自然、机械、动物、特殊等若干类；根据音响的作用，可分成主要音响和次要音响（又称背景音响）；根据音响的录制状态，可分成同期音响和资料音响；根据音响的功能，又可分成细节音响和环境音响等等。

动作音响。动作音响是指人、动物或植物等进行各种活动时所发出的声音，如脚步声、开关门窗声、搬动家具声、吃饭的碗筷声及鸟拍打翅膀声等等。

自然音响。自然音响是指自然界中现存的、非人类力量的作用而产生的声音，如山崩海啸、火山爆发、风雨交加、电闪雷鸣、虫鸣鸟叫、小桥流水、大河奔流以及空气声等等。它们主要用来表现影片中事件、故事发生地的环境、气氛等。

机械音响。机械音响是指机器工作时发出的各种声音，如工厂的马达轰鸣、门铃声、洗衣机的转动声及钟表的滴答声等等。有时候，这类声音根据其在影视作品中的用途，可以构成各种不同的环境音响。

动物音响。动物音响是指自然界中各种动物发出的声音、包括天上飞的鸟类、地上跑的走兽和水里游的鱼类发出的各种啼鸣、吼叫、撕打或活动的声音。

特殊音响。特殊音响是指各种特殊的、古怪离奇的声音，即超自然的声音，如飞船在太空中运动时的声音、远古时期的恐龙叫声等等。通常这些特殊的声音需要通过各种电子设备对各种原生态的声音进行变音加工处理后才能得到。除此之外，无声也是一种特殊的音效。

(2)音响的功能。音响效果一般有说明前后关系和进行描述的功能。除此之外，它还有类似于音乐的那种表现主题、引起注意、说明空间、确定现场、创建环境、强调情节、深化情节、描述身份、控制步调、提供对位法、制造幽默、象征意义、统一过渡等多种功能。

第一，表现主题。主体音响的着重或者重复表现也会起到展示主题的作用。比如，在一则有关三峡通航的广播新闻报道中，多次出现船只鸣笛的音响。该音响起到了标示主题的作用，使新闻报道在展示背景、主题、加深内涵等方面变得连贯流畅。

第二，说明前后关系。比如，在一段广播戏剧节目中，我们可以用一组音响描写一种情境——汽车启动声＋汽车行驶声＋汽车急刹车的声音＋人的惊叫。这组音响效果虽然没有音乐和语言，但是仍会很流畅、清晰地表明一个事件的前后关系。

第三，引起注意。我们在观看电视或者纸制媒体时，经常会被一些图案或者色彩所吸引，而在广播中，我们的听觉绝大部分会被一些"特别"的音响效果所吸引。当然，"特别"不是为了哗众取宠或者单纯震惊，它首先要切合情境，其次要靠广播节目制作者的灵思妙想。比如，在一些游艺类的广播节目中，制作人会采取不同的音响效果象征"对的答案"或者"错的答案"。音响效果的出现往往会比单调的语言更能吸引听众的注意力。

第四，说明空间与距离。现如今，越来越多的人开始迷恋高质量的音频产品，因为，声音可以创造立体的维度。远近、高低、角度、深浅，没有画面，却让人的耳朵变成一把衡量空间的尺子，世界之大小，尽收耳下。比如，我们可以用雷声的由远及近来描述大雨将至；我们可以用增加回响来强调环境的空旷等等。

第五，创建、说明环境。一些音响效果与一些典型情境、人物有着众所周知的"对位效应"。比如，为了表现办公室的紧张气氛，经常会用响个不停的电话铃声与嘈杂的交谈声；表现空旷的旷野可以用零星的鸟叫、由远及近的风声等等。

第六，烘托情节。音效能够将原本乏味的情节渲染、烘托得有声有色。比如描写一个人从楼梯上滚下来，如果每个撞击声都用重音表示，那么说明这个人一定摔得很重；如果在重音之中加入瓷器粉碎的声音，可以表明这个人可能被割伤了；如果在撞击声结束后突然一片宁静，则可以表明这个人已经无疼痛意识了。

第七，描述身份特征。如用汪汪叫可以表示一只狗，用带有京剧腔的“咿咿呀呀”声可以表明一个正在练声的京剧演员，用不停的咳嗽声表明一个并不健康的人等等。

第八，控制步调。音效也是有节奏的，有的时候，不妨把音效当作一个音符，将不同或相同的音效进行有节奏的组合，就会得到不同的效果。比如，在一个枪战场景中，枪声从“啪啪——啪——啪”到“啪啪——啪”然后暂停一段时间；紧接着又是“啪啪啪啪”……这样的音效组合好似连接成了一个场景，有了向前发展的节奏；如果再添加一些子弹穿梭和中弹者的惨叫，效果会更加真实、立体。

第九，过渡。节目的单元之间或者场景和场景之间，经常会引入音效作为过渡，以保持节目的连贯性和场景的鲜活性。比如，在一些娱乐类综艺节目中，主持人经常会讲一些笑话，在一段笑话结束后，经常会以一些笑声或者奇怪的滑稽音作为段落之间的过渡，同时让它们起到烘托气氛的作用。

3. 音乐和音响的使用技巧

广播节目的制作过程中，对于音乐和音响的一些使用方式已经成为一种固定的程式，初学者若能将这些技巧熟稔于心，将起到事半功倍的作用。

(1)延续。指从一种音响到另一种音响的平滑过渡。比如，在音乐类节目中，可以在一段音乐结束后接着进入下一段音乐。或者，在戏剧类节目中，音乐和音效的前后出现也可以体现情节的进一步进展。

(2)淡入淡出。指音量的高低大小,音量的调节也是另一种进展和过渡的方式。

(3)淡入淡出叠加。指一种音响在淡入之前,叠加前一种淡出的音响,两种音响有叠加的现象出现。

(4)混响。指两种或者两种以上的音响混合在一起并同时播出,混响包括语音+音乐、音乐+音响、音响+语音等等。

(5)切换。指突然停止一种音响并迅速插入另一种音响,是一种不和谐的中断。

参考书目

《解读广播——曹璐自选集》，曹璐著，中国传媒大学出版社，2004 年版。

《中国广播产业报告——产业发展与经营管理创新》，丁俊杰、黄升民主编，中国传媒大学出版社，2005 年版。

《唱响音乐之声》，刘晓龙主编，中国传媒大学出版社，2004 年版。

《广播·电视·戏曲研究》，周华斌著，北京广播学院出版社，1998 年版。

《广播剧编剧艺术》，朱宝贺著，中国广播电视出版社，2001 年版。

《广播剧导演艺术》，朱宝贺、林长风著，中国广播电视出版社，2001 年版。

《广播新闻原理与制作》，冯小龙著，台湾正中书局，2000 年版。

《广播原理与制作》，于洪梅著，三民书局，1992 年版。

《广播学新论》，洪贤智著，（台湾）五南出版社，2003 年版。

《广播节目企划与制作》，庄克仁著，（台湾）五南出版社，2003 年版。

《现代广播学》，刘建顺著，（台湾）五南出版社，2003 年版。

《广播新闻写作》,程道才著,中国广播电视出版社,1999年版。

《电视、广播与新媒体写作》,罗伯特·赫利尔德著,华夏出版社,2002年版。

《广播电视辞典》,赵玉明、王福顺主编,北京广播学院出版社,1999年版。

《主持人场景应对技巧》,李丰、宋丽萍编著,中国广播电视出版社,2003年版。

《主持人口语表达艺术》,徐莉、毕凤飞编著,中国广播电视出版社,2003年版。

《主持人节目策划艺术》,陈振、田方编著,中国广播电视出版社,2003年版。

《走向媒体》,柴志明主编,浙江大学出版社,2004年版。

《广播媒介管理学》,江琴宁著,浙江大学出版社,2004年版。

《高新技术与广播传播方式变革》,潘力、王本锡、李建刚著,中国传媒大学出版社,2003年版。

《影视录音——声音创作与技术制作》,姚国强著,中国传媒大学出版社,2002年版。

《电影·电视·广播中的声音》,周传基著,中国电影出版社,2001年版。

《娱乐至死》,尼尔·波兹曼著,广西师范大学出版社,2004年版。

《谈话的力量》,于丽爽、宋茜著,中央编译出版社,2004年版。

参考网站

中国广播网　http://www.cnradio.com/

国际在线　http://gb.chinabroadcast.cn/

北京广播网　http://www.bjradio.com.cn/

QQ 直播　http://tv.qq.com/

土豆网　http://www.toodou.com/

波普播客　http://www.lifepop.com/

秀 RADIO　http://www.showradio.cn/

后 记

作为一名年轻研究人员，对于广播的研究既有按捺不住的热忱，同时也有一份惴惴不安。几年来，我以广播节目制作为主讲课程，一直揣摩的课题是：如何让我的学生们在多媒体竞争格局的传媒现实下对广播产生全面、深刻、崭新的认识，并对之树立信心。因此，我在研究中多侧重挖掘新技术、媒介新趋势给予广播的机遇以及社会热点、民众兴趣点与广播的联系，因而此书的行文风格亦偏于轻松易懂，希望借此放低门槛，让渴望入门者轻易入门，了解广播人所思、所想、所做，延伸思路与产生共鸣。然而，虽然此书从筹备酝酿、反复修改与商榷到最终完稿耗费整整两年光景，但完稿后仍感觉有诸多不足与遗憾。比如，理论性不强，偏于实践等。

此书的写作缘由来自中国传媒大学出版社社长蔡翔先生的提议，他有感于广播节目专业类书籍在国内的缺失，遂建议策划此书，并谆谆教导我："要像对待儿女一样把这本书养大。"我体会到了责任和压力，决定用心、受苦，抚养我的这个"孩子"，尽力使之长得得体和成熟。

中国传媒大学的曹璐教授是国内知名的广播专家，我将厚厚的书稿端于其前，她细细地研读与揣摩，为我把关，为读者把关，却对我的新广播研究颇感兴趣，使我理解了真正的学者无论何时对学术的热忱都是不会老的。

潘力教授，是我接触广播、以广播教学为职业、有勇气坚持研究广播的领路人，他所领导的中国广播电视协会交通委员会在全国广播界声名响亮，我有幸曾在协会中与全国广播同仁交流并进行广播节目的制作、营销与学术探讨。

我的博士导师——中国传媒大学周华斌教授，学识渊博，为人坦诚淳朴，一直鼓励和支持我走自己的学术道路。“过美丽人生，做快乐学问”是他对我的忠告。因此，虽然写作是一件既劳累又琐碎的事情，我仍然怀着乐观、健康的心态一字一划写到此。

中国传媒大学的广播剧专家朱宝贺教授，我永远记得您把一生珍藏的节目资料倾囊于我。一个快到70岁的老人怕我辛苦，双手拎着沉重的资料带送我坐出租，看您的背影时我几近落泪。

中国传媒大学实验教学中心曾是我学习广播、实践广播、研究广播、教授广播的阵地，感谢韩菲菲主任、潘力主任对广播教学与现代化教学环境的重视，使教者与学者均受益匪浅。

还有，我必须指出的是，本书我虽已尽力，但若缺失以下师长、朋友的帮助，我亦将功亏一篑。他们是上海人民广播电台著名广播剧导演雷国芬老师，中央人民广播电台中国之声监制于雷，中国国际广播电台国际在线总监刘屾，北京达人文化公司总监邱天雪，北京秋香雅柏文化公司总经理秋香、节目总编杨艳艳，北京人民广播电台著名主持人杨晨、王为、刘京，辽宁生活娱乐广播总监马瑞峰、交通广播总监李绍东，辽宁人民广播电台著名主持人沈霞、战军、蝈蝈、江南，沈阳人民广播电台著名主持人大兵，中国传媒大学国际关系学院硕士生郭学赟，中国传媒大学实验教学中心教师曹飞，中国传媒大学03新闻的部分学生……感谢你们为我提供、查找、梳理资料或接受我的采访，但因篇幅有限，资料并未完全收入，实感抱歉！

本书的写作过程实为一个自我学习和磨炼的过程，愿我的读者能从本书中读到我的心意、想法和乐趣。不足之处与建议望与我联络沟通！

董旸
dongyang0302@sina.com
2007年4月

图书在版编目（CIP）数据

广播节目策划与制作/董旸编著．--北京：中国传媒大学出版社，2007.8（2024.9重印）
21世纪广电专业实用教材
ISBN 978-7-81085-996-7

Ⅰ．广…　Ⅱ．董…　Ⅲ．广播节目—制作—高等学校—教材
Ⅳ．G22.3

中国版本图书馆CIP数据核字（2007）第096030号

广播节目策划与制作

GUANGBO JIEMU CEHUA YU ZHIZUO

编　　著	董　旸
责任编辑	刘大年
封面设计	张洪文
责任印制	李志鹏

出版发行	中国传媒大学出版社		
社　　址	北京市朝阳区定福庄东街1号	**邮　　编**	100024
电　　话	86-10-65450528　65450532	**传　　真**	65779405
网　　址	http://cucp.cuc.edu.cn		
经　　销	全国新华书店		

印　　刷	唐山玺诚印务有限公司
开　　本	880mm×1230mm　1/32
印　　张	13.375
字　　数	250千字
版　　次	2007年12月第1版
印　　次	2024年9月第13次印刷

书　　号	ISBN 978-7-81085-996-7/G·996	**定　　价**	29.80元

本社法律顾问：北京嘉润律师事务所　郭建平